혼자의 기술

Copyright ⓒ 2018 published by SuperGraphic Company
All rights reserved. No part of this book may be reproduced, stored in a retrieval system, or transmitted in any form or by any means, electronic, mechanical, photocopying, recording, or otherwise, without prior permission in writing from the publisher.

저작권자 ⓒ 정경수

이 책의 저작권은 저자에게 있으며 출판권은 큰그림(슈퍼그래픽)에게 있습니다.
이 책은 저자와 큰그림(슈퍼그래픽) 사이의 저작권 계약에 의해 출판되었습니다.
서면에 의한 저자와 출판사의 허락 없이 내용의 일부를 인용하거나 발췌하는 것을 금합니다.
이 책에 사용된 도서, 웹사이트와 프로그램, 로고는 해당 회사가 상표나 저작권을 가지고 있습니다.

자발적인 고독이 삶을 이끌어가는 에너지를 만든다
혼자의 기술

초판 1쇄 인쇄	2018년 11월 12일
초판 1쇄 발행	2018년 11월 22일
지은이	정경수
펴낸곳	큰그림(슈퍼그래픽)
펴낸이	윤정
책임편집	정도환
디자인	박상화
그래픽	데코앤데코
등록번호	제2-5081호
등록일자	2009년 2월 23일
ISBN	979-11-87201-21-2 13320
주소	서울시 중구 필동2가 93번지 2층
전화	02-2264-6422
팩스	0505-116-6422
이메일	sgpress@hanmail.net

잘못 만들어진 책은 구입하신 곳에서 바꾸어 드립니다.
값은 뒤표지에 있습니다.
'큰그림'은 슈퍼그래픽 SuperGraphic의 출판 브랜드입니다.

이 도서의 국립중앙도서관 출판예정도서목록(CIP)은 서지정보유통지원시스템 홈페이지(http://seoji.nl.go.kr)와 국가자료공동목록시스템(http://www.nl.go.kr/kolisnet)에서 이용하실 수 있습니다. (CIP제어번호: CIP2018033479)

자발적인 고독이 삶을 이끌어가는 에너지를 만든다

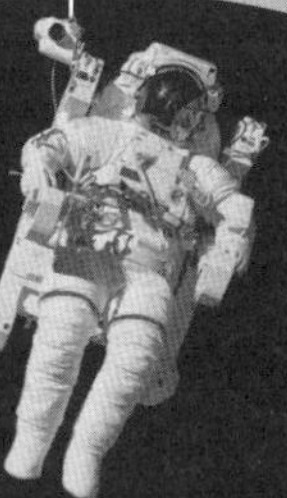

혼자의 기술

정경수 지음

꿈과 비전이 확실해도 성공하기 어려운 이유는
세상이 만들어놓은 기준에 자신을 맞추기 때문이다.
자기 생각 없이 다른 사람의 생각에 동조되는 것을 경계해야 한다.
기준은 언제나 자기 자신이다.
혼자의 기술을 키워서 어제의 나를 뛰어넘는다.

머리말

상생과 협업의 시대, '혼자의 기술'이 필요한 이유

상생과 협업을 강조하는 시대다. 상생은 여럿이 서로 도우면서 살아가는 모습을 일컫는다. 협업은 여러 사람이 한 가지 목표를 이루기 위해 서로 돕는 형태다. 협업은 우리가 어릴 때 배운 '협동'의 의미와 비슷하면서 다르다. 협동은 함께 일하는 과정이다. 무거운 물건을 함께 들거나 많은 양의 일을 여러 사람이 나눠서 하는 것이 협동이다. 협업은 두 가지 개념으로 구분한다. 첫째, 여러 사람이 별개로 같은 완성품을 만드는 단순 협업. 둘째, 개별적으로 다른 활동을 거쳐서 최종 완성품을 만드는 복잡 협업. 요즘 강조하는 협업은 복잡 협업이다. 경영학의 아버지 마이클 포터는 30여 년 전에 '경쟁을 통한 동기부여'를 주장했지만, 경제 상황이 바뀐 지금은 협업과 상생을 강조한다.

"빨리 가려면 혼자 가고 멀리 가려면 함께 가라."

협업과 상생을 귀에 쏙 들어오게 전해주는 이 말은 아프리카 속담이다. 사람들은 멀리 가기 위해서 함께 가려고 한다. 아이러니하게도 함께, 멀리 가려면 빨리 가는 능력이 필요하다. 함께 가는 사람들의 면면을 자세히 보면 모두 빨리 가는 능력을 가지고 있다. 결국, 혼자 빨리 가는 능력을 가진 사람들이 모여서 멀리 간다.

1920년대 미국 재즈 공연장에서 공연이 있을 때마다 연주자들을 섭외해서 단기 공연을 하는 긱(Gig)은 속담의 의미를 잘 보여준다. 공연장과 전속으로 계약한 연주자가 갑자기 공연할 수 없을 때 대체할 연주자를 섭외해서 빈자리를 채운 공연 형태는 불안정한 직업 환경과 프로젝트 단위의 업무, 창의성이 중요한 시대로 변화하면서 '긱 이코노미'로 자리 잡았다.

빈자리를 채우기 위해서 섭외한 연주자는 연주 실력뿐만 아니라 다른 연주자들과 호흡을 맞추기 위해서 소통하는 능력도 갖춰야 한다. 맥킨지에서는 긱 이코노미를 '디지털 장터에서 거래되는 기간제 근로'라고 정의했다.

시대가 요구하는 가치가 경쟁에서 협업과 상생으로 바뀌었지만 협업과 상생을 하려면 자기만의 경쟁력을 키워야 한다. 여기서 말하는 경쟁력은 달리기 시합에서 남보다 빨리 뛰는 능력이 아니다. 자기 일을 완성도 높게 끝내는 능력이 이 시대가 요구하는 '혼자의 기술'이다.

이 책에는 혼자 일하고 생각하고 결정하고 도전하는 데 필요한 지식을 과학으로 증명된 법칙, 혼자서 위대한 업적을 남긴 사람들의 이야기와 함께 담았다. 이 책을 읽는 사람 모두 혼자의 기술을 키워서 목표가 있는 먼 곳까지 빠르게 달려가기 바란다.

• 정경수

차례

머리말 4
차례 6

Part 1 혼자 일하기   11

원하는 시간과 장소에서 혼자 일하는 사람들   13
지금은 혼자 일하는 시대 | 혼자 일하는 사람이 만드는 긱 경제 | 커피전문점에서 혼자 일하는 사람들 | 직장에서도 혼자 일한다

혼자 일하기 위한 세 가지 능력   20
좋은 결과물을 지속적으로 만드는 능력 | 다양한 분야의 지식을 결합하는 능력 | 경험과 지식을 전달하는 능력

신중하게 계획된 연습으로 혼자 일하는 능력을 키운다   26
혼자 일하는 능력을 키우는 데 필요한 시간 | 세계적인 수준에 오르는 다섯 단계 | 우연한 사건을 좋은 기회로 만드는 능력

혼자만의 시간이 더 중요하다   32
혼자 일하는 게 편하다 | 2020년에 인구의 절반이 프리랜서가 된다 | 혼자 일하는 사람은 정규직이 누릴 수 없는 자유를 누린다 | 자기 시간을 스스로 통제할 권리 | 살기 위해서 직장을 그만둔다

자유를 누리는 만큼 막중한 책임이 따른다   38
시간자결권이 수명을 늘린다 | 시간을 마음대로 쓰는 자유와 일을 끝내야 하는 책임 | 혼자 하면 더 열심히 한다 | 빨리 가려면 혼자 가야 한다

능력을 키우는 확실한 방법은 혼자서 꾸준히 반복하기   44
자격증이 능력을 증명할까? | 혼자 일하는 능력을 키우는 유일한 방법 | 신중하게 계획된 1만 시간의 연습

혼자 일하려면 규칙이 필요하다   51
규칙을 만들고 지키기 | 스스로 만든 규칙이 더 효과가 있다 | 혼자 일하면 책임은 더 막중하다

규칙을 정하면 의욕이 생긴다   56
글로벌 기업의 규칙에서 배운다 | 규칙을 정해야 시작할 수 있다 | 규칙이 동기를 부여한다 | 성공한 사람에게는 단순한 규칙이 있다 | 성공한 사람들이 지키는 다섯 가지 규칙

혼자 일하는 장소   63
홈 오피스의 장점 | 일 하는 공간과 생활하는 공간의 분리 | 사무실을 마련할 수 없을 때 유용한 공간 | 일하는 공간 정리하기

Part 2 혼자가 되기   71

함께 있으면 행복하고 혼자 있으면 불행할까?   73

좋은 인간관계가 행복의 조건이다 | 행복하려고 많은 사람들과 인간관계를 이어갈 필요는 없다 | 인간관계의 총량은 정해져 있다 | 행복을 느끼려면 공감능력을 키워라

어떤 것에도 의지하지 않는다 · 78
혼자의 힘으로 역경을 극복한다 | 능력을 키우면 도와주는 사람은 저절로 생긴다 | 독수리는 하늘 높이 날 때 날개를 움직이지 않는다

혁신자는 언제나 무리에서 떨어져 있다 · 83
2.5퍼센트의 혁신자가 되자 | 위험을 겪으면서 살아남는 방법을 터득한다

회사와 나를 철저하게 분리하기 · 88
직함에는 개인의 역량이 담겨있다 | 회사 이름과 개인 능력, 어디에 더 큰 비중이 있을까? | 명함에 나타나는 개인의 역량 | 회사와 나를 분리한다

혼자만의 능력을 키운 사람만 직업을 가질 수 있다 · 94
직무만족도가 낮은 직업이 먼저 사라진다 | 직업을 여섯 번 바꾸는 시대 | 의미 있는 일을 한다면 보수와 역할이 줄어도 괜찮다 | 행복의 관점에서 직업을 찾는다

직장은 혼자 일하는 능력을 키우는 최적의 환경을 제공한다 · 100
혼자 일하는 공간과 함께 일하는 공간 | 진짜 능력은 허드렛일을 하면서 쌓는다 | 경험과 지식이 자본보다 중요하다 | 능력을 키우려면 직장 생활은 필수다

혼자만의 능력 계발에 소홀한 이유 · 106
협업의 시대, 혼자 일하는 능력이 필요하다 | 직장에서 일하는 동안 잃어버리는 것들 | 과거의 안전지대는 더 이상 안전하지 않다 | 남들이 흉내 낼 수 없는 자기만의 능력을 키운다

경력 관리는 혼자 힘으로 해야 한다 · 113
회사를 그만두는 원인은 자신에게 있다 | 회사를 옮기면서 전문성을 키운다 | 정상에 오르는 방법은 사람마다 다르다

Part 3 혼자 생각하기 · 119

혼자 생각해야 해결책을 찾는다 · 121
혼자 생각하는 시간에 좋은 생각이 떠오른다 | 자발적인 고독은 성찰의 시간이다 | 혼자 생각하는 시간과 종이에 적는 행동 | 문제에서 한 걸음 물러나면 해결책이 보인다 | 집단 사고가 더 큰 문제를 만든다

깊은 생각은 직관과 육감이 만날 때 나온다 · 127
보고 들은 것으로 판단하지 말고 깊게 생각하고 유추한다 | 생각이 틀릴 수 있다는 반증 가능성을 전제로 생각한다 | 검색보다 사색이 필요하다 | 생각이 숙성되면 비로소 진실의 순간을 만난다

혼자서 생각하는 방법은 따로 있다 · 134
생각이 잘 되는 장소가 따로 있다 | 생각할 때는 스마트폰을 끈다 | 생각을 시작해야 좋은 생각을 할 수 있다 | 논리적인 생각과 비논리적인 생각

생각의 양을 늘리고 질을 높이는 방법 — 139
관점을 바꾸면서 생각한다 | 생각은 자료수집에서 시작한다 | 생각을 빌리는 방법

긍정적인 생각과 부정적인 생각의 균형 맞추기 — 145
긴장하면 부정적인 생각만 떠오른다 | 아무것도 하지 않고 생각만 하면 불안하다 | 생각하는 훈련이 정신 근육을 단련한다 | 생각을 잠시 멈추면 생각은 더 깊어진다 | 부정적인 생각에서 빠져나오기 | 부정적인 생각을 역으로 이용하기

프레임 만들기와 프레임에서 벗어나기 — 152
논리적으로 생각하기 | 생각에는 정답이 없다 | 수렴과 발산 그리고 측면적 사고 | 아이디어가 떠오르는 순간

데카르트의 네 가지 규칙에 따라 생각하기 — 159
생각하는 사람이 많다고 좋은 생각이 늘어나지 않는다 | 좋은 생각이 날 때까지 생각하기 | 데카르트의 네 가지 생각 규칙

답이 나올 때까지 생각하기 — 164
노트에 적으면서 생각하기 | 종이에 적으면 생각에 집중할 수 있다 | 생각하는 대로 된다

논리와 직관을 모두 이용한다 — 170
논리는 생각을 구체화한다 | 증명에는 논리, 발견에는 직관이 필요하다 | 아인슈타인의 직관과 피카소의 논리 | 생각의 힘을 극대화하는 방법

Part 4 혼자 도전하기 — 179

누구에게나 도전은 어렵다 — 181
혼자 하는 도전이 더 어려운 이유 | 역경을 딛고 도전에 성공하는 네 단계 | 너무 많이 알면 도전하기 어렵다 | 도전할수록 실패에 대한 공포는 줄어든다

가망 없는 일에 도전하기 — 187
도전해야 자신감이 생긴다 | 정말 정신 나간 사람은 도전하지 않는 사람이다 | 무모한 도전과 진정한 도전을 구분하는 기준

도전에는 통로원리가 적용된다 — 193
100년 후에 일어난 새클턴 신드롬 | 통로에 들어가야 길이 보인다 | 도전하지 않으면 아무런 결과도 얻을 수 없다

도전하면 기회가 생긴다 — 200
도전은 기회의 씨앗이다 | 성공 확률은 도전 횟수에 비례한다 | 성공할 때까지 도전한다 | 임계점에 이를 때까지 노력을 멈추지 않는다 | 성공에 필요한 도전 횟수

실패에 대한 생각을 바꾸면 도전이 쉽다 — 207
실패한 학생에서 천재로 | 실패를 실패라고 생각하지 않는다 | 실패에서 배우는 일곱 가지 교훈 | 실패한 사람을 더 신뢰한다

제약과 결핍이 걸작을 만든다 — 213
남에게 의지하지 않는다 | 불비한 여건에서 좋은 결과를 만든다 | 혼자라서 못하는 일은 없다

전략적으로 도전하기 — 219
노력을 낭비하지 않는다 | 어떤 행동도 하지 말아야 할 때 | 정말 중요한 일에 전략적으로 도전하기

도전해야 결과를 알 수 있다 — 225
우연한 성공은 절대로 우연이 아니다 | 평균의 법칙을 믿고 도전한다 | 우연함과 영리함이 만들어낸 뜻하지 않은 발견 | 도전에 성공하는 세 가지 법칙

Part 5 혼자 결정하기 — 231

어떤 결정을 하든지 얻는 게 있다 — 233
성공과 실패는 동전의 양면이다 | 어떤 결정을 하든지 잃어버리는 것은 없다 | 매 순간 결정을 바꿀 수 있다는 것은 장점이다 | 결정했다면 최선을 다한다

언제나 결정은 어렵다 — 238
결정을 미루면 문제는 더 커진다 | 적당히 좋은 것으로 결정한다

합리적인 결정을 도와주는 것들 — 242
프레이밍 효과와 손실 회피 현상 | 결정할 때는 의식과 무의식을 동시에 이용한다 | 계획과 목표가 결정을 도와준다

결정에 필요한 설계도 그리기 — 247
정보가 많다고 옳은 결정을 하는 것은 아니다 | 편향 때문에 잘못된 결정을 한다 | 정보의 양과 질을 맞추기

논리만으로 부족하다 — 252
논리는 실수의 가능성을 줄이고 직관은 창조적 대안을 만든다 | 논리가 지배하는 세상 | 모든 결정에는 감정이 개입한다

불확실한 상황에서 옳은 결정을 하는 방법 — 257
위험과 불확실성을 구분한다 | 불확실한 상황에서는 만족화 원리에 따라 결정한다 | 어떤 결정이든지 논리보다 감정이 더 크게 작용한다 | 잘못된 결정은 없다

결정을 실행하기 위한 의식 — 264
시작 의식은 어떤 일이든지 시작하도록 도와준다 | 혼자 일하는 사람들의 시작 의식

결정에는 어떤 식으로든 운이 작용한다 — 268
운은 결과에 영향을 준다 | 운이 좋다는 믿음 때문에 결정을 바꾼다 | 행운아는 항상 운이 좋다고 믿는다 | 운이 좋다고 믿으면 좋은 기회를 잡는다

맺음말 — 274
참고문헌 — 276

혼자의 기술

Part 1

혼자 일하기

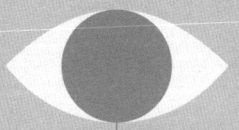

빨리 가려면 혼자 가고 멀리 가려면 함께 가라 　아프리카 속담

원하는 시간과 장소에서
혼자 일하는 사람들

프리 에이전트Free Agent는 개인의 지식과 도구를 사용해서 조직에 얽매이지 않고 창조적으로 일하는 사람을 말한다. 미국의 미래경영학자 다니엘 핑크가 2001년에 펴낸 《프리 에이전트의 시대가 오고 있다Free Agent Nation》를 통해서 '프리 에이전트'라는 말이 널리 알려졌다. 프리 에이전트는 1976년에 미국 프로야구에서 도입한 제도다. 프리 에이전트 제도에 따라 팀과 계약이 만료되는 선수는 자신을 원하는 팀으로 이적할 수 있다.

다니엘 핑크의 책은 우리나라에도 번역 출간되었다. 당시에 IT 벤처기업과 1인 기업, 지식근로자 등이 화제가 되면서 프리 에이전트는 IT 직종에서 일하는 프리랜서를 일컫는 말로 한동안 사용되었다.

지금은 혼자 일하는 시대

다니엘 핑크가 정의한 프리 에이전트는 '원하는 시간과 장소에서 원하는 조건으로 원하는 사람을 위해 일하는 노동자'다. 그는 프리 에이전트를 프리랜서와 임시직 고용자, 초소형 사업자 세 가지 유형으로 구분했다. 2001년에 미국에서 이런 유형으로 일하는 사람이 3,300만 명에 달했다. 당시에 미국인 노동자 네 명 중 한 명은 프리 에이전트였다. 전 세계적으로 종신고용의 시대가 끝나고 적은 인원으로 큰 성과를 내는 1인 기업, 프로젝트 단위로 일하는 프리랜서가 늘어나면서 프리 에이전트는 현실이 됐다.

이 책이 우리나라에 출간될 당시에 나는 3년차 직장인이었다. 당시에 프리 에이전트의 개념은 직장인의 미래상, 아주 먼 미래에 실현될 것 같은 이상적인 근로자의 모습처럼 보였다. 이 책이 나온 지도 20년이 되간다. 지금은 프리 에이전트, 즉 혼자 일하는 사람을 찾는 게 어렵지 않다.

혼자 일하는 사람이 늘어난 이유는 세 가지다. 첫째, 불안정한 직업 환경. 둘째, 프로젝트 단위의 업무 환경, 셋째, 창의성이 중요한 시대로 변화 때문이다.

다니엘 핑크가 말한 초소형 사업자를 우리나라에서는 1인 기업, 1인 창조기업이라고 한다. 2016년 현재 1인 창조기업은 24만 9천여 개로 집계됐다. '2016년 기업생멸행정통계'를 보면 1인 창조기업을 포함해서 혼자 일하는 소규모 자영업자까지 합하면 469만여 곳으로 전체 활동기업의 79.5퍼센트를 차지한다. 기업 10곳 중 7~8곳은 혼자 일하는 셈이다. 같은 해 새로 창업한 기업 가운데 종사자 수가 1명인 기업은 78만 개로 신생기업의 89.4퍼센트를 차지한다.[1]

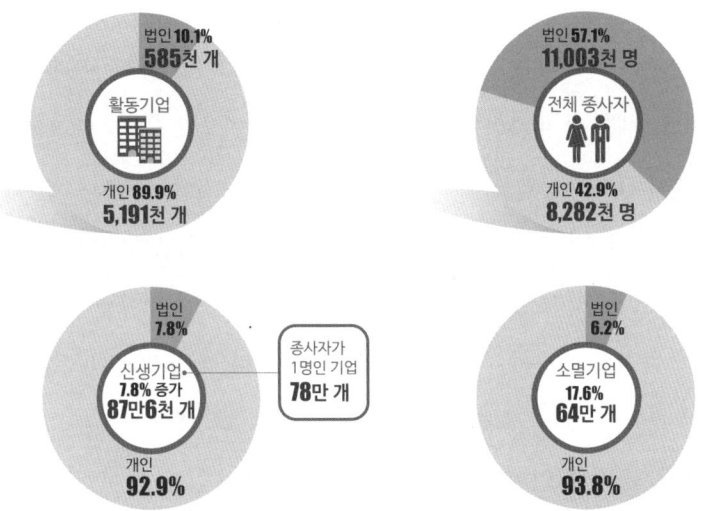

출처 : 2016년 기업생멸행정통계

　1인 기업은 한 해 동안 창업한 기업의 90퍼센트에 육박할 정도로 그 숫자가 빠르게 늘어났다. 소규모 영세 창업이 신생기업의 대부분을 차지했다. 대표자와 상용근로자를 합한 종사자 수를 보면 신생기업의 약 88.9퍼센트[78만 개사]는 종사자가 한 명뿐이었고 약 7.4퍼센트는 2~4명인 소규모 업체였다.

　1인 기업은 더 이상 새로운 형태의 회사가 아니다. 아이디어를 사업으로 만드는 일을 누구나 할 수 있게 되었고 최소한의 투자로 큰 성과를 내는 사례가 매체에 보도되면서 직장인, 주부, 퇴직자, 취업을 준비하는 사람들에 이르기까지 1인 기업 창업자가 크게 늘었다.

혼자 일하는 사람이 만드는 긱 경제

긱 경제$^{Gig\ Economy}$도 1인 기업의 수가 증가한 이유 가운데 하나다. 긱^{Gig}은 1920년대 미국 재즈 공연장에서 공연이 있을 때마다 연주자들을 그때그때 섭외해서 단기 공연을 열면서 생겨났다. 공연장과 전속으로 계약한 연주자가 갑자기 공연할 수 없을 때도 대체할 연주자를 섭외해서 빈자리를 채웠다. 이렇게 단기 채용된 연주자를 '긱'이라고 불렀다. 요즘 기업에서 프로젝트에 따라 발생하는 인력 수요만 채용하는 기업이 늘면서 '긱'을 경제 용어로 차용해서 긱 이코노미라고 부른다. 매킨지에서는 긱 경제를 '디지털 장터에서 거래되는 기간제 근로'라고 정의했다.[2]

1인 기업을 창업하는 사람은 따로 정해져 있지 않다. 아무것도 잃을 게 없는 젊은이와 인터넷 전문가, 기업에서 오랫동안 근무하면서 경력을 쌓은 사람만 1인 기업을 할 수 있는 게 아니다. 예일대학교 경영대학원 브루스 저드슨 교수는 《1인 기업을 시작하라》에서 "혼자 힘으로 평생직장을 만들려는 사람, 경력이 단절된 주부, 좋아하는 일을 하면서 안정적으로 수입을 얻고 싶은 모든 개인이 1인 기업을 운영할 수 있다."라고 했다.[3]

커피전문점에서 혼자 일하는 사람들

혼자서 일하는 사람과 1인 기업가는 일을 하는 데 필요한 시스템이나 시설을 갖추지 않아도 된다면, 사무실이 필요 없다. 사무실이 필요 없는 사람들은 커피전문점에서 일하기도 한다. 과거에 커피전문점은 사람을 만나는 장소였다. 요즘은 커피전문점에서 사람을 만나서 이야기를 나누는 모습이 예전처럼 흔하지 않다. 혼자서 커피를 마시며 노트북으로 일을 하거나 책을 읽는다. 스마트 기기로 음악을 듣고 동영상을 본다.

커피전문점에서 일하는 사람들을 가리켜 카피스족$^{카페+오피스}$이라고 한다. 커피 한 잔을 시키고 오랜 시간 자리를 차지하고 있는 고객이 골칫거리라고 여기는 커피전문점에서는 카피스족에게 없어서는 안 되는 콘센트를 막는다. 반대로 커피전문점을 일하는 공간으로 활용하는 사람을 위해서 독서실 형태로 좌석을 배치하는 곳도 있다. 혼자 일하는 사람들에게 은은한 커피 향이 풍기는 커피전문점의 넓은 탁자는 최상의 환경이다.

커피전문점에서 일하는 사람들이 모두 1인 기업가는 아니다. 우리는 1인 기업가, 프리랜서만 혼자서 일한다고 생각하지만 주변을 둘러보면 대부분의 사람들이 혼자서 일한다. 작은 커피전문점을 혼자서 운영하는 사람, 변호사, 의사, 교사 등 전문직 종사자, 우편집배원, 은행원, 경찰, 환경미화원 뿐만 아니라 대다수의 직장인도 혼자 일한다. 완전히 고립되어 혼자만의 공간에서 일하지 않을 뿐, 자기 자리에서 맡은 일을 '혼자서' 처리한다.[4]

직장인이 혼자 일한다는 말을 이해할 수 없다면 일하는 모습을 살펴보자. 대부분의 직장인이 업무 시간에 동료와 함께 일하지 않는다. 작가, 디자이너, 화가, 카피라이터처럼 물리적으로 독립된 공간에서 혼자 일하는 사람도 있다. 같은 공간에 여럿이 모여서 일하는 사람도 자세히 보면 대부분 혼자 일한다.

직장에서도 혼자 일한다

나는 20여 년 동안 회사에서 시스템 엔지니어, 기자, 기획자, 작가, 강사 등 여러 가지 직함으로 다양한 일을 하고 있다. 여러 직함 중에 작가는 오롯이 혼자 해야 하는 일이고 나머지는 모두 회사에 소속되어 일한다. 회사에서 동료들과 회의를 하고 업무를 분담한 후에는 대부분의 시간을 혼자서 일한다. 기자로 일할 때는 특집·기획 기사의 주제, 인터뷰 대상과 콘셉트가 정해지면 취재 내용을 분담하고 각자 맡은 일을 한다. 마감 기한에 맞춰서 자기가 맡은 기사를 완료하면 그걸로 할 일은 끝난다.

기획자도 마찬가지다. 교육 기획을 맡으면 참가자에게 유용한 주제로 강연을 기획한다. 일정에 맞춰서 강연자와 행사에 필요한 시설을 섭외하고 교재^{유인물}를 만든다. 참가자를 모집하는 온·오프라인 홍보물도 만든다. 대규모 강연이나 여러 날에 걸쳐서 진행하는 워크샵은 팀원과 업무를 분담한다. 강사도 대부분 혼자서 일한다. 자기가 맡은 강연 주제에 따라 강의할 내용, 원고와 교안을 혼자 준비한다. 나만 이렇게 일하는 게 아니다. 대부분 직장인도 혼자서 일한다.

직장인, 프리랜서, 경영자, 주부 모두 마찬가지다. 일을 하는 시간과 공간을 살펴보자. 옆 자리에 동료와 상사, 후배가 있어도 결국 혼자서 일한다는 사실을 새삼 느낄 수 있다. 방송이나 영화, 출판, 공예 분야에는 혼자 일하는 사람이 많다. 방송과 영화를 만드는 '스태프'는 겉으로 보기에는 공동으로 일을 하는 것처럼 보이지만 실제로는 맡은 일을 혼자서 처리한다. 촬영 현장에서 많은 사람들이 모여 있어도 각자 위치에서 자기가 맡은 일을 한다. 글을 쓰는 작가, 카피라이터, 그림을 그리거나 도자기를 만드는 예술가는 대부분 혼자 일한다. 때로는 여럿이 모여서 함께 공동으로 작품을 만들기도 하지만 한 작품을 같은 시간, 같은 공간에서 만드는 것은 아니다.

직장이나 조직에 속해 있어도 사람들은 혼자 일한다. 구성원이 지켜야 하는 규칙과 조직을 운영하는 시스템이 있을 뿐이다. 조직에서 구성원이 지켜야 하는 규칙과 시스템은 일정한 수준의 결과물을 만들고 오류를 방지하는 기능을 한다. 규칙과 시스템에 따라 일을 하는 주체는 개인이다.

1인 기업에서는 혼자서 규칙과 시스템을 만든다. 일의 진행과 결정도 오롯이 혼자서 한다. 1인 기업가, 프로젝트 단위로 계약해서 일하는 스태프와 프리랜서뿐만 아니라 회사에서 일하는 직장인도 실제로는 혼자서 일한다.

혼자 일하기 위한
세 가지 능력

직장인, 프리랜서, 1인 기업가, 작가 등 조직에 속해 있든 그렇지 않든 오랫동안 그 일을 할 수 있는 방법은 딱 한 가지다. 자기가 하는 일의 결과를 보통 이상으로 만드는 것이다. 최고는 아니라도 보통 이상의 결과물을 보장해야 조직에서 일하든, 혼자서 일하든 버틸 수 있다. 영화나 드라마 주인공은 고군분투하다가 어느 날 갑자기 귀인을 만나거나 특별한 일을 겪으면서 문제가 해결된다. 하지만 현실에서 그런 일은 일어나지 않는다. 드라마틱한 일은 영화나 드라마에서만 일어난다. 영향력 있는 사람을 알고 지내거나 도움을 주는 사람과 함께 일한다고 떠벌이는 사람 치고 혼자 일하는 능력을 가진 사람은 별로 없다.

좋은 결과물을 지속적으로 만드는 능력

작가는 글을 잘 써야 하고 예술가는 좋은 작품을 만들어야 한다. 카피라이터는 한번 보면 기억에 남는 광고를 만들어야 하고 음악가는 감동을 주는 음악을 만들어야 한다. 직장인도 마찬가지다. 자기가 맡은 일은 다른 사람보다 월등하게 잘 해야 한다. 좋은 결과물을 지속적으로 만들어내는 것이 혼자 일하는 사람이 갖춰야 하는 능력이다.[5]

인맥과 SNS로 연결되는 네트워크는 혼자 일하는데 큰 도움이 안 된다. 혼자 일하는 사람에게 필요한 것은 네트워크, 학벌, 스펙, 경력이 아니라 끊임없는 노력과 다양한 분야의 지식, 모두가 인정하는 결과물이다. 과거에 만든 결과물이 좋고 다양한 분야의 지식이 있다면 사람들은 앞으로 만들 결과물도 좋을 거라고 예상한다. 슈퍼모델로 데뷔한 타이라 뱅크스는 모델 외에도 영화배우, 방송인으로 활동한다. 여러 분야에서 활동하는 이유는 모델 활동을 평생 할 수 없기 때문이다. 그녀는 다양한 분야에서 경력을 쌓기위해 방송, 영화 등의 분야로 활동영역을 넓혔다. 40대 중반의 나이에도 모델, 영화배우, 방송인으로 왕성하게 일하면서 좋은 결과물을 만들고 있다.

혼자 일하는 사람들은 한 가지 일만 해서 성공하기 어렵다. 잘 하는 일, 하고 싶은 일만 할 수도 없다. 프로젝트 단위로 일을 하는 시스템에서는 한 가지 일만 잘 해서는 성공하기 어렵다. 혼자 일해서 성공하려면 전문 분야와 관련된 일까지 능숙하게 해내는 능력을 갖춰야 한다. 전문 분야에서는 최고 수준의 결과물을 만들면서 동시에 관련된 일도 보통 수준 이상으로 해야 한다. 자기 능력 밖의 일은 아웃소싱하면 된다고 생각하는 사람도 있는데 실제로 일을 해보면 그렇지 않다. 카피라이터가 만드는 홍보물은 최종 결과물이 디자인으로 완성된다. 혼자 일하는 카피라이터는 글을 쓰는 일은 최고 수준이어야 하고 디자인에 대한 지식과 아이디어를 효과적으로 표현하는 방법까지 알아야 한다. 작가는 글을 쓰는 것은 기본이고 기획과 콘텐츠에 대한 지식도 갖춰야 한다. 작은 가게를 혼자서 운영하면 판매 외에 세무·회계 지식이 있어야 수익을 낼 수 있다.

다양한 분야의 지식을 결합하는 능력

한 가지 일에 전문성을 갖춘 인재를 스페셜리스트 Specialist라고 하고 여러 방면의 지식을 가진 인재를 제네럴리스트 Generalist라고 한다. 경제만 알고 문화를 모르거나 기술만 알고 예술에 대해서는 문외한이라면 다양한 분야의 지식을 결합해서 새로운 아이디어를 만드는 '깊이 있는 창조'를 할 수 없다. 전문 분야의 일 외에 여러 분야의 일을 두루 잘 하면 더 많은 기회가 생긴다. 혼자 일하는 사람은 전문 분야뿐만 아니라 새로운 분야의 능력을 계발해서 다양한 영역에서 기회를 찾아야 한다.

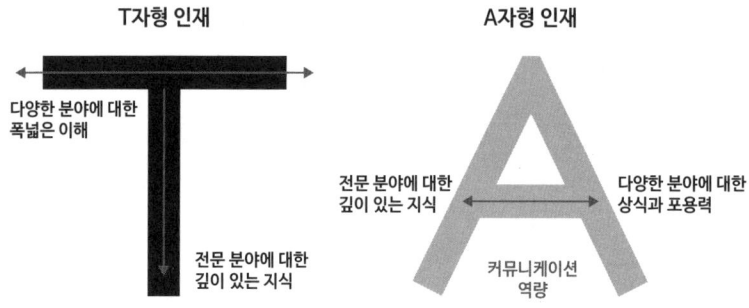

도요타에서는 사회에 꼭 필요한 인재를 T자형 인재라고 했다. T의 가로 선은 다양한 분야의 넓은 지식, 세로 선은 전문 분야의 깊이 있는 지식을 뜻한다. 한 분야에서 전문적인 지식을 갖춘 스페셜리스트와 여러 분야에 폭넓은 지식을 가진 제네럴리스트가 합쳐진 형태가 T자형 인재다. T자형 인재를 스페셜-제네럴리스트 Special Generalist 또는 멀티플레이어라고 한다. 도요타는 기술을 뜻하는 '기능 技能, skills'을 중요하게 평가하면서 조직에서 구성원으로서 제 역할을 다 하는 의미의 '기능 機能, function'을 최대한 발휘하는 인재라는 의미에서 T자형 인재상을 만들었다.'

안철수연구소는 A자형 인재상을 만들었다. A자형 인재상은 한 분야에 대한 깊이 있는 지식과 다양한 분야에 대한 상식과 포용력이 세로로 맞닿아 있고 수평적인 커뮤니케이션 능력을 갖춘 인재를 의미한다.

두 가지 인재상의 공통점은 깊이 있는 전문 지식과 다양한 분야의 폭넓은 이해다. 앞으로 전문 기술이 없으면 혼자 일하기는 더 어려울 것이다. 전문분야의 능력이 없으면 조직에서도 살아남기 어렵다. 대학과 대학원에서 수년 동안 노력해서 쌓은 지식으로 평생 안정적인 수입을 받을 수도 없다. 전문 분야 외에도 새로운 분야에서 지식을 쌓고 능력을 키워서 현재 하고 있는 일과 융합해야 혼자서도 계속 일할 수 있다.

한 분야를 깊게 아는 것은 기본이고 넓은 분야의 지식을 두루 갖춰서 새로운 결과물을 만드는 능력이 더 중요한 시대다. 언제 어디서든 혼자 일하면서 살아남으려면 다양한 분야에서 능력을 키워야 한다. 누구나 갖고 있는 지식과 경험, 스펙으로는 부족하다.

경영 사상가 찰스 핸디는《코리끼와 벼룩》에서 자기가 할 수 있는 여러 가지 일을 정리한 포트폴리오를 '활동 포트폴리오'라고 했다. 활동 포트폴리오는 직업과 경제생활을 위한 활동, 좋아서 하는 활동, 대의를 위한 활동으로 이루어진다.'

과거에는 포트폴리오에 직업적으로 활동했던 일만 적었다. 요즘은 그렇지 않다. 특히 혼자 일하는 사람은 활동 포트폴리오에 능력을 알릴 수 있는 다양한 분야의 활동을 넣어야 한다. 기존의 포트폴리오가 경력을 보여주는 비즈니스 포트폴리오였다면 활동 포트폴리오는 돈을 벌기 위해서 했던 일 외에 능력을 계발하기 위해서 했던 일, 살아오면서 경험한 가치 있는 일 등을 구체적으로 기록한 인생 포트폴리오다. 흥미를 느끼고 열정적으로 했던 일, 현재 하고 있는 일, 꾸준히 하고 있는 봉사활동도 활동 포트폴리오에 넣는다. 좋아하는 일을 오랫동안 취미로 하다가 직업을 바꾼 사람도 많다.

레오나르도 다빈치가 작품을 만들던 시대에는 한 사람이 예술가도 되고 의사도 되고 엔지니어도 될 수 있었다. 한 사람이 다양한 분야의 일을 했다. 산업이 발전하면서 분업이 효율과 생산성을 높였다. 분업의 시대가 되면서 여러 사람이 각자 맡은 일을 열심히 하면 더 많은 결과물이 나오는 구조로 바뀌었다. 하지만 미래는 분업이 생산성을 높이던 시대와 다른 양상으로 전개될 것이다. 모든 일을 혼자서 할 수는 없지만 좋은 결과물을 만들려면 전문가 수준의 능력과 다른 분야를 이해할 수 있는 경험과 지식을 갖춰야 한다.

경험과 지식을 전달하는 능력

도요타의 T자형 인재상과 안철수연구소의 A자형 인재상의 공통점은 깊이 있는 지식과 폭넓은 이해다. 자기가 맡은 일은 최고 수준으로 하면서 동시에 다른 분야의 전문가와 경험·지식을 공유하고 재창조하는 능력이 필요하다.

혼자 일하는 사람의 능력은 다음 공식으로 나타낼 수 있다.

혼자 일하는 사람의 능력 = 전문 지식 × 다양한 경험 × 커뮤니케이션 능력

혼자 일하는 사람에게 필요한 세 가지 능력은 곱셈식으로 계산한다. 세계적인 수준의 전문지식을 갖춘 사람도 다양한 경험을 하지 못하면 능력이 0이다. 전문 지식을 다른 사람에게 제대로 설명하지 못한다면 능력은 0이 된다. 다양한 경험도 전문 지식만큼 중요하다. 경험은 이해의 폭을 넓혀준다. 다양한 분야에서 성공의 경험을 쌓으면 자신감도 생긴다. 자신감은 실패를 극복하는 힘이고 더 큰 성공을 만드는 씨앗이다.

혼자 일하기 위해서 필요한 세 가지 능력은 전문 분야의 지식, 폭넓은 분야의 경험과 커뮤니케이션 능력이다. 조직에서 일하든 1인 기업을 운영하든 프리랜서로 일하든 관계없이 세 가지 능력을 갖춰야 비로소 혼자 일할 수 있는 능력을 갖추었다고 할 수 있다.

신중하게 계획된 연습으로
혼자 일하는 능력을 키운다

혼자 일하기 위해서 필요한 세 가지 능력 가운데 가장 중요한 것은 전문 지식이다. 회사에서는 업무능력이 뛰어나면 일을 잘 한다는 평가를 받는다. 혼자 모든 일을 처리하려면 업무능력은 기본이고 커뮤니케이션 능력, 시간을 관리하는 능력, 경험 등 갖추어야 할 능력이 많다. 커뮤니케이션 능력과 다양한 경험이 중요하지만 전문 지식을 갖추기 전에는 다른 능력이 있어도 활용하기 어렵다. 전문가로 인정받으려면 상당히 오랜 기간의 노력이 필요하다. 한 분야에서 성공하려면 꾸준한 노력이 필요하다는 사실은 모두가 알고 있다. 그럼에도 불구하고 성공하는 사람이 적은 이유는 꾸준히 노력하지 않기 때문이다.

혼자 일하는 능력을 키우는 데 필요한 시간

사람들은 질문한다. 노력하는 기간이 도대체 어느 정도인지 확실히 알려 달라고. 노력하는 기간에 대한 답은 이미 나왔다. 세계적인 수준으로 성장하기 위해 필요한 시간은 '1만 시간의 법칙'과 '10년 법칙'으로 증명되었다. 1만 시간의 법칙은 어느 분야든지 최고 수준이 되기 위해서는 1만 시간 동안 훈련해야 한다는 법칙이다. 신경과학자 다니엘 레비틴은 오랜 연구 끝에 1만 시간의 법칙에 예외가 없음을 밝혀냈다.

작곡가, 야구 선수, 소설가, 스케이트 선수, 피아니스트, 체스 선수, 심지어 숙달된 범죄자까지 1만 시간의 법칙은 적용된다. 하루에 세 시간, 일주일에 스무 시간 이상 10년 동안 연습하면 1만 시간이 된다. 단순히 시간으로만 계산하면 '왜 어떤 사람은 똑같은 시간 동안 연습을 하고도 남보다 더 많은 것을 얻는가?'라는 질문에 대한 답을 찾을 수 없다.⁸

존 헤이스가 주장한 '10년 법칙'도 핵심은 1만 시간의 법칙과 같다. 존 헤이스는 위대한 작곡가 76명을 대상으로 이들이 성공작을 쓴 시기를 조사했다. 500곡 이상의 유명한 음악 가운데 작곡가가 작곡을 시작한 지 10년 이전에 만든 곡은 겨우 세 곡뿐이었다. 나머지 497곡은 처음 작곡을 시작하고 나서 10년 후에 만들었다. 작곡 경력 10년 이전에 쓴 세 곡도 8년, 9년 차에 쓴 곡이었다.

전문가 수준에 오르기 위해서 필요한 시간은 다른 분야도 마찬가지였다. 131명의 화가와 66명의 시인을 대상으로 세상 사람들에게 알려진 작품을 그리고 쓰기까지 걸린 시간은 예외 없이 10년이었다. 작곡가와 화가, 시인이 자신의 대표작을 완성하는 데 10년이 걸렸다면 그 이전에는 무엇을 했을까? 그동안 그들은 기존의 음악·그림·시를 연구하고 작법 등을 배우고 익혔다. 이들이 보낸 10년은 지식을 습득하고 경험을 쌓는 기

간이었다.⁹

　우리가 알고 있는 천재들은 대부분 천재성을 타고난 게 아니다. 그들은 10년 이상 반복해서 연습하고 완벽해지기 위해서 끊임없이 노력했다. 천재들이 타고난 재능을 갖고 있었다면 유명한 작곡가와 화가, 시인들은 초기에도 대표작을 완성했어야 한다. 반대로 평범한 사람은 아무리 오랜 시간을 연습해도 성공할 수 없어야 한다. 재능이 있든 없든 10년, 1만 시간을 연습한 후에 좋은 결과물을 만들었다. 천재라고 불리는 사람들은 자기 분야에서 전문가가 되기 위해서 모두 10년 동안 혼자서 연습했다.¹⁰

세계적인 수준에 오르는 다섯 단계

그렇다면 10년 동안, 1만 시간 동안 연습하면 누구나 전문가가 될 수 있을까? 피아노 연주자가 매일 3시간 동안 피아노를 친다고 10년 뒤에 훌륭한 피아니스트가 되는 것은 아니다. 미국 플로리다주립대학의 심리학자 엔더슨 에릭슨 교수는 각계각층에서 위대한 업적을 이룬 최정상 수준의 음악가, 체스 마스터, 운동선수 등 수천 명을 연구해서 성공 비결을 찾아냈다. 그는 세계적인 수준에 오르려면 연습과 반복, 피드백, 집중적인 투자와 지칠 때를 대비한 계획, 다섯 단계를 거쳐야 한다고 했다. 10년 동안 매일 3시간씩 피아노를 친 연주자가 연습과 반복만 했다면 세계적인 연주자가 될 수 없다. 다섯 단계 중에서 피드백과 집중적인 투자, 지칠 때를 대비한 계획이 중요하다. 엔더슨 에릭슨 교수는 다섯 단계를 '신중하게 계획된 연습deliberate practice'이라고 했다. 열심히 배우고 연습해도 실력이 늘지 않는다면 익숙한 방법으로, 지금까지 하던 대로 반복만 하는 건 아닌지 돌아봐야 한다.

세계적인 수준에 오르는 다섯 단계 '신중하게 계획된 연습'
연습 → 반복 → 피드백 → 집중적인 투자 → 지칠 때를 대비한 계획

신중하게 계획된 연습은 부족한 부분을 찾아서 보완하면서 반복하는 것이다. 완성도를 높이기 위해서 자신의 한계에 도전해서 집중적으로 반복하는 것도 신중하게 계획된 연습이다. 연주자가 똑같은 곡을 반복해서 연주하면 실력은 향상되지 않는다. 식당 주방장이 10년 동안 음식을 만들어도 맛이 그대로인 이유도 마찬가지다.

분명한 목표를 세우고 1만 시간 동안 연습하되 실패하는 원인을 찾고 실패하지 않는 자기만의 방법을 개발해서 신중하게 계획된 연습을 반복해야 최고 수준에 오를 수 있다. 익숙해질 때까지가 아니라 실패하지 않을 때까지 반복하면서 현재 자신의 위치가 어디인지, 목표에 도달하려면 어떻게 해야 하는지 고민해야 한다.

첼리스트 파블로 카살스는 95세에도 매일 6시간씩 연습하면서 "지금도 조금씩 나아지고 있다."라고 했다. 최고가 된다는 목표를 정하고 부족한 부분을 보완하면서 연습하면 1만 시간의 법칙과 10년 법칙이 적용된다.

우연한 사건을 좋은 기회로 만드는 능력

10년은 결코 짧은 시간이 아니다. 직장인으로 10년을 버티기도 어려운 시대다. 10년 동안 부단히 노력하려면 인내심이 필요하다. 돈을 벌기 위해 하는 일, 하고 싶지 않지만 단지 유망하다는 이유 때문에 그 일을 선택했다면 10년 동안 지속하기 어렵다.

좋아하는 일이나 특기를 살려서 직업으로 삼으면 10년 이상 지속할 수 있다. 부족한 부분을 보완하면서 능력을 키우면 1만 시간 법칙에 따라 성공확률이 높아진다. 글쓰기를 좋아한다면 작가가 되고 요리를 좋아한다면 요리사가 되고 운동을 좋아하면 운동선수가 되는 것이다. 누구나 좋아하는 일, 하고 싶은 일이 있고 재능도 있다. 좋아하는 일을 할 때는 즐겁다. 그래서 더 집중한다. 재능을 발견하기도 수월하다. 하지만 좋아하는 일이나 특기를 직업으로 연결하는 건 매우 어렵다. 좋아하는 일도 오래 하면 싫어질 수 있기 때문이다. 그래도 좋아하는 일을 꾸준히 해야 한다. 수십 년 동안 자신에게 맞지 않는 일을 하면서 스트레스를 받던 사람이 자기가 하고 싶은 일, 재능 있는 일을 발견해서 수십 년 동안 이룬 것보다 더 많은 것을 몇 년 만에 이룬다. 당장은 경제적으로 도움이 되는 일을 하더라도 좋아하는 일을 포기하지 말고 꾸준히 해야 한다.

심리학자 존 크럼볼츠 교수는 우연한 사건이 좋은 기회로 연결되는 것에 착안해서 우연을 계획한 것처럼 만들어서 잘 활용하여 필연으로 만드는 능력이 중요하다고 했다. 이것이 '계획된 우연의 이론$^{Planned\ Happenstance\ Theory}$'이다. 계획된 우연의 이론은 좋아하는 일, 관심 있는 일을 꾸준히 접하고 배우면 잠재된 능력이 발휘되고 그 과정을 즐기다 보면 우연한 사건에서 절호의 기회를 잡을 수 있다는 것이다. 크럼볼츠 교수는 계획된 우연의 이론을 증명하기 위해서 성공한 경영자들을 대상으로 인생에서 큰 고비를 맞았을 때 겪었던 일들을 조사했다.

성공한 경영자들이 계획한 대로 노력해서 이룬 성공은 20퍼센트 정도였다. 나머지 80퍼센트는 좋아하는 일을 하다가 우연한 기회로 만난 사람이나 우연히 겪은 일이 단초가 돼서 성공했다. 계획된 우연의 이론에서 성공의 기회를 잡은 사람은 자기가 좋아하는 일을 꾸준히 하면서 다양한 경험을 했고 그러는 동안 좋은 결과를 만들었다.

혼자만의 시간이
더 중요하다

직장에서 하는 일은 점차 개별적인 업무로 바뀌고 있다. 과거에 여럿이 모여서 하던 일을 이제는 할당받은 업무를 혼자서 마감기한 전에 끝내기만 하면 된다. 일을 하는 장소를 사무실로 제한하지 않는 회사도 늘어나고 있다.

혼자 일하는 게 편하다

2000년 무렵, 기자로 일할 때, 사무실 출입문 옆에 일정표와 외근 갈 때 행선지를 적는 화이트보드가 있었다. 취재가 많은 날은 하루에 서너 군데 행선지를 적고 사무실을 나섰다. 동료의 행선지를 보고 같은 방향이면 함께 가거나 단순하게 자료만 받아오는 일은 대신해주기도 했다. 외부 일정이 끝나고 퇴근 시간이 훨씬 지난 후에 사무실로 들어가서 기사를 정리하는 날도 많았다. 요즘은 인트라넷이나 메신저 단체 대화방에 개인 일정을 적어놓고 외근을 한다. 동료가 어디서 무슨 취재를 하는지 굳이 알려고 하지 않는다. 같은 지역으로 이동해도 혼자 가는 게 편하다. 담당자가 자리에 없어도 되는 일은 제시간에 할 일을 완료하면 출퇴근 시간과 일하는 공간에 대해서 간섭하지 않는다.

조직의 시스템이 혼자서 일하는 형태로 바뀌면서 함께 일하는 문화가 사라지고 있다. 기업에서 독립적으로 근무할 수 있는 환경을 만든다. 혼자 일하는 환경이 갖춰지면서 근무 시간에 반드시 자리를 지켜야 한다는 생각도 바뀌었다. 이런 근무 환경이 스마트워크다. 스마트폰, 태블릿, 노트북을 이용해서 언제 어디서든 일할 수 있는 모바일 오피스 환경을 갖추었다. 외근이나 출장 때도 사무실과 똑같이 업무를 볼 수 있다. 스마트워크는 자기 시간을 가지면서 일도 소홀히 하지 않을 수 있게 해준다.

산업 혁명 이후에 한 지역에 공장을 지으면 그 공장 주변에 사람이 모였다. 공장 주변에 거주하는 사람이 늘어나고 마을과 도로, 상가가 생겼다. 이런 사회를 고체 사회라고 한다. 지금은 스마트워크 환경이 갖춰지면서 사람들은 한 곳에 머무르지 않는다. 이제 고정된 것은 아무것도 없는, 모든 것이 액체처럼 이리저리 흐르는 액체 사회[Fluid society]가 됐다. 액체 사회에서 고정된 것은 없다. 모든 것이 계속 이동하고 동시에 변한다.

스마트 기기를 이용해서 어디서든 일할 수 있는 환경을 갖추게 된 배경에는 네트워크가 있다. 기업에서는 네트워크를 기반으로 구축된 스마트워크 환경을 이용해서 시간과 공간에 제약을 받지 않고 자유롭게 일할 수 있게 제도를 바꾸고 있다. 이런 제도를 활용하면 '저녁이 있는 삶', '일과 삶의 균형'을 찾을 수 있다.

2020년에 인구의 절반이 프리랜서가 된다

미래사회 일자리는 모두 비상근 자유업Free Agent Workforce이 되기 때문에 2020년에는 인구의 절반이 프리랜서가 될 것이라는 예측이 있다. 이제는 현실이 된 미래의 모습이다. 전문가들은 프로젝트와 기업을 찾아다닌다. 기술을 가지고 있는 전문 분야에서 일거리를 계약해서 경제활동을 하는 체제로 바뀐다는 예측이 지배적이다. 미국 노동통계청에서는 2008년 금융위기 이후 급격하게 높아지는 비정규 파트타임Tempo Job이 2010년 한 해 동안 만들어진 59만 개의 일자리 가운데 68퍼센트인 40만 개라고 발표했다. 기업에서는 언제 어디서든 일할 수 있는 구조를 이용해서 아주 짧은 기간만 일해줄 사람을 찾는다. 공장에서는 자동화 시스템을 갖추고 정규직보다는 계약직을 더 많이 채용한다. 이렇게 인력을 탄력적으로 운영하는 것을 경영학에서는 액체 경영fluid management이라고 한다.[11]

일과 삶의 균형을 찾는 것도 좋고 시간과 장소의 제약 없이 일하는 스마트워크도 좋다. 하지만 좋은 점만 있는 것은 아니다. 미래학자들은 미래의 일자리는 지금보다 더 불안정하게 바뀔 것이라고 전망한다. 기업에서는 비용을 줄이기 위해서 계약직 근로자를 늘린다. 근로자를 착취한다는 비난을 받기도 하지만 자기 시간을 즐기기 위해서 조직에 소속되지 않고 일하기를 원하는 사람들의 요구가 커지면서 시간제 일자리는 빠르게 확산되고 있다.

혼자 일하는 사람은 정규직이 누릴 수 없는 자유를 누린다

기업은 이제 필요에 따라 근로자를 채용한다. 임시로 연주자들을 고용하던 '긱^{Gig}'에서 따와서 '긱 경제'라고 한다. 긱 경제에서 근로자들은 정규직은 생각할 수 없는 자유를 누린다. 자기 시간을 중요하게 여기는 사람과 비용을 줄이려는 기업은 긱 경제의 장점을 최대한 이용한다.

긱 경제와 함께 등장한 개념으로 놋워킹^{Knotworking}이 있다. 놋^{Knot}은 매듭이라는 의미다. 4차 산업혁명 시대에 빠르게 변하는 목표에 맞춰서 유연하게 모이고 흩어지면서 일하는 방식이다. 놋워킹은 일의 목표를 중심으로 자발적으로 모여서 일하는 시스템이다. 자유롭게 협력하며 유동성과 확장성을 가진 업무 방식이다. 긱 경제와 놋워킹은 특정 분야의 기술이나 능력을 갖춘 인력의 수급 불균형을 완화해서 새로운 일자리를 만든다는 측면에서 긍정적으로 바라보는 사람들이 많다.

직장에 하루 종일 매여 있고 싶은 사람은 없다. 직장에서 정해놓은 시간에 출퇴근하는 대신 원하는 시간에 출근해서 맡은 일을 하고 원하는 시간에 퇴근하는 모습은 모든 직장인이 원하는 삶이다. 기업에서 정해놓은 규정에 따르지 않고 자기 시간을 스스로 결정하고 인생을 산다는 것은 혼자 일하는 사람만이 누릴 수 있는 특권이다. 직장인은 정해진 시간에 출근하고 시간에 쫓기며 일하는 일상에서 벗어나기를 원한다. 내 마음대로 시간을 조절해서 일하고 여유 시간에는 자기가 하고 싶은 일을 하기를 원한다.

자기 시간을 스스로 통제할 권리

저널리스트이며 테드^{Ted} 강사로 활동하는 칼 오너리는 내 시간을 스스로 결정할 수 있는 권리를 '시간자결권$^{time\ autonomy}$'이라고 했다. 그는 시간을 스스로 통제하지 못하는 삶이 비참하고 비효율적이라고 말한다. 전문 분야에서 자기 일을 갖고 경제적으로 독립하면 시간을 스스로 결정할 수 있다. 전문적인 능력을 갖추고 있다면 하고 싶은 일을 선택해서 할 수 있고 자기가 원하는 시간에 일하고 쉴 수 있다. 하지만 현실에서는 어쩔 수 없이 혼자 일하는 사람이 훨씬 더 많다. 대부분의 프리랜서들은 겉으로는 일하고 싶을 때 일하고, 쉬고 싶을 때 쉬는 것처럼 보이지만 실제로는 일을 맡긴 사람들이 원하는 시간까지 결과물을 만들기 위해서 늘 시간에 쫓기며 일한다. 변호사, 회계사를 비롯해서 보험설계사, 부동산 중개인 등 수수료를 받고 일하는 사람들도 마찬가지다.[12]

'시간자결권'이라는 말을 만든 칼 오너리는 캐나다 신문사의 런던 특파원으로 일했다. 신문사의 특파원은 일을 하는 시간이 정해져 있지 않지만 실제로는 언제나 근무 중이어야 한다. 캐나다 신문사의 편집장은 시차와 관계없이 특파원에게 언제든지 전화할 수 있다. 캐나다 신문사의 근무 시간에 취재 지시가 오면 런던에서 취재를 하는 시간은 언제나 저녁이었다. 런던에서 그의 일은 늦은 시간에야 끝났다. 특파원으로 일하는 동안 스스로 시간을 통제할 수 없었다. 경력에 흠이 될지도 몰라서 자신의 시간보다 일을 하는 시간을 더 중요하게 생각했다. 그렇게 3년 동안 일을 하고 신문사 정리해고 명단에 자기 이름이 올라 있었을 때 시간자결권을

다시 얻었다는 사실에 기뻤다고 했다.[13]

살기 위해서 직장을 그만둔다

정리해고 명단에 자기 이름이 있으면 많은 사람들이 실직 후의 삶에 대해서 걱정한다. 당연하다. 당장 내일부터 일할 곳이 없어진다면 누구나 막막하다. 하지만 이런 생각도 조금씩 바뀌고 있다.

요즘은 살기 위해서 직장을 그만두는 사람도 적지 않다. 영화 〈리틀 포레스트〉에서 주인공이 했던 "배가 고파서 고향으로 내려왔다."라는 대사에 사람들이 공감하는 이유도 마찬가지다. 야근과 회식으로 늦은 밤에 귀가하는 날이 수두룩하고 일에 쫓기며 주말에도 쉬지 못한다.

이런 생활로 건강을 해친 사람들은 "살기 위해서 퇴사했어요."라고 말한다. 요즘은 회사를 그만두는 이유가 '자기 생활을 찾기 위해서'인 경우가 많다. 회사를 다니면서 누리는 안정적인 삶보다 회사를 그만두고 정신적으로 안정된 인생을 살겠다는 의지가 더 크다. 직장인으로 살아갈 날은 점점 짧아지고 정년까지 회사를 다니더라도 정년 이후에 경제 활동을 해야 하기 때문에 젊을 때 건강을 챙기며 자기 일을 찾아야 한다고 생각한다. 과거에는 안정과 성공의 기준이 사회적인 통념과 일치했다면 지금은 개인의 기준에 따라 성공을 다르게 정의한다. 돈을 많이 벌고 높은 지위까지 올라가는 성공에서 조금 적게 벌고 사회적 지위가 낮아도 자기가 원하는 삶을 사는 것을 성공이라고 생각하는 사람이 점점 늘고 있다.

자유를 누리는 만큼
막중한 책임이 따른다

직장인이 1인 기업가, 프리랜서 등 혼자 일하는 사람에게 부러움을 느끼는 이유는 하나다. 자기 시간을 자기 마음대로 쓰는 것. 사람들은 내 시간을 내 마음대로 결정하고 쓰는 '시간자결권'을 원한다. 직장인 중에도 시간을 자유롭게 사용하는 사람이 있다. 주로 외근이 잦은 직무에서 일하는 사람들이 그렇다.

시간자결권이 수명을 늘린다

콘텐츠 회사 기획팀에 근무할 때 있었던 일이다. 콘텐츠를 제작하는 디자이너와 기획자, 작가는 출근한 후에는 점심시간을 빼면 사무실 밖으로 나갈 일이 거의 없다. 병원 진료나 은행에 볼 일이 있어도 점심시간 안에 다녀와야 한다. 병원이나 은행에 사람이 많아서 오래 기다려야 할 때는 동료에게 연락해서 늦는다고 얘기해야 한다. 근무시간에 아무런 말도 없이 자리를 비우면 안 되기 때문이다.

마케팅팀, 제휴팀 등 외부 업무가 많은 부서 직원들은 출근해서 회의하고 각자 업무가 할당되면 거래처 담당자와 약속을 정하고 사무실을 빠져나간다. 외근을 하는 부서 직원들은 사무실을 벗어나면 비교적 자유롭게 시간을 사용한다. 거래처 여러 곳을 다녀야 하는 날은 하루 일과가 빠듯할 때도 있지만 여유가 있는 날은 일과시간에 개인적인 일을 할 때도 있다. 내근 직원과 비교해서 은행 일이나 병원 진료를 보는 것도 자유롭다. 심지어 근무 시간에 이사 갈 집을 보러 다니는 직원도 있었다.

외근을 주로 하는 부서의 직원들도 실적과 성과에 대한 고충은 있다. 하지만 사무실을 벗어나면 자기 시간을 비교적 자유롭게 사용할 수 있다. 외근 직원이 시간을 자유롭게 활용하는 것은 내근 직원이 충분히 부러워할만 하다.

시간을 자기 마음대로 사용하는 데서 얻는 가치는 매우 크다. 자기가 원하는 시간에 원하는 일을 하면 정신적으로 신체적으로 건강한 삶을 살 수 있다는 것은 이미 50여 년 전에 증명되었다. 1967년에 영국 런던에 공공기관이 모인 거리 화이트홀Whitehall에서 공무원을 대상으로 장기간 연구가 진행되었다. 이 연구는 사회·경제적 지위가 장기적으로 그 사람의 건강에 어떤 영향을 미치는지 알아보기 위해서 진행되었다. 연구결과에 따르면 사회경제적 지위가 개인의 건강에 미치는 영향이 상당히 큰 것으로 나타났다. 최하위직 공무원은 최상위직 공무원과 비교해서 심혈관계 질환으로 사망할 확률이 3배나 더 높았다. 고위직이 건강을 관리할 여유가 있어서 비만이나 흡연 비율이 하위직보다 낮았지만 이런 변수를 고려하더라도 최하위직 공무원이 사망할 확률은 여전히 2.1배나 차이가 났다.

　미국 스탠퍼드대학 로버트 새폴스키 교수는 "자신의 삶에 대한 통제력과 예측가능성이 없다는 느낌이 사회심리적인 스트레스 요인으로 작용한다."라고 설명했다.[14]

　고위직 공무원과 비교해서 스트레스를 많이 받는 하위직 공무원이 심혈관계 질환으로 사망할 확률이 높게 나타난 것이다. 하위직으로 갈수록 자신의 일을 스스로 결정하는 게 아니라 위에서 시키는 일을 해야 하고 출퇴근 시간, 화장실 가는 것까지 상사의 눈치를 보면서 생활하다 보면 스트레스가 쌓인다. 미국 양로원에서도 비슷한 실험이 있었다. 양로원 노인들에게 사소한 일이라도 스스로 결정하게 해서 건강이 좋아졌다는 결과를 내놓았다. 이 연구결과는 자기가 할 일과 시간을 결정하는 게 삶의 질에 얼마나 큰 영향을 미치는지 보여준다.

시간을 마음대로 쓰는 자유와 일을 끝내야 하는 책임

시간을 마음대로 쓰는 자유는 직장인 모두가 부러워한다. 회사의 출퇴근 시간을 지키지 않아도 된다면 사람들이 붐비는 출퇴근 시간을 피할 수 있고 직장인들이 한창 일하는 시간에 여유롭게 영화를 보고 쇼핑할 수 있다. 개인적인 일이 있을 때 상사에게 허락받지 않아도 된다. 외부에서 일이 늦게 끝나도 늦은 이유를 보고하지 않아도 된다. 일이 잘 되는 시간에 집중해서 일하고 일이 안 되는 시간에는 쉬어도 상관없다. 시간을 자유롭게 쓸 수 있다면 굳이 근무시간에 일하지 않아도 된다.

자유가 있다면 책임도 따른다. 일이 안 되는 날이라서 쉬고, 정신이 맑지 못해서 할 일을 미루고, 감기에 걸려서 일하지 않는 등 이런 날이 반복되면 맡은 일을 제시간에 끝낼 수 없다. 직장인들은 일이 잘 안 되는 날, 정신이 맑지 못한 날, 심한 몸살에 걸린 날도 일한다. 근무시간에는 일해야 한다는 규칙 속에서 직장 상사와 동료의 감시를 받으며 일하기 때문에 마음대로 게으름을 피울 수 없다.

혼자 일하는 사람은 자기만의 규칙을 정하고 그것을 철저하게 지켜야 한다. 조직에 소속되어 일하는 사람도 마찬가지다. 스스로 집중해서 일하는 시간과 효율을 높이는 자기만의 규칙을 만들고 지켜야 한다. 시간을 자유롭게 쓴다는 말은 일하고 싶을 때 일하고 쉬고 싶을 때 쉬라는 의미가 아니다. 시간을 자유롭게 쓰는 만큼 효율적으로 활용해야 한다.

시간자결권은 일할 시간에 일을 하지 않아도 된다는 뜻이 아니다. 혼자 일하는 사람은 사회적인 규범, 특히 시간에 대한 규범을 직장인보다 더 철저하게 지켜야 한다. 시간에 대한 규범을 지키지 않으면 모든 규칙이 무너진다. 어떤 날은 점심시간을 충분히 가질 수도 있고 어떤 날은 일찍 일을 끝낼 수도 있다. 하지만 할 일이 많은 날은 집중해서 늦게까지 일할 때도 있고 다른 사람들이 잠을 잘 때, 잠에서 깨기 훨씬 전부터 일해야 하는 날도 있다. 직장인들은 출퇴근과 점심시간을 엄격하게 지키기 때문에 근무시간 외에는 일을 하지 않을 권리가 있다.

혼자 하면 더 열심히 한다

혼자 일하는 사람이 시간을 자유롭게 쓴다는 것은 정해진 근무시간이 없기 때문에 직장인보다 더 오랜 시간 일을 할 수도 있다는 의미다. 결론적으로 시간을 자유롭게 사용한다는 의미는 단순히 시간에 대한 규칙을 지키는 데서 끝나지 않는다. 시간의 자유는 책임감과 직결된다. 조직의 구성원으로 일하는 사람의 책임감과 혼자 일하는 사람이 느끼는 책임감이 얼마나 다른지 보여주는 실험이 있다.

프랑스 농업공학자 링겔만은 여러 사람이 밧줄을 잡아당길 때와 혼자서 밧줄을 잡아당길 때 중량의 차이로 집단과 개인의 책임감이 다르다는 사실을 증명했다. 실험 방법은 단순하다. 여러 명의 참가자들이 함께 힘을 모아 밧줄을 잡아당겼을 때와 혼자 밧줄을 잡아당겼을 때의 중량 차이를 확인하는 것이다. 실험 결과, 혼자서 밧줄을 잡아당겼을 때는 63킬로그램을 들어 올렸다. 두 사람이 함께 밧줄을 당겼을 때는 1인당 53킬로그램을 들어 올렸고 참가자가 여덟 명으로 늘었을 때는 1인당 31킬로그램밖에 들지 못했다.

비슷한 실험에서도 같은 결과가 나왔다. 실험 참가자가 '와!'라고 소리를 지르거나 힘껏 박수를 친다. 한 사람이 소리를 냈을 때 음량과 여러 사람이 함께 소리를 냈을 때 음량 차이를 비교했더니 역시 혼자 소리를 냈을 때 음량이 제일 컸다. 여섯 사람이 일제히 소리를 질렀을 때는 혼자 소리를 질렀을 때와 비교해서 음량이 절반 이하로 나타났다. 여럿이 함께 소리를 지르면 혼자 소리 지르는 음량보다 소리가 크다. 하지만 혼자 소리

를 지를 때보다 큰 소리를 내지는 않았다. 심리학에서는 이런 현상을 '사회적 생략'이라고 한다.[15]

빨리 가려면 혼자 가야 한다

집단 속한 개인은 자기 능력을 다 보여주지 않는다. 집단에서 개인은 자기 능력을 '생략'한다. 사회적 생략이 생기는 이유는 여럿이 함께 일하면 그 인원수만큼 책임감이 분산되기 때문이다. 혼자 일할 때는 막중한 책임을 느끼지만 함께 일하는 사람이 많아지면 '내가 아니면 다른 사람이 하겠지'라는 마음이 생긴다. 직장에서는 이런 일이 자주 일어난다. 혼자 하면 열 시간 정도 걸릴 것 같아서 동료에게 도와달라고 한다. 산술적으로 혼자서 열 시간 걸릴 일을 셋이 하면 서너 시간 안에 마쳐야 정상이다. 하지만 셋이 함께 일하면 적어도 다섯 시간 이상 걸린다. 업무량을 잘못 파악해서 시간이 오래 걸린 게 아니라 여럿이 일하면 그만큼 책임감이 분산되기 때문이다.

어떤 일이든지 혼자 할 때보다 여럿이 함께 할 때 집중력이 떨어진다. "빨리 가려면 혼자 가고 멀리 가려면 함께 가라." 이 말은 진리다. 혼자 일하면 더 열심히 한다. 그래서 결과물도 좋다.

능력을 키우는 확실한 방법은
혼자서 꾸준히 반복하기

직장에서 혼자 일하고 직장에 다니지 않아도 혼자 일한다. 모두가 혼자 일하는 시대다. 자기가 원하는 시간에 하고 싶은 일을 하고 전문 분야에서 오랫동안 경제 활동을 하려면 혼자 일하는 능력을 키워야 한다. 우리나라에서 능력을 인정받는 수단은 자격증이다. 실제로 능력이 있는 것과 상관없이 공식적으로 능력을 증명하려면 자격증은 필수다.

자격증이 능력을 증명할까?

드라마 〈직장의 신〉에서 주인공 '미스김'은 비정규직이지만 정규직보다 월등한 대우를 받는다. 미스김이 월등한 대우를 받는 이유는 직장에서 일어나는 모든 일을 척척 해내기 때문이다. 드라마에서 미스김은 업무 외에 청소와 고장 난 복사기까지 고친다. 모든 일을 해내는 미스김을 표현하기 위해서 124개의 자격을 보유한 캐릭터로 설정했다.

자격증이 있다고 실제로 능력이 있다고 할 수는 없다. 하지만 우리나라에서는 자격증이 능력을 증명하는 수단으로 통한다.

공장형 커피전문점 테라로사의 김용덕 대표는 은행원으로 21년 동안 일한 뒤에 강릉에 커피전문점을 창업했다. 그는 일간지에 실린 인터뷰에서 자격증에 대한 자신의 생각을 밝혔다. 커피 관련 자격증을 가지고 있냐는 질문에 자격증의 문제가 아니라고 대답했다. 테라로사를 운영하면서 정기적으로 COE$^{Cup\ of\ Excellence}$에 가는데 거기서는 10분만 대화하면 실력이 드러난다고 했다. COE에 심사위원으로 참석하는 김용덕 대표는 국제 무대에서는 자격증이 필요 없다고 말한다. COE에서 커피 농장주들은 행사에 참가한 사람들에게 재배한 커피 맛을 보게 한다. 그들이 커피 맛을 보게 하는 이유는 실력을 알아보기 위해서다. 김용덕 대표는 커피 맛을 제대로 알기 위해서 커피를 많이 마신다. 사업을 시작하고 8~9년 정도 됐을 때 커피 맛의 좋고 나쁨을 알게 되었다고 했다.

우리나라에 미국의 커피협회에서 주는 자격증을 취득하는 코스가 있는데 일주일 강의를 듣는데 300만 원 정도 비용이 든다. 이 자격증을 소지한 사람이 전 세계에 800여 명 있는데 우리나라에만 400명 정도 있다. 그는 적어도 7~8년 이상 커피를 마셔보고 남미의 커피 산지에 가서 몸으로 배우고 안목을 키워야 좋은 커피를 만들 수 있다고 했다. 자격증보다 커피를 고르고 맛있게 만드는 방법을 터득하는 것이 더 중요하다는 의미다.[16]

자격증은 실력을 증명하는 최소한의 수단일 뿐이다. 진학, 취업, 사업에서 성공하기 위해서 그리고 외국어, 실무에 필요한 지식과 실력을 증명하려고 자격증을 취득하려고 한다. 하지만 자기가 모르는 것, 부족한 부분, 더 열심히 할 일을 스스로 찾아서 일하는 능동적인 사람이 되는 게 더 중요하다. 자격증을 부정하는 건 아니다. 자격증, 학력보다 창의력, 리더십, 자기가 해야 할 일을 스스로 찾아서 할 수 있는 능력이 진짜 실력이다.

일본 정부는 사회가 정말로 원하는 개인의 능력을 조사해서 '사회인이 갖춰야 할 기본 능력 12가지'를 발표했다."

주체성 : 자진해서 일에 매달리는 힘

설득력 : 다른 사람을 설득해서 끌어들이는 힘

실행력 : 목적을 설정하고 행동하는 힘

과제 발견력 : 현상에 맞는 과제를 확실히 하는 힘

계획력 : 과제를 해결하기 위한 과정을 만드는 힘

창조력 : 새로운 가치를 만들어내는 힘

발신력 : 자기 의견을 알기 쉽게 전하는 힘

경청력 : 다른 사람의 의견을 정중히 듣는 힘

유연성 : 다른 의견을 이해하는 힘

정황 파악력 : 주변 사람과 일의 관계를 이해하는 힘

규율성 : 규칙과 약속을 지키는 힘

스트레스 조정력 : 스트레스에 대처하는 힘

12가지 능력 가운데 자격증으로 다른 사람에게 보여줄 수 있는 능력은 하나도 없다. 자격증은 취업이나 승진, 이직에는 중요한 열쇠가 될 수 있다. 자기가 가진 능력을 증명할 수 있기 때문이다. 자격증이 없으면 능력이 없다는 의미는 아니다. 또 자격증이 있다고 능력이 있다는 뜻도 아니다. 자격증은 공식적으로 능력을 증명하고 능력을 키우기 위해 열심히 노력했다는 믿음을 준다. 이렇듯 자격증은 진짜 능력을 보여주지 않지만 상징적인 의미가 있다.

혼자 일하는 능력을 키우는 유일한 방법

혼자 일하는 데 자격증은 필요하지 않다. 자기 실력을 검증하기 위해서 자격을 취득할 수는 있다. 능력을 다른 사람에게 보여주려고 자격증을 취득하는 것은 실력을 쌓기 위한 공부라고 하기 어렵다.

   실력을 쌓는 방법은 단 하나다. 무한 반복이다. 이것 외에 실력을 쌓는 방법은 없다. 캘리포니아대학 로버트 마우어 교수는 《아주 작은 반복의 힘》에서 '스몰 스텝small step' 원리를 소개했다.

   스몰 스텝 원리에 따르면 목표를 정한 사람들이 성공에 이르는 확률은 8퍼센트에 불과하다. 목표를 세우고 그 목표를 달성하려고 결심한 사람들의 25퍼센트는 일주일 안에 실패하고 50퍼센트는 한 달 안에 실패한다. 그 이유는 실행하는 방법이 잘못되었기 때문이다. 의지가 약한 92퍼센트의 사람들, 즉 절대다수가 결심한 일을 끝까지 해내는 방법은 아주 작은 일을 반복하는 것이다.[18]

아주 작은 일을 꾸준히 반복해야 결심한 일을 끝까지 해내고 실력을 쌓을 수 있다. 큰 목표를 하나만 세우면 그 목표가 너무 크고 멀게 느껴져서 노력을 지속하기 어렵다. 원대한 목표를 세우면 얼마 못 가서 실행을 중단한다. 목표가 너무 크고 멀게 느껴져서 노력을 지속하기 어렵다. 결국 능력을 키우지 못한다. 아주 작은 목표를 세우고 그 목표를 이루기 위해서 부담 없이 시작해야 한다. 노력하는 과정에 익숙해지면 목표를 조금 더 크게 정하고 다시 부담 없이 실행한다. 그렇게 일주일, 한 달, 일 년이 지나면 목표에 가까이 다가가고 꾸준히 노력하면 원대한 목표도 이룰 수 있다.

스몰 스탭과 반대되는 이론도 있다. 이룰 수 없을 정도로 거대한 목표가 의욕을 높인다는 시각에서는 '하드 골' 원칙이 능력을 키우는 데 더 탁월하다고 주장한다. 미국 켄터키대학 교육심리학자 길만 박사는 크로아티아와 미국에서 사례를 조사한 결과 감당하기 어려운 과제를 부여한 쪽이 오히려 학업 만족도가 높았다. 호주 뉴사우스웨일즈대학 대학원의 우드 박사도 1966년부터 20년 동안 발표된 122개의 연구를 정리해서 같은 결과를 얻었다. 작은 목표를 세우고 꾸준히 실행해서 실력을 쌓는 것보다 커다란 목표를 이루기 위해서 노력하는 편이 더 만족도가 높다는 것이다. 목표의 크기와 달성하는 데 걸린 시간에 따라서 성취감은 달라진다.[19]

목표를 정하고 작은 일을 반복해서 실천할 때도 최종 목표는 커야 한다. 큰 목표를 정하고 큰 목표를 이루기 위해서 무수히 많은 작은 목표를 만들고 끊임없이 실천한다면 원하는 수준의 실력을 쌓을 수 있다. 이 방법은 1만 시간 법칙, 10년 법칙, 신중하게 계획된 연습과 닮았다.

조직에 속해 있는 사람, 혼자 일하는 사람 모두 누군가에게 보여주려고 실력을 쌓는 것은 바람직하지 않다. 자신의 부족한 부분을 인식하고 어떤 능력을 키울지 결정하고 실천하는 과정에서 주체성, 실행력, 과제 발견력이 생긴다. 실력을 쌓기 위해 목표를 정하고 계획대로 실천할 때 규율성도 갖출 수 있다. 목표를 정하고 꾸준히 실행해서 실력이 늘면 재미가 붙어서 계속하게 된다.

신중하게 계획된 1만 시간의 연습

《아웃라이어》를 통해서 널리 알려진 1만 시간의 법칙도 마찬가지다. 10년 동안 열심히 노력하면 그 분야에서 대가가 된다는 법칙이다. 하루에 3시간씩 10년 동안 특정 분야에서 능력을 키우는 것이 핵심이다. 1만 시간 동안 노력의 양과 질이 중요하다. 1만 시간의 법칙에서 사례로 소개한 인물은 14세에 카네기홀에서 공연한 바이올리니스트 조슈아 벨과 21세에 마스터즈 골프대회에서 우승한 타이거 우즈다. 조슈아 벨은 4살부터 바이올린을 연주했고 타이거 우즈는 3살 때 처음 필드에 나갔다. 조슈아 벨은 딱 10년 후에 카네기홀에서 공연했고 타이거 우즈는 18년 동안 연습한 끝에 마스터즈 골프대회에서 우승했다. 세계적인 여성 체스 선수 주디트 폴가도 4살에 체스를 시작해서 15세에 최정상의 자리에 올랐다.

노력의 양으로 보면 전문가가 되는 데 필요한 시간은 10년이다. 각계각층에서 위대한 업적을 이룬 사람들을 연구한 미국 플로리라주립대학의 심리학자 앤더슨 에릭슨 교수가 찾아낸 성공 비결은 신중하게 계획된 연습deliberate practice이다.[20]

신중하게 계획된 연습이 능력을 키우는 비결이다. 열심히 배우고 연습하는데 실력이 늘지 않는 것 같은 기분이 들 때는 신중하게 계획된 연습이 필요하다. 신중하게 계획된 연습은 실력이 정체되지 않도록 하며 창의적인 성과가 나타나도록 도와준다. 신중하게 계획된 연습은 선생님이 가르쳐주지 않는다. 함께 일하는 상사나 동료에게 도움을 받으면서 연습할 수 있는 성질이 아니다. 오직 혼자서, 스스로 반복해서 터득해야 한다.

혼자 일하려면
규칙이 필요하다

원하는 시간에 하고 싶은 일을 하는 것은 축복이다. 단, 시간을 효율적으로, 결과물을 효과적으로 만들 경우에만 축복이다. 시간에 대한 규칙은 혼자 일하는 사람이기 때문에 반드시 지켜야 한다. 혼자 일하기로 마음먹고 직장을 그만두거나 재택근무를 신청한 사람이 얼마 못 가서 새로운 직장을 알아보거나 다시 사무실로 출근하는 이유는 스스로 규칙을 만들지 않거나 규칙을 만들고도 지키지 않기 때문이다.

규칙을 만들고 지키기

규칙은 사건 기준$^{event\ pacing}$ 규칙과 시각 기준$^{time\ pacing}$ 규칙이 있다. 사건 기준 규칙은 일이 있을 때 일을 하고 졸릴 때 잠을 자는 것이다. 시각 기준 규칙은 정해놓은 시간이 되면 행동하고 정해놓은 시간이 되면 행동을 멈추는 것이다. 두 가지 규칙 가운데 어떤 규칙도 상관없다. 규칙을 정하고 실천하면 된다.

직장, 학교 등 우리 사회는 대부분 시각 기준 규칙을 따른다. 일출과 일몰, 인간의 체내 시계도 시각 기준 규칙을 따른다. 시각 기준 규칙은 자연의 흐름에 따르는 규칙이다. 하지만 자연의 흐름에 따르기보다 더 빠르게 일하려고 규칙을 만든다.

컴퓨터 애니메이션 제작사 픽사^{Pixar}에서는 영화를 개봉하는 시기를 정해놓고 철저하게 지킨다. 픽사는 1995년에 처음으로 장편영화 〈토이스토리〉를 선보였다. 〈토이스토리〉는 컴퓨터 기술을 활용하면서 동시에 전통적인 영화 제작 기법을 활용했다는 측면에서 영화사적으로 큰 의미가 있었다. 1995년 최고의 흥행 기록을 올렸고 작품성을 인정받아 오스카상도 받았다. 〈토이스토리〉는 기술과 작품성, 흥행 모든 측면에서 좋은 평가를 받았다. 하지만 픽사는 〈토이스토리〉 수준의 품질 기준을 충족하는 영화를 만드는 데 무려 4년이나 걸렸다. 아무리 영화가 훌륭해도 4년마다 영화를 한 편 내놓는 제작사는 업계에서 좋은 평가를 받을 수 없다. 픽사는 이런 현실을 타개하기 위해 규칙을 만들었다. 첫 번째, 제작사로서 회사가 제대로 돌아갈 만한 수익을 만들기 위해 해마다 새 영화를 출시한다. 두 번째, 영화 흥행 수익과 관련해서 가족 단위 관람객이 찾는 성수기, 추수감사절에 맞춰서 영화를 출시한다.[21]

픽사는 인력을 충원하고 분산 배치해서 한 팀에서 영화 제작을 시작하고 다른 팀에서 다음 해 새로운 영화 제작에 착수하는 방식으로 영화 제작 공정을 만들었다. 여러 해가 지난 후에 해마다 영화를 내놓는 규칙을 지킬 수 있었다. 1년마다 영화 한 편을 내놓는 규칙이 성공한 이유는 주기적인 목표와 목표를 달성하기 위해서 자체적으로 긴장감을 주었기 때문이다. 이런 규칙은 다음에 할 일을 기다리느라 빈둥거리는 시간을 없애주고 할 일을 제시간에 마치도록 해준다.

스스로 만든 규칙이 더 효과가 있다

조직의 일원으로 일하든 혼자서 사업을 하든 규칙이 필요하다. 다른 사람이 만든 규칙보다 자기가 직접 만든 규칙이 더 효과적이다. 규칙은 게으름과 할 일을 미루는 함정에 빠지지 않고 집중하게 만든다.

대학생이 게으르다고 말하는 사람들이 많다. 우리나라만 그런 게 아니라 전 세계적으로 그렇다. 초·중·고등학교까지는 정해진 시간에 학교에 간다. 대학에 입학하면 등교시간을 자기가 정할 수 있다. 그동안 지켜온 규칙은 사라진다. 학교에서 정해준 시간표에 따라 생활하던 학생들이 대학생이 되면 강의 시간과 할 일을 직접 선택하고 결정한다. 공부하는 시간, 친구들과 만나서 노는 시간 모두 자기 마음대로 결정할 수 있다. 시간을 통제하는 학교도 규칙도 없다. 직장도 마찬가지다. 출퇴근 시간과 사회 통념상 지켜야 하는 몇 가지 규칙만 지키면 된다.

누군가 정해놓은 규칙을 지키지 않고 시간을 내 마음대로 사용하는 것은 즐거운 일이다. 하지만 정해진 시간에 정해진 일을 하지 않아도 되는 자유를 지나치게 누리기만 하면 문제가 생긴다. 어쩌다 한 번 늦게 일어나거나 어쩌다 한번 일상에서 벗어나는 건 큰 문제가 없지만 일이 잘 안 된다고, 집중할 수 없다고, 급한 일이 생겼다고 할 일을 미루면 맡은 일을 영원히 끝낼 수 없다.

혼자 일하는 사람은 계속 새로운 일을 만들어야 한다. 1인 기업가뿐만 아니라 직장인도 마찬가지다. 픽사에서 1년마다 영화를 한 편씩 내놓기로 규칙을 정하고 인력을 배분해서 수년 후에 해마다 새로운 영화를 선보인 것처럼 혼자서 일하면 규칙을 더 철저히 지켜야 한다.

혼자 일하면 책임은 더 막중하다

혼자 일하더라도 여느 회사와 마찬가지로 일하는 시간, 출퇴근 시간과 장소를 정하고 철저하게 지켜야 한다. 사무실에서 일하든, 집에서 일하든 마찬가지다. 혼자 일하는 사람이 빈둥거린다는 인식은 괜히 생긴 게 아니다. 실제로 혼자 일하는 사람 중에는 출퇴근 시간과 일하는 장소가 일정하지 않은 사람이 많다. 1인 기업가와 프리랜서도 출퇴근 시간을 철저하게 지켜야 한다. 일하는 시간을 철저하게 지키는 사람만 오랫동안 자기 일을 할 수 있다.

혼자 일할수록 책임감은 더 필요하다. 회사에서는 내가 하지 못하는 일을 동료에게 도움을 받아서 처리하거나 다른 직원이 대신해주지만 혼자서 일하면 그럴 수 없다. 어떻게 해서든 자기 힘으로 모든 일을 해야 한다. 회사에서는 일을 잘 한다고, 똑똑하다고 칭찬받던 사람도 독립하면 혼자서 모든 일을 처리해야 하기 때문에 혼란스러운 시기를 거친다. 잘

하는 일은 혼자 해도 무난히 끝낼 수 있지만, 해 본 적 없는 일, 잘 못하는 일을 하는 시간은 즐겁지 않다. 직장에서는 동료에게 모르는 것을 물어보거나 부탁할 수 있지만 혼자 일하면 그러기 어렵다. 때때로 친구들에게 물어볼 수 있지만 필요할 때 원하는 대답을 듣기는 어렵다. 혼자 일하면서 게으르지 않고, 무질서의 함정에 빠지지 않으려면 자발적으로 규칙을 정하고 지켜야 한다.

작가 에르하르트 블랑크는 스스로 규칙을 세워서 일하는 것이 얼마나 어려운지 다음과 같은 글로 표현했다.

"사람들은 군대에서 규율을 배우지 않습니다. 기껏해야 규율대로 행동할 뿐입니다. 규율을 가지고 있는 사람은 자기가 한 일을 압니다. 반면 규율에 따라 행동하는 사람은 다른 사람이 한 일만을 알고 있습니다."[22]

규칙을 정하면
의욕이 생긴다

학교와 회사에서 규칙에 얽매여 고생한 사람들은 규칙이라는 말 자체에 염증을 느낀다. 특히 제대한 지 얼마 안 되는 남자들은 규칙을 좋아하지 않는다. 이들이 생각하는 규칙은 "이것을 한다.", "저것은 절대 금지다."와 같은 것이다. 혼자 일할 때 지켜야 하는 규칙은 강제하거나 금지하는 규칙이 아니라 긍정적인 규칙, 합리적인 규칙이다.

글로벌 기업의 규칙에서 배운다

도요타에서 정한 규칙은 '다섯 번의 왜?'와 '가시화'다. 3M에는 '15퍼센트' 규칙이 있다. 캐논에는 '물귀신 대작전', '최초 발언자' 규칙이 있다. 직장에서는 규칙으로 정하지 않았거나 규칙에 벗어나는 일을 자기 마음대로 실행하기 어렵다.[23]

도요타 직원은 '왜를 다섯 번 반복하는 것'이 습관화되어 있다. '다섯 번의 왜?' 규칙은 도요타 생산방식을 고안한 오노 다이이치가 제창했다. 일을 하는 이유, 일을 하는 방식에 대한 질문을 반복하면 깊게 생각할 수 있다. 깊이 생각하면 다양한 발상이 떠오른다. '왜'라고 다섯 번 되물으면 문제를 거슬러 올라가 근본적인 원인에 도달한다. 이렇게 거슬러 올라가 본질을 캐려고 하는 자세를 '원류 주의'라고 한다. 가시화 규칙도 도요타를 이끌어가는 힘이다. 가시화 규칙은 보이지 않는 정보와 보여줄 수 없는 가치를 눈으로 볼 수 있게 만든다.

  3M의 15퍼센트 규칙은 모든 구성원이 회사 업무 이외의 새로운 지식을 습득하거나 아이디어를 만드는 데 업무 시간의 15퍼센트 정도를 사용한다는 불문율이다. 3M에는 상사가 반려한 아이디어를 계속 진행해도 좋다는 규칙도 있다. 이런 규칙 덕분에 3M의 직원들은 창의력을 발휘할 기회를 얻고 자기만의 강점을 키운다. 캐논의 물귀신 대작전 규칙은 업무에 필요하다면 타 부서 직원에게 협조를 요청할 수 있는 권리다. 이런 제도가 규칙으로 정해져 있어서 타 부서 업무에 갑작스럽게 차출되더라도 기분 좋게 협력하는 문화가 생겼다.

규칙을 정해야 시작할 수 있다

혼자 일할수록 규칙을 만들고 지켜야 하는 이유는 제약을 두거나 강제하기 위해서가 아니라 실행하면 좋은 것, 아직 익숙하지 않은 것을 꾸준히 실행하기 위해서다. 회사에서는 출퇴근 시간, 회의시간, 점심시간, 근무시간을 지킨다. 혼자 일하면 직장인이 일상적으로 지켜야 하는 규칙에서 자유롭다. 이런 자유는 게으름, 나태함, 무계획으로 이어지기 쉽다.

자유를 누리면서 효율적으로 일을 하려면 규칙이 필요하다. 일상적인 일에 규칙을 정하면 그 일을 할지, 말지 고민하지 않아도 된다. 언제, 어디서, 어떻게 실행할지 미리 계획을 세우고 규칙을 정하면 부담 없이 시작할 수 있다. 어떤 일이든 시작할 때 가장 큰 에너지가 필요하다. 규칙을 정하면 시작할 때 큰 힘이 들지 않는다. 시작할 때 큰 힘을 들이지 않으면 중요한 일에 더 많은 힘을 쏟을 수 있다.

운동선수들은 생활에서도 여러 가지 규칙을 정해놓고 지킨다. 일부 프로 선수들은 행동하는 패턴에 집착한다. 야구선수 중에는 6회를 마치고 비타민을 먹고 7회를 마치고 음료를 마시는 선수도 있다. 운동선수들은 자기만의 규칙을 정해놓고 지킨다. 이런 행동을 징크스라고 한다. 규칙을 정해놓고 늘 하던 행동을 하면 심리적인 안정을 느낀다. 최상의 컨디션을 유지하는 데도 도움이 된다. 좋은 컨디션은 좋은 성적으로 이어진다.

도요타, 3M, 캐논 등의 회사에서 규칙을 만든 이유는 효율과 생산성을 높이기 위해서다. 운동선수가 정해놓은 규칙은 얼핏 보면 쓸데없는 행동처럼 보이지만 마음을 편하게 해서 컨디션을 유지하는 효과가 있다. 규칙이 조금 이상해도 주변 사람에게 피해를 주지 않는다면, 최상의 컨디션을 유지할 수 있다면 지키는 편이 낫다.

이런 규칙은 혼자 일할 때도 큰 도움이 된다. 매일 또는 자주 하는 일이라면 그 일을 하는 시간과 장소에 대한 규칙을 정한다. 그러면 그 일을 할지 말지 고민하면서 시간과 에너지를 낭비하지 않게 된다.

회사에서 담당자를 정해두는 것도 일종의 규칙이다. 담당자를 정해두면 갑자기 새로운 일이 생겼을 때 바로 시작할 수 있다.

규칙이 동기를 부여한다

규칙을 정해두면 없던 의욕도 생긴다. 똑같은 상황에서 사람들이 행동을 하는 이유는 두 가지로 구분된다. 열심히 일하는 이유가 어떤 사람에게는 승진하기 위해서일 수 있지만 어떤 사람에게는 해고당하지 않기 위해서일 수도 있다.

컬럼비아대학 동기과학센터 하이디 그랜트 할버슨 부소장은 《어떻게 의욕을 끌어낼 것인가》에서 사람들의 행동에 동기를 부여하는 방식을 '성취지향promotion focus'과 '안정지향prevention focus'으로 구분했다. 승진하기 위해서 일하는 사람은 현재보다 더 나은 상태, 보상을 추구하는 성취지향형이며, 해고당하지 않기 위해 일하는 사람은 더 나쁜 상황, 처벌을 피하려는 안정지향형이다. 똑같이 열심히 일하는 두 사람이 전혀 다른 동기를 갖고 있다면 이들의 사고와 행동은 전혀 다르게 나타난다. 동기를 부여하는 방식은 다르지만 두 가지 성향 모두에게 통하는 규칙이 있다. 그것은 'if then 플랜'이다. if then 플랜은 '만약 X라면 Y를 하겠다'라는 규칙이다.

'운동하기'가 목적이라면 '운동을 열심히 한다'처럼 추상적으로 생각하는 게 아니라 '5층 이하는 계단을 이용한다' 또는 '식사 후 30분 동안 빠르게 걷는다'처럼 조건과 행동을 함께 묶어서 규칙을 만들면 실천하기 쉽다. '기획서 작성'이 목표라면 '오전 10시부터 11시까지 기획서 업무'라는 규칙을 만든다. 10시가 되면 규칙을 지키기 위해서라도 기획서 작성에 필요한 일을 하게 된다. 이런 규칙을 정해놓지 않으면 할 수 없는 이유가 머릿속을 채운다. 결국 '내일부터 하지'라고 말하며 미룬다.

규칙을 만들면 자기도 모르게 규칙에 따라 행동한다. 자기가 만든 규칙이 행동하도록 동기를 부여하는 것이다. 물론 'X라면 Y를 하겠다'는 규칙을 만들어도 항상 규칙대로 실행하지는 않는다. 하지만 이런 규칙을 만든 사람이 규칙을 만들지 않은 사람보다 7.5시간 먼저 일을 완료했다는 연구 결과도 있다. 규칙을 만들고 실천하면 미루거나 포기할 확률이 줄어들기 때문이다.

일할 때, 운동할 때, 공부할 때 모든 순간에 자기만의 규칙을 만들면 시작하기가 어렵지 않다. 규칙을 만드는 방법이 다소 엉뚱해도 상관없다. if then 플랜으로 규칙을 만드는 것도 좋고 다른 사람이 만든 규칙을 따라 해도 좋다. 단, 규칙이 간단해야 한다.

규칙을 만들 때는 반드시 KISS$^{Keep\ It\ Short\ \&\ Simple}$ 원칙에 따른다. 실행할 때는 규칙의 핵심에 집중하고 세부 사항에는 지나치게 치우지지 않는다.

성공한 사람에게는 단순한 규칙이 있다

크게 성공한 사람에게 대단한 성공 비결이 있다고 생각하는 사람이 많다. 하지만 이들은 획기적인 것을 만들려고 애쓰기보다 단순한 규칙을 정하고 그 규칙을 끊임없이 실천했을 뿐이다. 사람들은 또 묻는다. 오랜 세월 동안 단순한 규칙을 어떻게 꾸준히 실천했냐고, 정말 규칙 덕분에 성공했냐고, 규칙을 실천하는 동안 슬럼프는 없었냐고.

슬럼프를 극복하는 방법은 다양하다. 슬럼프를 극복하는 동시에 동기까지 부여하는 방법은 실행하기 매우 쉬운, 단순한 규칙을 만들고 실천하는 것이다. 단순한 규칙을 만들고 꾸준히 실천하면 동기부여뿐만 아니라 무기력한 삶에 활력을 불어넣고 인생을 바꿀 수 있다.

독일의 전 외무장관 요시카 피셔는 정치를 하면서 몸무게가 급속도로 불어나 112킬로그램이 됐다. 그는 건강을 잃고 결혼 생활마저 파경에 이른 뒤에 자신이 큰 위기에 처했음을 깨닫고 달리기를 시작했다. 그는 인생에서 절망적인 위기가 왔을 때, 이를 극복하기 위해서 살을 빼기로 마음먹고 '매일 10킬로미터를 달리기'를 규칙으로 정했다. 그가 처음 달리기를 시작한 날, 달린 거리는 고작 100미터였다. 몸이 무거워서 100미터에서 더 이상 앞으로 나아가지 못했다. 하지만 운동량을 늘리면서 매일 달렸고 얼마 후에는 10킬로미터를 달릴 수 있게 되었다. 그는 매일 10킬로미터 달리기 규칙을 지키면서 살을 빼고 인생의 위기도 극복했다. 1998년 함부르크 마라톤 대회에 출전해서 3시간 41분 36초의 기록으로 완주했다. 뿐만 아니라 22살 어린 신부와 결혼하면서 이혼의 충격에서도 벗어났다. 그는 외무장관으로 일할 때보다 규칙을 세우고 꾸준히 실천해서 인생을 바꾼 의지의 인물로 더 유명해졌다.[24]

성공한 사람들이 지키는 다섯 가지 규칙

요시카 피셔가 매일 10킬로미터 달리기 규칙을 실천한 결과, 몸무게는 75킬로그램으로 줄었고 활력도 되찾았다. 시간에 관한 규칙, 업무에 관한 규칙 등을 정해두면 고민하면서 흘려보내는 시간이 줄어든다. 규칙을 꾸준히 지키면 목표도 달성할 수 있다.

경제전문지 포브스Forbes에서 성공한 사람들이 아침에 지키는 다섯 가지 규칙을 소개했다.

첫째, '가장 하기 싫은 일'을 먼저 한다.

둘째, 아침마다 운동한다.

셋째, 하루 일과를 구체적으로 긍정적으로 상상한다.

넷째, 할 일을 정리한다.

다섯째, 아침 식사를 한다.

성공한 사람들이 지키는 다섯 가지 규칙은 알고 보면 별 것 아니다. 하지만 현실에서 다섯 가지 규칙을 지키기는 결코 쉽지 않다. 혼자서 여러 가지 일을 척척 해내는 사람은 무작정 일을 하지 않는다. 규칙을 정하고 철저하게 지키기 때문에 일을 빠르고 확실하게 끝내고 시간도 낭비하지 않는다. 메일 답장을 24시간 안에 하는 규칙, 할 일을 매일 아침에 정리하는 규칙, 매일 목표를 적고 진행률을 점검하는 규칙 등을 정하고 꾸준히 실천하면 게을러서 못한 일, 깜빡 잊고 못한 일은 줄어들고 목표에 한 걸음씩 다가가는 자신을 발견할 것이다.

혼자 일하는 장소

일을 하는 공간이라고 하면 직장인은 사무실을 떠올린다. 제조 업체나 물류센터 등의 시설을 갖춘 곳에서 일하는 사람은 자기에게 익숙한 설비나 기계가 있는 곳을 떠올린다. 발로 뛰는 세일즈맨은 고객을 만나는 곳이 일을 하는 공간이다. 고객들을 직접 찾아다니며 일하는 사람들은 자동차를 사무실로 사용한다. 세일즈맨이나 컨설턴트, 제품을 설치 또는 수리하는 전문가들은 고객이 있는 곳으로 찾아가기 때문에 일하는 공간이 계속 바뀐다. 일하는 데 필요한 서류와 사무용품, 갈아입을 옷, 음식 등을 차에 가지고 다니면서 고객과 약속이 없는 시간에 차에서 서류를 작성하고 업무를 정리한다. 차에서 고객에게 제안할 자료를 준비하기도 한다. 이런 사람에게 일하는 공간은 자동차다.

홈 오피스의 장점

일하는 사람에게 장소는 매우 중요하다. 할 일 목록에 할 일과 그 일을 하는 데 걸리는 시간, 일을 하는 과정·방법을 적는다. 하지만 그 일을 하는 장소를 적는 사람은 드물다. 장사를 할 때 장소가 중요한 것처럼 어떤 일을 하든지 그 일을 하는 장소가 중요하다.

1인 기업가, 사무직, 생산직, 서비스업 종사자, 작가 등 혼자 일하는 사람도 저마다 일을 하는 공간이 있다. 혼자 일한다고 하면 사람들은 작은 사무실을 떠올린다. 일하는 데 필요한 용품과 서류를 보관하거나 시설이 필요한 사람은 사무실이나 작업실이 필요하다. 컴퓨터만 있으면 일을 할 수 있는 사람은 어디든지 일하는 공간으로 이용할 수 있다.

과거에 벤처기업 창업 붐이 일어나면서 한 동안 소호 사무실[SOHO, Small Office Home Office]이 크게 유행한 적이 있다. 소호는 집의 한 부분을 사무실로 꾸며 놓고 일하는 공간으로 활용하는 것이다. 거실이나 주방 한쪽에 책상을 놓고 일하는 공간으로 꾸며서 노트북과 프린터만 놓으면 일하는 공간이 된다. 처음에는 이 정도로 만족하고 충분히 일할 수 있다고 생각한다. 노트북을 놓을 자리만 있으면 좁은 공간에서도 충분히 일을 할 수 있을 것 같지만 본격적으로 일을 하면 서류가 쌓이고 필요한 도구도 늘어난다. 공간을 넓히기는 어렵고 집중할 수 있는 공간을 만들기 위해서 작은 책상을 붙이거나 컴퓨터를 이용해서 일을 하는 공간과 작업을 하는 공간으로 구분한다.

혼자 일하는 사람은 집에서 방 하나를 사무실로 꾸미는 것을 선호한다. 집에서 일하면 사무실을 따로 구하지 않아도 된다. 사무실을 유지하는 데 필요한 임대료, 관리비 등을 줄일 수 있다. 회사를 그만두고 혼자 일하기로 결심한 사람들은 원룸이나 오피스텔을 구해서 사무실과 생활 공간으로 이용한다. 집을 사무실로 이용하면 장점이 많다. 출퇴근하면서 낭비하는 시간과 돈, 에너지를 일하는 데 쓸 수 있다. 사무실에서는 동료와 이야기를 나누고 택배·우편물을 받는 동안 집중력이 흐트러지지만 집에서는 꼭 해야 하는 일, 중요한 일에 몰입할 수 있다. 아이를 돌보며 일할 수도 있다. 하지만 집에서 일하는 장점을 극대화하려면 일과 생활을 철저하게 분리해야 한다. 집안일은 해도 해도 끝나지 않는다. 아이를 돌보는 일도 마찬가지다. 쌓아둔 빨래, 치우지 않은 식탁, 어질러진 거실을 그대로 놔두고 집중할 수 있는 사람은 없다.

일하는 공간과 생활하는 공간의 분리

일하는 공간과 생활하는 공간을 물리적으로 분리해야 한다. 사무실 임대료를 아끼려고 집에서 일하기로 했다면 얻는 것보다 잃는 게 많을 수도 있다. 집에서 일하기로 마음먹었어도 도저히 집중할 수 없다면 거실이나 주방 한쪽이 아니라 방 하나를 사무실로 만들거나 임대료가 저렴한 공동 사무실을 알아보는 편이 장기적으로 더 바람직하다.[25]

    우리나라에서는 몇 년 전부터 미니멀리즘이 유행처럼 번지면서 정리수납 컨설턴트의 역할이 부각되었다. 미국에서 정리수납 컨설턴트가 1980년대부터 보편화된 이유는 집을 사무실로 꾸며서 쓰는 홈 오피스가 전체 기업의 절반 정도를 차지했기 때문이다. 미국의 정리수납컨설턴트협회

NAPO에 등록된 컨설턴트만 4,200명이 넘는다. 정리 컨설턴트는 집을 사무실로 사용하는 사람들이 공간을 효율적으로 사용할 수 있도록 도와주고 불필요한 서류, 청구서, 잡동사니 등을 정리해준다.[26]

우리나라에도 일과 삶의 균형을 찾으려는 욕구가 늘면서 '워라밸'이라는 말까지 생겼다. 과거에는 사무실에서만 일을 했지만 스마트기기와 클라우드 컴퓨팅 환경이 갖춰지면서 어디서나 일을 할 수 있게 되었다. 사람들은 이제 사무실에서 늦게까지 일하는 것이 최선이 아니라는 사실을 안다. 미국의 홈 오피스처럼 집을 일하는 공간으로 활용하려면 공간을 정리하는 습관을 들여야 한다.

사무실을 마련할 수 없을 때 유용한 공간

사무실이 필요한데 임대료와 관리비가 부담스럽다면 공동 사무실에서 일하는 것도 좋다. 요즘은 공동 사무실을 '비즈니스센터'라고 부른다. 공공기관에서 운영하는 창업센터도 공동 사무실 형태로 운영된다. 공동 사무실을 이용하면 일과 생활을 분리할 수 있다.

유사한 업종에서 일하는 사람이 모인 곳에서는 시너지 효과도 볼 수 있다. 어려운 일이 있을 때 함께 사무실을 이용하는 사람들에게 도움을 요청하거나 아이디어를 공유할 수도 있다. 모두 열심히 일하고 있으면 혼자서 게으름을 피울 수도 없다. 공동 사무실을 이용하면 업무적으로 사람들을 만날 때 좋다. 공동 사무실에는 별도의 회의실을 갖추고 있어서 여러 사람이 모여서 부담 없이 이야기를 나눌 수 있다. 같은 공간에서 일하는 사람들과 적당한 거리를 유지한다면 공동 사무실은 장점이 많다.

집중해서 일할 때는 커피전문점이나 도서관에 가는 것도 좋다. 카페에서 일하는 사람들에게 편의를 제공하는 커피전문점과 노트북 전용석을 갖춘 도서관은 집중하기에 최적의 환경이다. 공공장소지만 개인적인 공간으로 활용할 수 있어서 책과 서류, 노트북 화면을 들여다보면서 키보드를 두드리는 사람들이 많다. 커피전문점은 은은한 커피 향과 적당한 소음 때문에 기분을 전환하며 일하기에도 좋다. 커피 향을 싫어하거나 사람들의 소음이 거슬리지 않는다면 커피전문점은 혼자서 일하는 데 최적의 장소다.

커피전문점에서 글을 쓰는 전업작가도 많다. 웹툰·일러스트 작가는 커피전문점에서 그림을 그린다. 나와 함께 프로젝트를 진행하는 디자이너는 오피스텔에 홈 오피스를 꾸며놓았다. 평소에는 생활하는 공간과 업무 공간을 구분한다. 마감 기간에 바빠서 집을 정리할 수 없을 때는 오피스텔 1층의 커피전문점에서 일한다. 디자이너는 커피전문점의 테이블이 홈 오피스에서 작업하는 책상보다 넓고 깨끗해서 참고 자료를 펼쳐놓고 일하기 좋다고 했다.

여러 사람이 이용하는 공공장소는 고립감을 느끼지 않아서 심리적인 측면에도 도움이 된다. 커피전문점에서 사람들이 이야기하는 소리 때문에 집중할 수 없다면 도서관에서 일하는 것도 좋다. 요즘은 도서관에 노트북을 사용할 수 있는 공간을 별도로 마련해두고 있다. 일하면서 전화

통화를 하거나 다른 사람과 대화할 필요가 없다면 도서관에서 열심히 공부하는 사람들 틈에서 집중력을 발휘할 수 있다. 도서관은 집중력을 높이는 최고의 장소다. 다양한 참고자료도 있어서 일을 하는 공간으로 손색이 없다.

경북대학교 법학전문대학원 김두식 교수는 글을 쓸 때 도서관이나 커피전문점을 찾는다. 그는 연구실이 일하는 공간으로 좋지 않다고 했다. 개인적인 공간에서는 자유롭게 음악을 듣는다든지, 지금 하는 일과 관련 없는 책을 보는 등 딴짓을 많이 할 수 있어서다. 도서관은 연구에 필요한 자료를 참고하면서 일할 때 매우 좋다.[27]

《나는 작가가 되기로 했다》에서 김두식 교수는 커피전문점이나 도서관에서 글을 쓰는 이유를 밝혔다. 그는 고시 공부를 할 때도 칸막이로 막힌 책상보다 탁 트인 책상과 열린 공간에서 공부가 더 잘 됐다고 했다. 누가 봐야 딴짓을 하지 않고 일에 전념할 수 있기 때문이다. 커피전문점과 도서관은 일하는 데 필요한 책 몇 권과 노트북만 들고 가기 때문에 일에 집중할 수 있고 시간을 효율적으로 쓸 수 있다.

일하는 공간 정리하기

홈 오피스, 공동 사무실, 커피전문점, 도서관 어디에서 일하든지 공통적으로 해야 하는 일이 있다. 일하기 전에 책상을 닦고 주변을 정리하는 일이다. 일하기 전에 주변을 정리하는 습관을 들이는 것이 좋다.

조직행동론 분야의 권위자 칩 히스는 《스위치》에서 일하기 전에 5분 동안 청소할 것을 권한다. 5분은 매우 짧은 시간이다. 휴지통을 비우고 책상에 흩어져있는 문서와 파일 몇 개만 정리해도 5분이 지나간다. 칩 히스가 말하는 5분은 일을 하기 위해 책상을 정리하고 주변을 청소하면서 일을 시작하겠다는 의지를 굳게 만드는 상징적인 시간이다.

나는 노트북을 켜고 부팅하는 동안 오늘 할 일을 정리한다. 구형 노트북을 쓸 때는 부팅하는 시간에 다이어리에 할 일을 적고 간단하게 하루의 계획을 세웠다. 오늘 할 일을 머릿속으로 그리면서 다이어리에 할 일과 머릿속에 떠오르는 생각을 적는다. 신형 노트북으로 바꾼 후에는 부팅 시간이 빨라서 할 일을 정리하는 시간도 짧아졌다. 책상에는 노트북과 다이어리, 책 몇 권이 전부라서 정리할 게 별로 없다.

일하기 전에 할 일과 공간을 정리하는 시간은 잠깐이다. 이 시간을 의미있게 활용하려면 정리와 정돈의 개념을 제대로 알아야 한다. 책상에 흩어진 물건을 한쪽에 모아두는 것은 정돈이다. 정리는 필요할 때 언제든지 찾아 쓸 수 있게 준비해두는 것이다. 제대로 정리하지 않으면 일에 몰입하기 어렵다. 책상이 깔끔하게 정돈되어 있지만 필요한 자료와 문구용품을 찾으려면 한참 걸리는 사람이 있다. 반면, 겉으로 보기에는 책상이 어질러져 있는데 필요한 것을 바로 찾아내는 사람이 있다.

정리가 정돈보다 어렵다. 혼자 일하는 사람은 세 가지 원칙에 따라 일하는 공간을 정리해야 한다. 첫 번째, 장소의 원칙, 두 번째, 체계의 원칙이다. 정리려면 장소와 체계가 필요하다. 문서와 필기구, 사무용품을 보관하는 장소를 정해도 그곳에 보관해야 하는 이유와 원칙이 없으면 필요한 물건을 찾지 못해서 시간을 허비하게 된다. 세 번째 원칙은 사용한 뒤에는 원래 위치에 갖다 놓는 것이다. 정리·정돈에서 세 번째 원칙이 가장 중요하다. 제자리에 보관하는 게 당연하다고 생각하지만 실천하기는 어렵다. 일하는 공간을 정리할 때는 반드시 장소·체계·원래 위치에 갖다 놓는 원칙을 반드시 지켜야 한다.

혼자 일하는 사람은 일하는 공간을 굳이 사무실로 한정할 필요는 없다. 자기가 하는 일에 최적화된 공간, 일하기 편한 분위기라면 어디든 일하는 공간이 된다.

혼자의 기술

Part 2

혼자가 되기

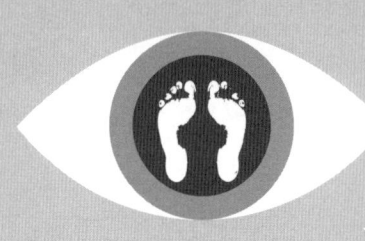

인간이 직함을 빛나게 만든다
직함은 인간을 끌어올리는 것이 아니라,

― 마키아벨리

함께 있으면 행복하고
혼자 있으면 불행할까?

하버드대학 연구팀이 80년 동안 연구 중인 분야가 있다. 1938년에 시작해서 지속적으로 연구하는 주제는 '무엇이 인간을 행복하게 만드는가'이다. 하버드대학 성인발달 연구팀은 1938년부터 다양한 계층의 소년 724명을 선발해서 2년마다 그들을 인터뷰했다. 부모의 직업, 가정생활, 사회생활, 건강, 사회적 성취, 친구관계 등 삶의 전반을 추적해서 2015년 하버드대학 정신과 로버트 월딩어 교수가 연구 결과를 발표했다. 오랜 기간의 연구 끝에 내린 결론은 '인간관계'였다. 연구 결과 행복은 사람들이 좇는 돈, 성공, 성취, 명예에 있지 않았다. 열심히 노력하는 과정에서 느끼는 성취감도 행복에 크게 기여하지 않았다.

좋은 인간관계가 행복의 조건이다

하버드대학 연구팀은 행복의 조건으로 세 가지를 꼽았다. 첫째, 가족과 친구, 공동체와 긴밀한 관계일수록 행복을 느끼고 외로움과 고독은 독약과 같다. 둘째, 얼마나 많은 사람과 관계를 맺느냐보다 친밀함, 신뢰도가 높은 관계를 맺는 사람이 더 행복하다. 셋째, 좋은 관계가 몸과 마음뿐 아니라 두뇌도 보호한다.[1]

로버트 월딩어 교수는 "조사에 참여한 사람들은 대부분 젊은 시절 부와 명성, 높은 성취를 추구하는 데 삶의 목표를 두었다. 그런 것들이 성공한 삶, 좋은 삶을 가져다줄 거라고 믿었다."라고 했다.

인간을 행복하게 만드는 것은 돈, 명예, 높은 지위, 권력이 아니라 가족, 친구 등 가까운 사람과 인간관계다. 이 결과는 긴 시간 동안 학문적인 연구를 통해서 증명되었다.

행복의 조건으로 증명된 '인간관계'는 인간을 행복하게 만들지만 반대의 경우 불행하게도 만든다. 집단에 속해서 여러 사람과 인간관계를 맺는다고 행복한 것은 아니다. 혼자여서 불행한 것도 아니다. 좋은 인간관계를 유지하는 것이 행복의 조건이지만 '좋은' 인간관계가 아니라면 차라리 혼자인 편이 낫다.

인간관계에서 주의할 것이 있다. 사람마다 생각이 다르다는 점을 인정해야 한다. 그래야 좋은 인간관계를 만들 수 있다. 사람마다 생각과 주장이 다르다는 것을 인정하고 서로 단점을 보완하고 장점을 공유하면 긍정적인 인간관계를 유지할 수 있다. 사람들 사이에 서로 좋아하는 마음과 존경심이 있으면 행복한 인간관계로 발전한다. 하지만 능력은 있지만 존경할 수도, 좋아할 수도 없는 사람은 믿지 못하게 된다. 이런 관계는 어려운 상황에 처하면 서로 상처만 남기고 헤어진다.[2]

행복하려고 많은 사람들과 인간관계를 이어갈 필요는 없다

인간관계가 중요하다는 말을 많은 사람과 교류해야 한다는 의미로 받아들인다. 좋은 인간관계는 개인과 공동체가 발전하는 데 디딤돌이 되지만 불편한 인간관계는 사람들을 위험하게 만들 수도 있다.

심리학자 존 컬훈 박사는 생쥐 실험을 통해서 집단생활의 중요성과 위험성을 동시에 보여주었다. 160마리의 쥐가 살 수 있는 210세제곱센티미터 크기의 상자에 생쥐 암컷과 수컷 2마리를 넣고 먹이와 물, 집 짓기에 필요한 재료를 충분히 주었다. 상자 안에 쥐가 늙어 죽는 것을 제외하고 죽을 수 있는 요소는 모두 제거했다. 2마리의 쥐는 점차 개체수를 늘렸다. 55일마다 개체 수는 두 배가 됐고 315일째 620마리로 늘어났다. 160마리가 살 수 있는 상자에 쥐가 620마리로 늘어나자 싸우는 쥐들이 늘어났고 그러는 동안 쥐들은 생기를 잃어버렸다. 600일째 마지막으로 쥐가 태어났다. 쥐들은 집 짓기를 멈추었고 새끼도 낳지 않았다. 결국 상자 안의 쥐들은 모두 죽었다.[3]

존 컬훈 박사의 연구는 인구 밀도가 높아지면 사회가 붕괴된다는 가설을 증명하는 실험으로 널리 알려졌다. 하버드대학 연구팀의 밝혀낸 행복의 조건과 존 컬훈 박사의 생쥐 실험은 무관하지 않다.

미국의 사회학자 마크 그래노베터는 '약한 연결의 힘'이라는 논문에서 약한 연결이 강한 연결 관계보다 더 큰 힘을 발휘한다고 주장했다. 친한 친구와 가족으로 구성된 강한 연결과 이름과 얼굴만 알고 지내는 약한 연결 모두 중요하다. 약한 연결 관계의 사람 소개로 직장을 구한 사례가 많다는 사실을 확인한 그래노베터는 관계의 밀도가 낮을수록 정보의 밀도는 높아진다는 역설을 제시했다. 약한 관계로 연결된 사람들은 서로 다른 네트워크에 있기 때문에 그들이 가진 정보는 같은 네트워크에서 강한 관계로 연결된 사람들이 가진 정보와 다를 가능성이 높다. 마크 그래노베터의 연구 결과처럼 객관적인 관점에서 약한 연결이 강한 연결보다 훨씬 많은 도움을 준다고 하더라도 심리적으로 풍요롭고 만족스러운 삶에는 강한 연결 관계의 사람들이 더 크게 작용한다.

인간관계의 총량은 정해져 있다

경제적 자본을 이용해서 상품과 서비스를 만들고 이용하듯이 개인의 인간관계와 그로부터 얻는 혜택을 자본화한 것을 사회적 자본이라고 한다. 사회적 자본의 개념은 프랑스의 사회학자 브르디외와 미국의 콜만이 사용하기 시작했고 많은 학자들에 의해 논의되고 있다. 사회적 자본은 여러 사람이 더 많은 이익을 만들어내기 위해서 조정과 협력을 촉진시키는 네트워크, 규범, 사회적 신뢰 등 조직의 특징과 혜택을 뜻한다.

약한 연결과 강한 연결은 사회적 자본이다. 사회적 자본 연구에서 수혜자는 개인 또는 인간관계로 연결된 공동체다. 사람들은 친구가 적으면 인간관계가 나쁘고 친구가 많으면 인간관계가 좋다고 생각한다. 하지만 사회적 자본에 비추어 보면 깊은 관계를 유지하는 친구가 중요하다.

직장과 학교, 개인이 속한 다양한 공동체에서 만나는 사람이 많을 수도 있고 적을 수도 있다. 많은 사람과 알고 지낸다고 '사회적 자본이 많다' 또는 '인간관계가 좋다'라고 판단할 수는 없다. 깊은 관계를 유지하는 친구는 많아야 10~20명 정도다. 아는 사람이 늘어나도 깊은 관계의 친구는 늘어나지 않는다. 친구가 많아지면 얕은 관계의 친구가 늘어날 뿐 깊은 관계의 친구는 어느 지점에선가 멈춘다. 인간관계의 총량이 정해져 있기 때문이다.

행복을 느끼려면 공감능력을 키워라

혼자 있는 게 편하고 좋아도 자기가 만든 둥지 안에서만 지낼 수는 없다. 폭넓은 인간관계를 맺기보다 깊은 관계의 사람들과 어울리면서 자신의 능력과 지식, 가치를 알릴 필요가 있다. 마당발이 되기보다 소수의 친구들과 깊은 관계를 오랫동안 유지하는 편이 바람직하다. 여러 사람이 함께 있는 곳에서 행복을 느끼기 위한 전제조건은 공감이다. 공감하지 못하는 관계는 깊은 연결도 약한 연결도 만들지 못한다.

 미국의 심리학자 폴 에크만은 "인지적 공감능력은 그 사람의 감정을 똑같이 느끼는 능력이다."라고 했다.[4]

 상대방이 얘기하지 않아도 비언어적 의사소통 즉, 목소리와 어조, 몸짓, 표정, 감정 변화 등의 맥락을 파악해서 공감능력을 발휘할 때 진정한 행복을 느낀다. 의례적인 인간관계보다 상대방을 제대로 아는 것이 인간관계를 통해서 행복을 느끼는 첫 단계다.

어떤 것에도
의지하지 않는다

노르웨이에서 전해 내려 오는 명언 가운데 이런 말이 있다.
"나는 신도 악마도 믿지 않는다. 오직 나의 육체와 정신력을 믿을 뿐이다."
곡괭이가 그려진 고대 스칸디나비아인을 상징하는 문장紋章에는 '우리는 길을 찾는다. 길이 없으면 길을 만든다.'라는 글이 새겨져 있다.

혼자의 힘으로 역경을 극복한다

두 가지 글은 남에게 의지하지 않고 자기 힘으로 역경을 헤쳐 나간다는 의미를 담고 있다. 다른 사람에게 의지하는 것보다 자신을 믿는 편이 낫다. 예외는 없다. 어떤 일이든지 남에게 의지하지 않고 혼자의 힘으로 하면 외롭고 시간이 더 걸리더라도, 설사 완성하지 못해도 반드시 결실을 얻는다.[5]

절대적인 권력을 가진 사람, 기업을 일으킨 창업자와 경영자 주변에는 많은 사람들이 모인다. 하지만 권력자와 창업자, 경영자는 외롭고 고독하다. 인간자연생명력연구소 서광원 소장이 쓴《사장의 길》에는 크고 작은 기업을 경영하는 사업가들의 이야기가 나온다. 이들에게는 외롭다는 공통점이 있다. 겉으로는 성공한 사업가지만 직원들과 함께 회식 자리에서 즐길 수도 없다. 회식 자리에서 적당히 빠져주지 않는 사장은 존재 자체가 폭력이라는 말 때문이다.

서광원 소장은 성공한 사업가가 느끼는 외로움을 '달의 뒷면'에 비유했다. 우리가 보는 달은 항상 같은 면이다. 우주선에서 달의 뒷면을 촬영하기 전까지 지구에서는 달의 뒷면을 한 번도 본 적이 없다. 지구와 달의 공전하는 속도와 자전하는 속도가 똑같기 때문이다. 우리가 보지 못한다고 달의 뒷면이 없는 건 아니다. 볼 수 없어서 보이지 않을 뿐 달의 뒷면은 있다. 경영자가 혼자 있는 시간도 달의 뒷면처럼 사람들에게 보이지 않는다.[6]

사람들은 권력을 가졌거나 재산이 많은 사람 앞에서 대부분 좋은 말, 듣고 싶어 하는 말만 한다. 진정으로 그 사람의 편에서 걱정해주지는 않는다. 모든 걸 가진 사람을 도와줄 필요도, 걱정할 필요도 없기 때문이다. 권력자와 사업가는 이런 사실을 잘 안다. 이들은 의지할 사람이 없다는 사실을 알고 있다. 직원들에게 따돌림을 당해서 혼자가 되는 게 아니다. 이들은 누군가와 함께 있는 동안에도 혼자를 택한다. 주변에 사람이 많아도 진정한 충고와 격려를 해줄 사람이 없다. 이들은 자진해서 고독을 택한다.

능력을 키우면 도와주는 사람은 저절로 생긴다

성공한 사람 주변에는 늘 사람이 많은 것을 보고 인간관계, 네트워크가 중요하다고 말한다. 인맥은 만든다고 만들어지는 게 아니다. 어떤 것에도 의지하지 않고 혼자 열심히 노력하는 과정에서 도움을 주는 사람은 저절로 생기기 마련이다.[7]

열심히 일하는 모습을 보면 도와주고 싶은 마음이 생긴다. 인맥은 이렇게 만들어진다. 제대로 된 인맥을 만들어서 전문가의 도움을 받고 싶다면 SNS에서 친구를 맺거나 모임에 나가기보다는 계속 새로운 일을 만들고 열심히 하는 모습을 보여주면 된다. 자기 일에 몰두해서 한 가지씩 해나가다 보면 결과물의 완성도가 높아지고 도와주는 사람도 생긴다. 자신을 인정해줄 사람을 찾아다니기 전에 누구나 인정할 만큼 실력을 키우면 도와주는 사람은 반드시 생긴다.

의지하지 말아야 하는 대상이 사람에만 한정되지는 않는다. 학력에도 의지하지 말아야 한다. 미국의 유명한 기업가 중에는 대학을 졸업하지 않은 사람이 많다. 대학에서 공부해서 학위를 받은 사람보다 자기만의 아이디어를 현실로 만들어서 기업가로 성공한 사례가 많다. 마이크로소프트의 창업자 빌 게이츠는 하버드대학에 입학했지만 졸업은 하지 않았다. 스티브 잡스도 포틀랜드의 리드대학에 입학해서 1학기만 다니고 중퇴했다. 드림웍스를 설립한 데이비드 게펜은 산타모니카대학, 부르클린대학, 텍사스대학 세 곳을 다녔지만 모두 중간에 그만두었다. 트위터를 공동 설립한 잭 도르시도 뉴욕대학을 중퇴했다. 델을 창업한 마이클 델도 텍사

스대학을 다닐 때 PC를 조립해서 팔기 시작했고 사업에 전념하면서 대학을 그만두었다.

　미국 기업의 CEO 학력을 보면 하버드대학이나 와튼스쿨을 졸업한 사람은 그리 많지 않다. 대학에 입학했지만 여러 가지 이유로 그만 둔 사람이 많다. 미국에서는 아이비리그 출신 경영자가 사업에서 두각을 나타내지 못한다는 이야기도 공공연하게 한다. 대학을 그만둔 것은 성공한 경영자들의 공통점일 뿐 성공의 조건은 아니다. 그들이 성공할 수 있었던 요인은 학력에 의지하지 않고 자기가 원하는 일을 하기 위해서 목표를 세우고 평생 동안 열심히 노력하는 태도에서 찾을 수 있다.[8]

　이들은 대학을 졸업하지 않았지만 자기가 하고 싶은 일을 하기 위해서 혼자서 끊임없이 공부했다. 그리고 일에 몰두했다. 학력에 의지하지 않고 혼자서 공부하고 경험하면서 얻은 지식과 통찰력으로 회사를 성장시켰다.

독수리는 하늘 높이 날 때 날개를 움직이지 않는다

누구에게도 의지하지 않고 학력에도 의지하지 않는 사람들이 기업을 만들고 성공하는 과정은 독수리가 하늘을 나는 모습과 닮았다. 독수리는 날개를 폈을 때 몸길이가 2미터가 훨씬 넘는다. 독수리 날개는 크고 무겁다. 하늘을 날 때 날개를 거의 움직이지 않는다. 독수리 날개는 하늘을 나는데 적합하지 않다. 신체적 약점에도 불구하고 독수리가 높이 날 수 있는 이유는 공기의 흐름을 이용하기 때문이다. 독수리는 공기의 흐름을 읽고 상승기류를 타고 하늘을 난다.

상승기류는 말 그대로 공기가 아래에서 위로 올라가는 상태를 가리킨다. 상승기류가 생기는 원인은 여러 가지다. 낮 동안 지표면의 온도가 올라가면 지표면 부근의 공기 온도가 그 윗부분보다 높아진다. 온도가 높아져서 가벼워진 공기가 위로 올라가면서 상승기류가 생긴다. 산의 경사면을 따라 바람이 불 때, 바다에서 육지로 바람이 불 때, 태풍과 같은 강력한 저기압이 중심부에 있을 때 상승기류가 생긴다. 독수리는 날기에 적합하지 않은 날개에 의지하지 않는다. 대신 상승기류를 이용해서 하늘을 난다. 다른 새들이 올라올 수 없는 높이에서 오랜 시간 비행하지만 날개를 움직이지 않아서 피곤하지 않다.⁹

성공한 사람들은 어떤 것에도 의지하지 않는다. 능력을 꾸준히 단련하면서 상승기류를 이용한다. 의지할 곳은 자기 자신 뿐이라는 것을 깨달으면 무리에서 벗어날 용기가 생긴다. 무리에서 벗어나 혼자서 능력을 갈고 닦으면서 상승기류를 이용하면 원하는 높이까지 오를 수 있다.

많은 사람들이 성공을 원하지만 실제로 성공하는 사람이 극소수인 이유 가운데 자기만의 능력을 갈고닦는 시간을 참아내지 못하는 것도 있다. 자기 힘으로 이룬 성공이 아니면 그 성공은 오래가지 못한다. 어디에도 의지하지 않고 성공했다면 실패하더라도 다시 오뚝이처럼 일어난다. 원하는 것이 무엇이든 그것을 얻으려면 혼자만의 시간이 필요하다. 그 시간을 견디며 혼자만의 능력을 키워야 한다.

혁신자는 언제나
무리에서 떨어져 있다

혁신을 이론적으로 설명하면 이렇다.

"새로운 생산함수 또는 생산 가능 곡선의 도입으로 비용 곡선을 아래로 끌어내려 수확 체감의 법칙을 수정하게 된다. 일반적으로 기존의 제품들은 시간이 지남에 따라 수익이 감소한다. 기업은 새로운 제품을 계속 개발해야 수익을 유지할 수 있다."[10]

2.5퍼센트의 혁신자가 되자

이해하기 쉽게 풀어서 혁신을 설명하면 이렇다.

자본주의는 물물교환에서 시작된다. 정육점 주인과 빵집 주인이 서로 상품을 교환한다. 정육점의 고기 한 덩어리와 빵집의 빵 한 덩어리를 교환한다. 물물교환을 하면 정육점 주인과 빵집 주인 모두 이익이다. 빵집 주인은 큰 오븐으로 더 많은 빵을 만든다. 빵을 사러 오는 손님들이 늘어난다. 돈을 많이 번 빵집 주인은 더 크고 좋은 오븐을 장만한다. 예전보다 더 많은 빵을 맛있게 만들 수 있게 되었다. 빵집 주인은 저렴한 가격으로 빵을 만들 수 있다. 빵집 주인은 더 많은 빵을 저렴한 가격에 팔기보다 더 맛있는 빵을 비싼 가격에 내놓는다.[11]

더 큰 오븐으로 빵을 더 많이 만드는 것도 혁신이고 더 맛있는 빵을 비싼 가격에 내놓는 것도 혁신이다. 자본주의에서 기업과 고객은 모두 이익을 얻는다. 기업은 그렇게 번 돈으로 기계와 설비에 투자해서 생산성을 높인다. 더 많이 만들면 가격은 내려가고 더 많은 사람들이 구입한다. 다시 새로운 상품을 개발하고 투자해서 생산성을 높인다. 자본주의는 이런 과정을 거쳐서 계속 발전해왔다. 여기서 핵심은 새로운 상품 개발이다. 빵집 주인처럼 빵을 많이 만들면 많이 팔리고 새로운 빵을 만들어서 비싸게 판매해도 팔린다면 아무런 문제가 없지만 새로운 상품을 개발해서 시장에 내놓았을 때 고객이 외면한다면 기업 입장에서는 타격이 크다.

혁신을 자본주의의 최대 가치라고 생각하지만 실제로 자본주의는 실패를 자양분으로 성장했다. 새로운 상품을 내놓지 못하는 기업, 즉 새로운 시장에 적응하지 못하는 기업의 실패를 연구해서 실패하지 않는 방법을 찾았다. 이런 과정을 거쳐서 새로운 상품을 만들었고 그 결과 자본주의가 성장했다. 사람들은 자본주의가 발전한 과정에서 성공한 기업, 혁신적인 상품으로 돈을 많이 벌어들인 사례에만 관심을 갖는다.

수작업으로 빵을 만들던 시대에 대형 오븐을 갖춘 빵집은 혁신 그 자체였다. 과거에는 대량생산이 혁신이었지만 지금은 그렇지 않다.

과거에는 생산성이 수익을 보장해주었지만 이제는 그렇지 않다. 혁신은 어느 날 갑자기 생기지 않는다. 사람들은 성공을 우연한 기회에 발견하는 걸로 알고 있지만 실제로는 그렇지 않다. 혁신은 느닷없이 찾아오지 않는다. 하루아침에 혁신이 일어나지도 않는다.

현재 시점에 맞게 혁신을 다시 정의한다면 계속해서 새로운 것을 창조하도록 스스로를 격려하는 습관이라고 할 수 있다. 과거에 그랬던 것처럼 생산 중심적으로 값싼 노동력과 반복 작업을 시스템으로 만들어서 제조원가를 낮추는 방식의 혁신은 이제 통하지 않는다.

유행은 혁신자^{Innovator}로부터 시작된다. 아무도 거들떠보지 않다가 혁신자, 일부 용기 있는 사람들이 상품을 선택하면 그때부터 혁신이 시작된다. 이노베이터 이론$^{Innovator\ theory}$에 따르면 혁신자가 상품을 선택하고 그다음으로 초기 적응자$^{Early\ Adopter}$가 상품을 선택한다. 상품을 사용하는 사람이 늘어나면 매체에서 이를 기사화하고 기사를 접한 사람, 새로운 유행을 뒤쫓아 가는 전기 추종자$^{Early\ Majority}$가 유행을 확산시킨다. 그 뒤를 이어 후기 추종자$^{Late\ Majority}$가 유행을 정점에 이르게 만들고 마지막으로 지체자^{Laggards}까지 상품을 선택하면 유행은 끝난다.

사회학자 에버렛 M. 로저스는 유행 상품을 받아들이는 순서를 소비자 심리에 기초해서 연구했다. 그는 상품 경제학의 관점에서 구매행동에 따라 혁신자, 초기 적응자, 전기 추종자, 후기 추종자, 지체자 다섯 종류로 분류했다. 연구결과 혁신자의 비중은 전체의 2.5퍼센트에 불과했다.[12]

유행을 수용하는 시기별 분류

분류		비중	특징
혁신자		2.5%	창조, 개성
초기 적응자		13.5%	사회적 존경
다수 수용자(대중)	전기 추종자	34%	무리 없는 행동
	후기 추종자	34%	심사숙고
지체자		16%	전통 고수

출처 : 구사카 기민토 지음,《미래를 읽는 사람 못 읽는 사람》, (새로운제안, 2004)

  혼자만의 특별한 능력을 키우려면 혁신자의 특징을 기억해야 한다. 혁신자는 창조, 개성, 도전 등의 단어를 선호한다. 항상 새로운 시도를 하고 독창적인 것을 즐긴다. 아무도 하지 않은 일을 굳이 하려고 한다. 그래서 2.5퍼센트뿐이다. 100명 가운데 두세 명만 혁신자다. 혁신자는 숫자가 적다는 데 큰 의미를 두지 않는다.

  혁신자는 무리에 속해있지 않는다. 옳다고 생각한 일을 혼자서 실행한다. 무리에 속하지 않아도 불안하지 않다. 혁신자는 다른 혁신자, 얼리 어댑터와 활발하게 교류한다. 전문적인 콘텐츠와 다른 혁신자들이 제공하는 최신 정보에 민감하다. 주관적으로 정보를 수집하고 판단한 결정에 대해서 흔들림이 없다. 대중의 입장에서 혁신자의 선택은 신기하고 엽기적이다. 그렇다고 혁신자의 선택이 항상 옳은 것은 아니다. 실패하는 경우가 더 많다. 성공보다 실패가 월등히 많음에도 불구하고 혁신자가 세상을 이끈다. 혁신자들은 유행이 시작하기도 전에 유행을 경험한다.

위험을 겪으면서 살아남는 방법을 터득한다

위대한 아이디어는 여러 번 실패를 거듭한 후에 나왔다. 사람들은 아이디어가 성공하기까지 거쳐 온 실패와 역경을 무시해버리는 경향이 있다. 혁신자의 아이디어는 세상에서 빛을 보기 전까지 찬밥 신세를 면치 못했다. MRI를 발명해서 노벨 생리학상을 수상한 폴 로버터는 사이언스지와 네이처에 논문을 보냈지만 수차례 거절당했다. 지금은 고전이 된 제임스 조이스의 《율리시즈》, 마크 트웨인의 《허클베리 핀의 모험》, J. D. 샐린저의 《호밀밭의 파수꾼》은 출판을 거절당했다. 대중은 새로운 아이디어를 거부한다. 얼리 어댑터가 받아들이고 전기 추종자의 검증을 통과한 아이디어만 받아들인다.[13]

진화론적인 관점에서 독이 있는 열매인지 알아보기 위해서 먼저 먹어보았던 혁신자들은 죽었거나 열매를 얻었다. 독이 있는 열매를 먹었다면 실패한 것이고 독이 없다면 그 열매는 모두 혁신자의 몫이 된다. 혁신자들은 보통 사람이 감내하려고 하지 않는 위험을 기꺼이 겪어보려고 하고 그러면서 살아남는 방법을 터득한다.[14]

다윈은 《종의 기원》에서 자연도태를 세상의 원리라고 했다. 변화에 적응하지 못해서 도태하는 원리는 자연에만 적용되지 않는다. 변화에 적응하는 종만이 살아남는다. 변화하는 시대에 맞춰서 새로운 능력과 아이디어를 개발하고 새로운 상품, 새로운 시장을 찾는 2.5퍼센트가 되어야 한다. 혁신의 시대에 살아남으려면 계속 새로운 시도를 해야 한다.

회사와 나를
철저하게 분리하기

직장인들은 40대 이후의 삶이 불안하다. 요즘은 기업에서 30대도 명예퇴직 신청을 받는다. 직장을 그만두는 나이는 점점 젊어지고 있다. 이런 사회 현상은 대기업, 중소기업을 가리지 않고 나타난다. 대기업에 다니던 사람이 40대에 명예퇴직을 한 뒤에 창업해서 그동안 저축한 돈을 모두 날리고 일용직과 아르바이트를 하면서 어렵게 사는 모습이 TV 프로그램과 뉴스에 종종 나온다.

직함에는 개인의 역량이 담겨있다

구직자에게는 취업한파, 직장인에게는 고용한파, 명예퇴직이라는 말이 일상이 됐다. 직장을 찾지 못한 청년들은 창업지원을 받아서 스타트업을 시작한다. 회사에 다니는 직장인에게 창업은 남의 일은 아니다.

   과거에는 직장을 그만둔 후의 인생을 오롯이 혼자만의 힘으로 설계해야 했지만 최근에는 퇴사에 대한 교육과 콘텐츠가 다양하다. 퇴사와 이직, 재취업을 사회적으로 해결하려는 노력이 여러 곳에서 나타나고 있다.

명함에는 회사와 직함이 표시된다. 대기업 명함이 있으면 나이가 젊어도, 실제로 능력이 없어도 대접을 받는다. 대기업에서 일한다는 사실만으로 그 사람의 능력을 인정하는 게 사회 분위기다. 직장에서 관리자 직급으로 일할 때는 친분이 없는 거래처 담당자들이 특별한 일이 없어도 안부를 묻는다. 요즘은 SNS에서 생일, 기념일을 알려줘서 영혼 없는 축하 메시지를 주고 받는다. 일 때문에 만나서 개인적으로 친해진 사람들은 회사를 그만두더라도 계속 연락하고 지내자고 말한다. 이런 말들이 진심에서 우러난 것일까? 모두가 그런 건 아니지만 거의 대부분 상투적인 인사, 접대용 멘트다.

직장인에게 대리, 과장, 부장 등의 직함은 단순히 위계만 나타내지 않는다. 명함에 적힌 직함은 경력과 경험, 능력, 연륜까지 더해서 특별한 무게를 갖는다. 대표 또는 CEO 직함은 더 특별하다. 최고의 자리를 나타내는 직함은 누군가에게는 꿈이고 그 자리에 오르기 위해서 노력한 시간을 보여주기 때문이다.

20년 전에 전문지 취재부 기자로 직장생활을 시작했다. IT와 디자인에 특화된 전문지였고 독자 대부분이 IT 업계 종사자였다. 파격적인 디자인과 최신 해외 트렌드를 보여주는 기획 기사가 많아서 규모가 큰 회사에서는 부서마다 정기 구독을 했다. 매체가 널리 알려져서 디자인학과 졸업생이 입사하고 싶은 직장으로 선정되기도 했다.

당시에 취재를 나가면 기업의 대표, 디자이너, 개발자, 홍보담당자와 명함을 주고받았다. 취재부 기자들은 명함을 한 번에 두세 통씩 신청했고 계절이 바뀌기도 전에 다 썼다. 내가 일한 잡지사에서는 인터넷, IT분야로 사업 영역을 확장하면서 새로운 부서를 만들었고 미디어 회사로 아이덴티티를 만드는 일환으로 명함을 새로 디자인했다.

미디어 회사의 아이덴티티를 보여주면서 동시에 개인의 역량까지 돋보이게 하는 것이 명함 디자인의 콘셉트였다. 디자인팀에서 디자이너마다 두 개의 시안을 제출하게 했다. 최종 시안으로 선정되면 디자이너는 상당한 액수의 상품권을 받았다. 디자인팀에서는 매체를 디자인할 때보다 더 열심히 명함을 디자인했다. 열 명이 넘는 디자이너가 제출한 시안은 스무 개가 넘었다. 디자인팀에서는 자체적으로 절반 이상 탈락시키고 전체 직원 투표까지 올라온 시안은 다섯 개 정도였다.

명함 디자인이 대부분 비슷할 거라고 생각했는데 시안마다 디자이너의 개성이 드러났다. 최종 후보로 올라온 시안은 모두 완성도가 높았다. 직원들의 투표 결과는 팀별로 극명하게 달랐다. 회사의 인지도를 더 중요하게 생각하는 광고팀, 인터넷팀, 관리팀에서는 명함 가운데 회사 로고가 들어간 시안에 투표했다. 취재팀과 디자인팀, 미술팀처럼 회사보다 개인을 더 나타내려고 하는 부서에서는 명함 가운데 이름이 들어간 시안에 투표했다. 당시에 회사에서는 기사에 실명제를 적용해서 담당 기자와 책임 디자이너, 일러스트레이터까지 바이라인^{by-line, 잡지에 기자·작가·디자이너 등의 이름을 밝힌 줄}에 넣었다. 매체에 자기 이름을 넣는 부서의 직원들은 명함 가운데 자기 이름이 들어가길 원했다. 매체를 만드는 부서의 직원이 많아서 명함 가운데 이름이 들어간 시안으로 결정되었다. 취재를 하는 중에 기업 담당자들을 만나서 가운데 이름이 들어간 명함을 주면 "명함이 세련됐다."라는 얘기를 자주 들었다.

회사 이름과 개인 능력, 어디에 더 큰 비중이 있을까?

명함에는 회사와 직함, 연락처, 이메일, SNS 등의 정보가 있다. 사람을 강조하는 명함에는 사진을 넣는다. 기업교육을 전문으로 하는 회사의 명함에는 강사의 사진을 명함에 넣기도 한다. 전문적인 서비스를 제공하는 사람도 명함에 자기 사진을 넣는다.

 기업에서는 전사적으로 같은 디자인의 명함을 사용한다. 명함에 개인 정보만 다르고 레이아웃은 똑같다. 나는 명함을 받으면 회사 이름과 개인 중에 어디에 더 비중을 두었는지 살펴본다. 처음 만나는 사람의 명함을 받으면 뒷면도 유심히 본다.

 회사 이름과 사람 이름 중에 어디에 더 큰 비중을 두고 있을까? 모두가 그런 건 아니지만 대기업에 근무하는 사람들은 자기 이름보다 회사 이름을 더 크게 생각한다. 이탈리아의 정치 사상가 마키아벨리는 "직함은 인간을 끌어올리는 것이 아니라, 인간이 직함을 빛나게 만든다."라고 했다. 자기가 속한 조직이나 직함보다 자기 이름이 더 크게 느껴지도록 해야 한다. 명함의 가치는 그 명함에 적힌 이름이 결정하도록 만들어야 한다. 그러려면 어느 회사의 팀장 누구가 아니라 이름만으로 인정받는 사람

이 되어야 한다.[15]

회사·조직보다 개인이 더 유명해져서 많은 사람에게 인정받는 것이 충분히 가능한 시대다. 중요한 것은 개인의 역량을 키우는 과정이지 회사·조직을 뛰어넘는 결과가 아니다. 사람들에게 널리 알려진 유명인과 명함을 주고받으면 '사람'을 기억한다. 반면, 대기업에서 근무하는 직원과 명함을 주고받으면 만난 사람보다 'OO기업 담당자'를 기억한다.

명함에 나타나는 개인의 역량

비즈니스에서 명함은 개인의 모든 것을 말해준다. 명함은 메타포metaphor 기능을 갖고 있다. 명함의 메타포 기능은 매우 강력하다. 회사에 속한 구성원의 삶까지 생각하게 만든다. 물리적으로는 회사와 이름, 직함, 연락처 정도만 표시되어 있지만 명함을 받은 사람은 소속된 회사와 하는 일을 보고 그 사람의 지나온 인생까지 마음대로 상상한다. 얼마나 큰 회사에 다니는지, 얼마나 높은 자리에 있는지에 따라 사람을 평가한다. 문제는 명함을 받은 사람만 이런 방식으로 사람을 평가하는 게 아니라 자기 자신도 명함에 인쇄된 회사와 직함에 집착한다는 것이다.[16]

회사와 나를 분리한다

누구나 이름만 들으면 아는 회사와 직함이 전달하는 이미지가 그 사람의 이름을 기억에서 잊히게 해서는 안 된다. 명함에 새겨진 회사와 직함을 모두 지운 후에도 그 모습 그대로 기억에 남으려면 회사와 나를 분리해서 생각해야 한다.

오랫동안 조직을 이끌어 온 경영자부터 직함이 없는 신입사원도 마찬가지다. 현재의 직함과 지금까지 해온 일, 회사에서 성공했던 경험을 배제하고 스스로 어떤 사람인지 되돌아봐야 한다.

직장에서 어떤 직함으로 불리는지, 얼마나 높은 자리에 올랐는지, 어떤 일을 해왔는지에 따라 한 사람의 능력을 규정한다면 개인의 능력은 너무 초라해진다. 뿐만 아니라 진정한 '나'도 사라진다. 일에만 매달려서 바쁘게만 살면 그 끝은 어디일까? 직장에서 더 높은 자리를 차지하기 위해서 경쟁에만 몰두하면 자신의 진짜 삶과 능력은 뒤로 밀린다.

회사와 나를 철저하게 분리하고 자기 이름만 놓고 생각했을 때 3년 후, 5년 후에 지금보다 훨씬 나아질 것이라고 대답할 수 있다면 지금 잘 하고 있는 것이다.

혼자만의 능력을 키운 사람만 직업을 가질 수 있다

현재 직장에서 하고 있는 일 가운데 절반 정도는 빠르면 10년 안에, 늦어도 20년 이내에 사라진다는 예측이 나왔다. 옥스퍼드대학 칼 베네딕트 프레이 교수가 이끄는 연구팀에서 펴낸 《고용의 미래》 보고서는 컴퓨터, 자동화가 직업에 얼마나 큰 영향을 주는지에 대해서 아주 잘 보여준다.

직무만족도가 낮은 직업이 먼저 사라진다

자동화와 기술의 발전으로 20년 이내에 현재 직업 가운데 47퍼센트가 사라질 가능성이 크다고 했다. 사라질 가능성이 높은 직업으로 텔레마케터, 회계사, 화물·운송 중개인, 시계 수리공, 손해사정인, 택시기사 등이 있었다. 이 연구는 미국의 고용법 프로젝트 보고서에도 인용되었다.

전문직으로 분류된 회계사도 보고서에는 사라질 가능성이 높은 직업에 포함되었다. 이유는 클라우드 서비스와 ERP를 통한 정산 시스템의 개발로 회계사의 필요성이 줄어든다고 예측했기 때문이다. 실제로 회계, 세무 관련 업무는 매뉴얼에 따라 매출, 매입 등 숫자를 입력하면 자동으로 정산해서 신고까지 이루어지는 시스템을 개발했기 때문이다.

사라질 가능성이 높다고 예상한 직업은 하루아침에 사라지지 않는다. 옥스퍼드대학 연구팀은 10년, 20년 정도 시간을 두고 소멸할 것으로 예측했다. 새롭게 생기는 직업도 있고 사라지는 직업도 있고, 성격이 다른 여러 가지 직업이 융합되어 사라지는 직업을 대체하는 새로운 직업도 생겨날 것이다. 이 보고서는 사라질 위험이 큰 직업을 순서대로 나열해서 화제가 됐다.

여기서 한 가지 눈여겨볼 것이 있다. 바로 직무만족도다. 사라질 가능성이 높은 직업은 텔레마케터, 화물·운송 중개인, 시계 수리공, 스포츠 경기 심판, 모델, 계산원 순이다. 이 직업은 대부분 직무만족도가 낮다. 모델도 직무만족도가 낮은 직업이다. 그래도 모델을 지망하는 사람이 많은 이유는 겉으로 보이는 모습이 화려하고 다른 분야로 진출한 사례가 많기 때문이다. 직무만족도는 낮지만 노력에 따라서 다른 분야로 진출할 수 있다는 특징 때문에 모델은 청소년들이 선호하는 직업 순위 상위에 있다.

사라지는 직업에서 유망한 직업으로 사람들이 이동하는 것은 새로운 현상이 아니다. 19세기에는 미국 전체 인구의 90퍼센트가 농업에 종사했다. 20세기 초에 농업 인구는 40퍼센트로 떨어졌다. 2010년 이후 미국에서 농업에 종사하는 인구는 2퍼센트에 불과하다.

직업을 여섯 번 바꾸는 시대

우리나라의 40대는 두 번의 경제위기를 겪으면서 평생직장이라는 개념을 머리에서 지웠다. 그 대신 자리 잡은 평생직업이라는 개념도 이제 유효기간이 끝나간다. 1970년대에 직장생활을 시작한 기성세대의 직업관을 한 마디로 표현하면 '원 텀 라이프 One term life'다. 그 당시에는 대학을 졸업해서 하나의 직업을 가지면 특별한 이유가 없는 한 은퇴할 때까지 계속 그 직업을 유지했다.[17]

1990년대에 프랑스 미래학회에서 한 사람이 인생을 살면서 최소한 여섯 번 직업이 바뀐다는 예측이 나왔다. 우리는 변화한 미래의 모습을 예상하지 못했고 준비도 하지 않았다. 경제위기를 겪으면서 프랑스 미래학회의 예측은 현실이 되었다. 하지만 IMF 외환위기를 겪은 지 20년이 지난 지금도 우리는 첫 번째 직업을 구하는 데 모든 것을 투자한다.

우리는 20대에 첫 번째 직업을 갖고 사회생활을 시작해서 60세까지 일을 한다. 경제활동을 하는 기간은 30년이 넘는다. 다가올 100세 시대에는 경제활동을 하는 기간이 지금보다 늘어난다. 20대에 직업을 갖고 70~80대까지 50년 이상 일해야 하는 시대가 온다. 우리나라 평균 근속기간이 평균 5.6년인 점을 감안하면 한 가지 직업에서 5년 정도 일한다고 가정했을 때 50년이면 10번 정도 직장을 옮겨야 한다. 직장을 바꿀 때마다 하는 일도 바뀐다. 꾸준히 능력을 계발한 사람은 첫 번째로 가진 직업과 연관된 분야에서 찾은 새로운 일을 두 번째 직업으로 선택한다. 근무환경과 보수, 보람을 느끼는 직업을 찾아서 계속 이동하면서 경제활동을 지속할 수 있다. 30년 정도 경제활동을 하고 평균 근속 기간이 5.6년이라는 통계를 적용하면 1990년대에 프랑스 미래학회에서 예측한 대로 여섯 번 정도 직업을 바꾸며 사는 시대가 바로 지금이다.

의미 있는 일을 한다면 보수와 역할이 줄어도 괜찮다

직업을 바꿀 때 더 나은 직업을 선택할 수 있는가가 중요하다. 여기서 더 나은 직업은 일을 하면서 보람을 느끼는 직업, 인생을 풍요롭게 하는 직업을 말한다. 사라지는 직업과 새롭게 등장하는 직업이 있는 것처럼 구직자들이 선호하는 직업과 기업의 조건도 바뀌고 있다.

《밀레니얼 제네레이션》을 쓴 린 랭카스터와 데이비드 스틸먼은 1982년에서 2000년 사이에 태어난 밀레니얼 세대는 직업과 직장을 선택하는 데 에너지와 혁신, 직업의 목표가 무엇인지 아는 것을 가장 중요하게 생각한다고 주장했다. 높은 보수와 대기업 취업보다 개인의 목표와 일하는 의미, 성취감을 더 중요하게 생각하는 것이 과거 세대와 큰 차이점이다.

직업과 관련해서 권위 있는 지표를 제공하는 켈리서비스가 발표한 '글로벌 직장지수 Global Workforce Index'에서 젊은 직장인의 직업의식을 조사했다. 그 결과 응답자의 절반 이상이 "자신에게 중요하고 의미 있는 일을 하기 위해서 보수와 역할이 줄어도 괜찮다."라고 응답했다.[18]

어떤 직업이든지 경제적 가치와 전문성이 떨어지면 그 일을 하는 사람의 숫자가 줄어든다. 경제적 가치가 떨어져서 보수가 줄어들면 그 일을 하는 사람은 수입을 유지하기 위해서 몇 가지 일을 동시에 해야 한다. 따라서 새로운 기술을 다른 사람보다 빨리 익히고 변화에 적응하는 사람만 지속적으로 유망한 직업을 가질 수 있다. 새로운 일자리, 유망한 직업이 생겨도 그 일을 배우고 익숙해지는 데 시간이 걸린다면 원하는 직업을 갖기가 어려워진다.

행복의 관점에서 직업을 찾는다

직장에서 하는 일의 역사는 그리 오래되지 않았다. 산업혁명 이후에 회사와 현대적인 직업이 생겨났으니까 사람들이 직장에서 일을 한 지 200여 년 정도 지났다. 직업이 처음 생겨났을 때 일을 하는 이유는 이윤창출이었다. 회사가 존재하는 이유와 같았다. 최근에는 일을 하는 이유를 경제적인 관점에서만 바라보지 않는다.

밀레니얼 세대가 일을 하는 의미와 개인의 목표를 중요하게 생각하는 것처럼 직업 생태계의 건전성과 행복의 관점에서 직장, 직업, 일을 생각하는 사람이 늘어났다. 기성세대는 직장과 일에 자신의 인생을 바쳤다. IMF 외환위기 이후 기성세대는 직장과 일에 인생을 바치는 게 잘못됐다고 인식했다. 지금은 일과 생활의 균형을 찾으려는 사람이 많아졌다. 미래에는 일과 생활을 새로운 방식으로 통합하는 사람들이 늘어날 전망이다.

우리 삶에 강력한 동기를 유발하는 것은 돈이 아니다. 심리학자 프레드

릭 허츠버그는 《개인의 능력을 극대화하는 자기경영》에서 동기를 유발하는 요인을 설명했다. 돈보다는 배울 수 있는 기회를 자율적으로 선택하고 책임감을 가지고 발전하는 과정 그리고 사회에 기여하고 자신의 성취에 대해서 인정받는 것 등이 동기유발에 더 큰 영향을 준다.

대기업 입사, 경제적인 성공을 추구하는 것은 이제 인생의 궁극적인 목표가 아니다. 무슨 일이든 혼자 할 수 있는 능력을 키워야 원하는 일을 할 수 있다. 어떤 일이든 스스로 결정하고 자기가 하는 일에서 보람을 느끼는 것을 인생의 목표로 삼아야 한다.

직장은 혼자 일하는 능력을 키우는 최적의 환경을 제공한다

인생에서 직업인으로 목표를 이루기 위해서 직장에 다니는 건 필수다. 대학을 졸업하고 취업하지 않고 곧바로 창업하는 사람도 있다. 이들은 자기가 일할 직장을 스스로 만들고 그곳에서 일한다. 직장을 구하든 창업을 하든 처음에는 사람들과 함께 일하면서 다양한 경험을 해야 한다. 다른 사람이 일하는 과정을 지켜보는 것도 실력을 키우는 방법이다. 주변 사람이 어떻게 일하는지 보고 참고해서 자기에게 딱 맞는 방식을 만들 수 있다.

혼자 일하는 공간과 함께 일하는 공간

"창의성과 혁신은 상호작용에서 나온다."는 주장도 맞고 "혼자서 일하는 편이 깊이 생각할 수 있고 더 생산적이다."는 주장도 맞다. 건축 디자인 컨설턴트 게리 제이콥스는 혼자 일하는 공간과 함께 일하는 공간을 '동굴'과 '캠프파이어'에 비유해서 설명했다. 진화론적인 관점에서 동굴처럼 조용한 공간은 에너지를 충전하기에 적합하다. 캠프파이어처럼 여러 사람이 모인 공간은 공동의 목표를 위해서 힘을 모으는데 유용하다. 능력을 발휘하려면 두 가지 환경이 모두 필요하다. 일하는 환경을 동굴형과 캠프파이어형으로 나누기보다 각자 선호하는 환경을 자율적으로 선택해서 이용하도록 하는 편이 효율과 효과적인 측면에서 더 낫다.[19]

스포츠에도 혼자 하는 경기가 있고 팀을 이뤄서 하는 경기가 있다. 팀 경기에서는 기량이 뛰어난 슈퍼스타 한 사람이 속한 팀이 항상 승리하지 않는다. 개인의 능력이 팀에 미치는 영향이 크지만 팀 경기에서 개인은 팀의 일원일 뿐이다. 팀의 동료와 조화를 이루지 않으면 상대팀을 이기기 어렵다. 혼자 일하는 능력이 출중한 사람도 마찬가지다. 모든 일을 혼자서 처리한다면 상관없지만 1인 기업가도 실제로 혼자 모든 일을 다 하지는 못한다. 직장은 상사, 동료, 후배와 조화를 이루며 결과를 만드는 곳이다. 부족한 부분을 서로 보완하고 장점을 극대화하는 협업이 필요하다. 개인의 능력이 뛰어나다고 해서 혼자서 모든 일을 처리하려고 하고 주변 사람들과 연대가 없으면 좋은 결과를 만들기 어렵다.[20]

진짜 능력은 허드렛일을 하면서 쌓는다

혼자 일하는 것과 여러 사람이 함께 일하는 것 가운데 하나만 선택해야 한다는 생각을 버리면 혼자 집중해야 하는 일과 여럿이 협동해야 하는 일에서 모두 능력을 키울 수 있다.

요즘은 혼자 일하는 것을 원하지 않아도 함께 일하는 상사나 동료 때문에 회사를 그만두는 사람이 많다. 혼자 일하면 보람 있는 일, 가치 있는 일을 할 수 있다고 생각한다. 회사에서는 일과 인간관계를 신경써야 하고 중요한 일보다 허드렛일을 하는 데 쓰는 시간이 많다고 착각한다. 회사는 효율과 합리를 강조하면서도 어떤 측면에서는 효율이 낮은 시스템을 개선하지 않는다. 회사에서 능력을 인정받는 사람은 핵심적인 일을 잘 하는 능력과 허드렛일을 잘 하는 능력을 모두 갖고 있다. 효율과 동떨어진 회사의 시스템에 적응하는 능력도 뛰어나다. 어떤 일이든지 허드렛일을 하면서 경험을 쌓아야 진짜 능력을 키울 수 있다. 허드렛일을 건너뛰고 보람 있는 일만 하려는 생각은 욕심이다.

만약, 회사에서 하는 하찮은 일이 싫어서 혼자서 일하기로 결정했다면 그 결정은 완전히 틀렸다. 독립해서 혼자 일하는 순간 회사에서 하던 것보다 하찮은 일을 더 많이 해야 한다. 정말 능력 있는 사람은 허드렛일에도 최선을 다한다. 회사에서는 중요하지 않은 일을 척척 해내는 사람에게 중요한 일을 맡긴다. 중요하지 않은 허드렛일도 못하는 사람에게 어려운 일을 맡기지는 않는다.

허드렛일에 익숙해지면 차츰 중요한 일을 맡는다. 중요한 일을 많이 맡으면 실력도 향상된다. 일다운 일을 하려면 허드렛일을 하면서 다른 사람이 일하는 모습을 지켜보는 시간이 필요하다. 실력을 쌓기도 전에 허드렛일을 하는 게 싫어서, 창의적인 일, 일다운 일을 하려고 직장을 그만두는 것은 옳지 않다. 모든 일을 혼자 할 수 있다고 생각하고 독립하는 것도 옳지 않다. 현실을 직시하고 자기 능력을 객관적으로 평가하는 사람은 홀로 설 준비를 충분히 하고 나서 직장을 그만둔다.

경험과 지식이 자본보다 중요하다

회사가 개인의 성장을 보장해주던 시대는 끝났다. 혼자 일하는 능력을 키우려면 다양한 분야에서 경험을 쌓아야 한다. 회사는 다양한 경험을 할 수 있는 최적의 환경을 제공한다. 회사에서 정년까지 일하는 소수를 제외하고 거의 모든 직장인은 언젠가 자기 일을 하기 위해 독립한다.

독립을 바라보는 시각은 동양과 서양이 다르다. 우리나라에서는 능력 있는 직원이 독립하기로 결정했다고 하면 "사업이 만만한 게 아니다", "모든 게 네 뜻대로 되지 않는다"라고 말한다. 회사에서는 독립하기로 결정한 직원을 중요한 업무에서 배제한다. 회사 일을 등한시하거나 내부 자료를 유출할 수 있다는 우려 때문이다. 일본과 중국도 비슷하다. 미국이나 유럽은 다르다. 독립하기로 결정한 직원의 생각을 존중한다. 뿐만 아니라 회사 차원에서 독립한 후에도 함께 일할 수 있는 방법을 찾는다. 회사 시스템에 익숙한 인력과 연결고리를 이어가기 위해서다.

일본 작가 나쓰메 소세키의 말을 빌리면 동양이 타인본위 세계라면 서양은 자기본위의 세계다. 서양에서는 자신에 대한 평가를 스스로 내리고 인생에서 중요한 사안에 대해서 주체적으로 결정한다. 그리고 주변에서는 그의 결정을 응원한다. 그래서 인생에서, 직업에서 독립을 준비하는

방식이 동양과 다르다.[21]

독립을 계획하고 있다면 직장에서 업무에 필요한 지식과 경험을 충분히 쌓아야 한다. 독립을 준비한답시고 근무 시간에 한눈을 팔고 담당하는 일을 등한시하는 것은 매우 어리석다. 혼자서 일할 때 자본보다 더 중요한 것은 경험과 지식이다. 자본은 투자를 받거나 빌릴 수 있지만 경험과 지식은 빌릴 수 없다. 경험과 지식이 없으면 더 많은 시간과 자본을 수업료로 지불해야 한다. 독립하려면 직장에서 일을 하는 동안 지식과 경험을 쌓기 위해 맡은 일에 더 몰입해야 한다.

능력을 키우려면 직장 생활은 필수다

창업하는 분야를 제대로 알려면 유사한 일을 하는 곳에서 직접 경험해야 한다. 기업을 창업해서 경영하는 대표 가운데 80퍼센트 이상이 직장 경험이 있다. 이들은 창업하기 전에 직장에서 업무에 관한 지식과 경험을 쌓으며 독립하기 위해 준비한다. 직장에서 쌓은 능력 가운데 창업 후에도 도움이 되는 것이 관련 업체 담당자와 관계를 유지하는 능력이라고 말한다. 독립하려면 업무 능력뿐만 아니라 인간관계를 유지하는 능력도 필요하다.

이처럼 직장은 독립에 필요한 지식과 경험, 자본까지 갖출 수 있는 기회를 제공한다. 혼자 일하기 위해서 필요한 능력을 키운다는 점에서 직장 경험은 필수다. 직장에서 경영자들이 어떤 상황에서 어떻게 의사 결정하고 경영하는지 노하우를 익히는 것은 급여보다 더 중요하다. 규모가 작은 기업도 조직관리와 인력운영, 재무관리 노하우가 있다. 직장인으로 일하면서 경영 노하우도 어깨 너머로 배울 수 있다. 평생 직장을 다닐 수 없기 때문에 언젠가 한 번은 자기 사업을 해야 한다. 실전 지식은 창업 전문가나 인큐베이팅 컨설턴트가 가르쳐줄 수 없다. 혼자 일하는 능력을 갖추는데 필요한 기간, 즉 독립하기 위해서 직장을 몇 년 동안 다녀야 하는지 정해진 기간은 없다. 직장에서 일어나는 모든 일을 배우려면 적지 않은 시간을 투자해야 한다.[22]

아이러니하게도 혼자 일하는 능력을 키우기 위해서 일정 기간의 직장 생활은 필수다. 혼자 일하기 전에 하고 싶은 일과 잘 하는 일을 찾아야 한다. 혼자 일하는 능력은 직장에서 충실하게 일하는 과정에서 키울 수 있다. 직장이라는 테두리를 벗어나서 자기만의 능력으로 살아남기 위한 능력은 직장에서 키워야 한다. 직장에 다니는 기간은 혼자 일하는 능력을 키우기 위한 수업 시간이다. 어떤 수업이든지 수업료를 지불하고 배워야 하지만 직장은 보수를 받으면서 능력을 키우는 환경을 제공한다.

직장인들은 부속품처럼 일한다는 말을 자주 한다. 매일 같은 일을 반복하고 주어진 일 외에는 관심을 가질 필요가 없다고 생각하면 부속품이 된다. 여러 사람과 어울리고 다른 생각을 듣고 의견을 모으는 것도 직장에서만 할 수 있다. 회의하는 방식, 대화를 이어가는 노하우, 사람들과 원활하게 의사소통하는 능력도 직장에서 일해야 키울 수 있는 능력이라는 점을 기억해야 한다.

혼자만의 능력 계발에
소홀한 이유

"나 혼자 100퍼센트의 일을 하기보다는 1퍼센트씩 일을 하는 100명의 사람들과 함께 일하는 쪽을 택하겠다."
미국 석유업계 억만장자 폴 게티가 협업의 중요성을 강조하기 위해서 했던 말이다. 기업가는 여러 사람이 하나의 목표를 위해서 일할 때 커뮤니케이션 능력이 성공 여부를 결정한다고 믿는다.

협업의 시대, 혼자 일하는 능력이 필요하다

구성원의 커뮤니케이션 능력이 출중하다면 1퍼센트의 일을 하는 100명의 역량이 성과를 좌우한다. 하지만 1퍼센트씩 일을 하는 100명이 주체적으로 일하는 능력을 갖고 있는지, 적당히 일하려는 마음을 가졌는지, 조직에서 묻어가는 생각을 가졌는지에 따라서 성과는 달라진다. 아마도 폴 게티는 적당히 일하는 마음을 가진 사람, 조직에 묻어가는 생각을 가진 사람이 아니라 자기 분야에서 혼자 일하는 능력을 갖춘 100명의 사람들과 함께 일하는 쪽을 택했을 것이다. 이것이 협업의 시대에 혼자서 일하는 능력이 필요한 이유다.

전설적인 투자가 워런 버핏은 몇 가지 자료를 검토한 후에 자기가 가진 지식과 경험에 따라 즉각적으로 투자 여부를 결정한다. 그는 자신의 경험과 능력에 맞는 일^{안정적인투자}에만 도전한다고 했다.

"저는 제가 넘을 수 없는 7피트짜리 높이뛰기 바는 쳐다보지도 않습니다. 저는 1피트짜리 높이뛰기 바만을 보고 그것을 뛰어넘습니다."[23]

괴짜 기업가로 알려진 버진 그룹의 회장 리처드 브랜슨은 어떤 일이든지 빨리 결정한다. 자기가 가진 능력 이상의 일을 억지로 해내려고 하지 않는다. 전문가를 불러 모아 자문을 구하거나 여러 가지 대안을 검토하지도 않는다. 심각하게 고민하지 않고 자기가 가진 능력으로 할 수 있는 일에 집중하기 때문에 남들보다 사업을 추진하는 속도가 빠르다. 리처드 브랜슨의 이런 성향 덕분에 사업 초기부터 빠른 속도로 성장할 수 있었다.

워런 버핏과 리처드 브랜슨이 혼자 힘으로, 오직 혼자만의 능력으로 최고의 자리에 오른 것은 아니다. 사람들과 협력 관계를 만들고 조직 구성원이 모여서 발휘할 수 있는 시너지 효과를 만들어냈기 때문에 비약적으로 발전했다. 그들은 개인이 가진 능력을 활용하는 방법을 알고 있었다. 큰 성공을 이룬 사람은 개인이 가진 고유한 능력을 모아서 조직의 능력을 최대치로 끌어올린다. 혼자 일하는 능력이 뛰어난 사람들을 모아서 함께 일한다. 혼자 일하는 능력이 없으면 협업도 못한다.

직장에서 일하는 동안 잃어버리는 것들

취업이 지상 최대의 과제가 된 요즘, 직장은 목표를 이루기 위한 과정이 아니라 그 자체가 목표이자 최종 결과가 됐다. 나는 직장에 들어가면 모든 게 해결됐다고 생각하는 사람들에게 이런 질문을 한다.

"직장에서 일하면서 어떤 손해를 보는지 생각해 본 적이 있나요?"

직장에서 일을 하면 보수를 받고 경력을 쌓을 수 있다. 직장은 능력을 발휘하기 위한 최적의 조건을 갖추었다. 일을 가르쳐주는 상사와 선배가 있고 맡은 일에만 집중하도록 도와주는 지원부서도 있다. 직장은 직업인으로서 능력을 키울 수 있는 환경을 제공한다.

기억해야 할 것은 개인이 능력을 키우면 회사가 발전하지만 회사가 발전한다고 반드시 구성원의 능력이 향상되지는 않는다는 점이다. 직장을 다니면서 얻는 것, 장점에 대해서는 잘 알고 있다. 학교와 사회에서 귀에 못이 박이도록 알려주기 때문이다. 하지만 직장을 다니는 동안 잃어버리는 것들에 대해서 생각하는 사람은 극소수다.

사람들은 직장에서 일하는 동안 얻는 것만 생각한다. 사회적인 분위기가 그렇다. 경제적인 이익만 생각하면 직장에 다니는 편이 훨씬 낫다. 시각을 바꾸면 직장에 다니면서 잃어버리는 것이 보인다. 가장 치명적인 것은 일을 스스로 주도하는 능력이다. 사람은 누구나 집단에 속해 있으면 군중심리에 빠진다. 집단에 속해 있을 때 남의 말과 행동을 좇아간다.

직장인은 회사에서 자기 생각에 따라 행동하는 게 아니라 회사의 방침에 따른다. 회사의 방침에 따라 자기에게 주어진 일을 하고 급여를 받는다. 개인의 생각과 자유를 회사에 담보로 잡히고 소득을 얻는다. 소득이 주는 편안함에 길들어서 자신을 발전시키는 데 게을러진다. 군중심리에 빠져서 일에 대한 주도권뿐만 아니라 삶의 주도권마저 직장에 빼앗긴다.

과거의 안전지대는 더 이상 안전하지 않다

혼자만의 능력을 키우려면 스스로 규칙을 만들고 필요 없는 규칙을 깨야 한다. 세스 고딘은 《이카루스 이야기》에서 할 일을 주체적으로 선택하는 사람을 '아티스트'라고 했다. 아티스트는 군중심리에 빠지지 않는다. 다른 사람이 정한 규칙을 따르지도 않는다. 스스로 기준을 만들고 기존의 질서에 도전하는 용기와 통찰력, 창조성과 결단력을 갖춘 사람이다.

세스고딘이 말하는 아티스트는 기존의 규칙과 게임의 룰을 깨는 룰 브레이커 rule breaker이자 새로운 규칙을 만드는 룰 메이커 rule maker다. 이와 동시에 시장을 만드는 마켓 크리에이터 market creator이고 혁신을 주도하는 이노베이터다.

한때 "회사가 전쟁터라면 밖은 지옥이다."라고 말하는 사람이 많았다. 이 말은 명예퇴직과 정리해고가 일상이 된 시대에 회사에 남아서 월급을 받는 편이 낫다는 의미로 통한다. 과연 회사 밖이 지옥일까?

세스고딘은 안전지대 safety zone과 안락지대 comport zone라는 개념으로 과거의 직장과 오늘날의 직장을 구분했다. 안전지대는 일과 생활을 비롯해서 모든 것이 순조롭게 굴러가는 영역이다.

안전지대와 안락지대

성공한 사람은 자신의 안락지대를 안전지대에 일치시킨다.

안전지대의 이동

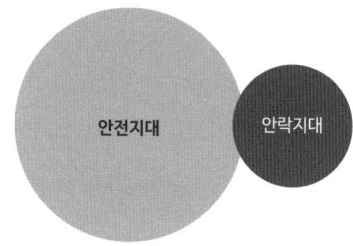

안전지대가 이동했음에도 이전의 안락지대에 머무는 것은 위험하다.

안락지대는 내면적으로 편안하게 느끼는 영역이다. 안락지대에서 사람들은 느긋하다. 긴장감 없이 일하거나 생활한다. 시대가 바뀌면서 안전지대는 옮겨 갔다. 과거의 안전지대는 더 이상 안전하지 않다. 경제 상황이 바뀌면서 안전지대는 이동했다. 하지만 직장에 길들여진 사람들은 안전지대가 옮겨 갔다는 사실을 외면한다. 직장에 복종하면 아무 문제가 일어나지 않는다고 생각하고 안락지대에서 머무르려고 한다.

안전지대는 여전히 존재한다. 다만, 과거에 우리가 안전하다고 느끼던 곳에서 다른 곳으로 이동했다. 안락지대를 새로운 안전지대로 이동시키는 것은 수영을 배우는 것과 같다. 수영은 물속에서 살아남으면서 동시에 즐길 수 있는 기술이다. 하지만 수영을 배우는 동안에는 물장구를 쳐야 해서 편안함을 느낄 수 없다.[24]

남들이 흉내 낼 수 없는 자기만의 능력을 키운다

아티스트는 자기 분야에서 전문가로 인정받은 사람이다. 이들은 안락지대를 새로운 안전지대로 옮기는 능력을 키웠다. 아티스트는 기업의 경영자보다 지위는 낮지만 전문가 수준에서는 높은 단계에 있다. 부채나 활, 도자기 등 전통적인 제품을 만드는 장인은 사회·경제적 지위는 기업의 사장과 비교해서 낮을 수 있지만 전문 분야에서는 최고의 자리에 오른 사람이다. 자기 분야에서 전문가의 경지에 오른 사람, 즉 아티스트는 지위가 높지 않아도 남들이 흉내 낼 수 없는 전문성과 자기 일에 자부심을 느끼며 몰두한다.[25]

   아티스트의 능력을 키워야 직장에 종속되는 삶에서 벗어나 주도적으로 자기가 할 일을 선택하고 인생을 개척할 수 있다. 당장 창업을 하지 않더라도 월급이 주는 안락함에서 빠져나와야 한다. 월급의 안락함에 중독될수록 자기 인생을 스스로 결정할 여지는 줄어든다. 대부분의 직장인은 직장에서 시키는 일만 한다. 직장에서 시키는 일만 하면 주체적으로 하는 일은 줄어들고 나중에는 시키는 일만 남는다. 오랜 기간 시키는 일만 하면 하고 싶은 일을 잊어버린다.

직장인은 자기 일을 선택하는 자유에 대해서 생각하지 않는다. 17세기 예수회 수도사 발타사르 그라시안은 "자유에는 그것을 포기해버리도록 당신을 현혹시키는 다른 모든 것보다 더 큰 희생이 뒤따른다."라고 했다.

매우 상식적이고 일반적인 자유의 개념을 방치하기 때문에 '돈을 많이 버는 일'에만 집중할 뿐 자기가 할 일을 선택하는 인생을 살지 못한다.[26]

자기 의지에 따라 할 일을 결정하는 자유가 없는 사람들이 모인 직장도 위험하다. 타성에 젖어서 시키는 일만 하는 사람들로 가득한 기업은 내적 동기를 일으켜서 좋아하는 일을 하는 사람들이 모여서 일하는 기업을 절대로 이길 수 없다.

경력 관리는
혼자 힘으로 해야 한다

과거와 비교해서 이직과 퇴사를 공공연하게 이야기하는 사람이 늘어났다. 이직 요령과 퇴사 후에 계획을 세우는 방법을 알려주는 강좌도 생겼다. 직장에 다니다가 이직이나 퇴사를 결심하는 이유는 크게 세 가지로 구분된다. 첫째, 불만족스러운 보수와 기업문화다. 능력에 비해 제대로 보수를 받지 못 할 때, 기업문화가 자신과 맞지 않을 때 이직을 결심한다. 둘째, 직무가 자신과 맞지 않을 때다. 자기 능력을 제대로 발휘할 수 없는 일을 맡았다고 생각할 때도 회사를 계속 다닐지 말지 심각하게 고민한다. 셋째, 직장의 비전이 자신의 비전과 맞지 않다고 생각할 때다. '이 회사는 비전이 없다'라고 말하는 사람이 많다. 비전이 없는 회사는 없다. 회사의 비전과 개인의 비전이 맞지 않을 뿐이다.

회사를 그만두는 원인은 자신에게 있다

세 가지 이유에서 공통점을 찾으라면 '자신과 회사가 맞지 않는 것'이다.

어떤 사람은 회사가 나와 맞지 않다고 생각하고 이직 또는 퇴사를 결정하지만 그 회사를 불만 없이 다니는 사람도 있다. 결국, 회사를 옮기거나 그만두는 원인은 자신에게 있다. 만약 직장을 옮기는 이유가 지금 하는 일이 단순히 싫거나 자신과 맞지 않아서라면 직장을 옮기면 안 된다.

직장을 옮기거나 다른 일을 해도 좋은 경우는 두 가지뿐이다. 첫째는 '능력을 더 키우기 위해서'이고 둘째는 '수입을 늘리기 위해서'다. 두 가지 이유라면 회사를 그만두는 것을 말릴 사람은 없다.

한 직장에 오래 다니면서 경력을 쌓고 꿈을 실현하겠다고 생각하는 사람은 계속 줄어들고 있다. 직장인은 하고 싶은 일을 하기 위해 회사를 옮기고 여러 회사를 다니며 경력을 관리한다. 이직과 경력 관리는 철저하게 혼자서 해야 한다. 조언을 구할 수는 있지만 이직과 창업에 관한 조언이 실질적으로 도움이 되는 경우는 별로 없다. 언제 어떤 일을 하고 싶은지는 자기만 알고 있다. 어떤 일을 해야 하는지 알려줄 수 있는 사람은 어디에도 없다. 이직도 취업만큼 어렵다. 어떤 목표와 계획을 세웠느냐에 따라 기회를 잡을 수도 있고 모든 게 불확실한 사회에서 방황할 수도 있다.

평생직장의 개념을 대체한 평생직업도 유효기간이 임박했다. 한 직장에서 오랫동안 일해야 경력을 인정받는다는 생각을 버리자. 한 우물을 파야 성공한다는 말도 맞고 고인 물은 썩는다는 말도 맞다. 하고 싶은 일을 할 수 있다면 새로운 직장으로 옮기는 게 맞다. 그래야 새로운 일과 업무방식을 배울 수 있다. 틀에 박힌 생각에서도 벗어날 수 있다.

회사를 옮기면서 전문성을 키운다

실리콘밸리에서는 엔지니어들이 한 직장에 3년 이상 일하는 경우가 거의 없다. 프로젝트가 끝나면 바로 회사를 옮기는 사람도 있다. 이들은 경쟁사로 이직하거나 아이디어가 있으면 회사를 창업하는 걸 당연하게 생각한다. 캘리포니아주는 법적으로 '비경쟁 합의' 조항을 금지한다. 비경쟁 합의는 근로자가 퇴직한 뒤 일정 기간 경쟁사에 취업하거나 동종 회사를 창업하지 않겠다고 고용주와 맺는 약속이다. 엔지니어들은 A회사에서 B회사로 옮긴 다음 A회사의 효율적인 업무 방식과 시스템을 B회사에 제안한다. B회사는 A회사의 업무 방식이 효율적이라고 판단되면 전사적으로 적용한다.[27]

몸값을 높여서 이직하려고 능력을 계발하는 사람이 많다. 동종 업계에서 비슷한 규모의 회사로 이직하면 새로운 방식에 적응하는 동안 이전 직장에서 일하는 방식과 비교하고 장점만 골라내서 업무 방식을 효율적으로 개선한다. 이 과정에서 개인의 능력은 비약적으로 향상된다.

이직을 잘 하면 능력을 인정받아 직급과 보수가 올라가고 자기 능력을 발전시키는 계기로 만들 수 있다. 하지만 이직은 위험요소도 안고 있다. 실제로 자신의 이직을 성공이라고 평가한 직장인은 3명 가운데 1명 정도다. 한국고용정보원에서 펴낸 〈성공적인 이직 및 재취업 연구〉보고서에 따르면 자신의 이직을 '실패했다'라고 응답한 직장인이 11.1퍼센트다. 이직해서 이득을 본 사람도 있지만 현상유지 또는 손해를 보는 사람이 더 많다.

직장을 옮기는 횟수도 중요하다. 경력을 관리한다면 이직 횟수가 많은 것은 불리하다. 직장인이 회사를 옮기는 횟수는 평생 여섯 번 정도다. 직장 생활을 20~30년 정도 한다고 보면 평균 3~5년에 한 번씩 직장을 옮긴다고 볼 수 있다. 이직 횟수를 법적으로 제한하는 것은 아니지만 수십 번 넘게 회사를 옮겨 다닐 수는 없다. 언젠가 창업할 생각이라면 이직은 소중한 경험이 된다. 어떤 일이든지 한 달이라도 직접 해보면 나중에 도움이 된다. 책과 강연을 통해서 얻는 지식보다 짧은 기간이라도 현장에서 일하면서 얻은 지식이 도움이 된다.

내가 처음 입사한 직장은 시스템 개발 회사다. 개발자의 일이 나와 맞지 않다고 느낀 후에 IT 분야를 취재하는 잡지사로 이직했다. 취재와 기사를 쓰는 일은 나에게 맞았다. 이후에 출판사·콘텐츠 기획사로 이직하면서 글과 아이디어를 책과 콘텐츠로 만들었다.

시스템 엔지니어, 기자, 에디터, 기획자, 강사로 직함을 바꾸며 20여 년 동안 다양한 일을 했다. 책을 만들 때는 기자로 일하면서 쌓은 노하우가 도움이 됐고 콘텐츠를 기획할 때는 출판기획자로 일하면서 쌓은 경험 덕분에 깊이 있는 콘텐츠를 만들 수 있었다. 다양한 경력 덕분에 콘텐츠 공모전 심사위원으로 위촉되어 응모작을 심사하기도 했다. 공모작품을 심사할 때는 콘텐츠 기획 부문에서 전문성을 인정받았다고 자부했다.

공공기관에서 콘텐츠 기획과 제작을 위탁받아서 콘텐츠를 만드는 회사에서 일하기 전까지는 그랬다. 기자와 에디터로 일할 때는 독자와 대중에게 필요한 콘텐츠를 만들고 유통하는 것으로 기획자의 역할을 다했다고 생각했다. 공공기관의 콘텐츠를 기획하고 제작할 때는 콘텐츠를 이용하는 사람뿐만 아니라 콘텐츠를 제공하는 공공기관의 역할과 기능, 콘텐츠를 제공하는 목적과 이유까지 생각해야 했다. 콘텐츠의 유용성, 가치뿐만 아니라 그 콘텐츠를 제공하는 공공기관의 정체성까지 반영해야 하기 때문에 짧은 콘텐츠를 기획하고 제작할 때도 고민할 것이 많았다. 당시에는 콘텐츠를 기획하는 일보다 그 콘텐츠를 기획하는 당위성에 대해서 더 많이 생각했다. 이 때의 경험이 제안서와 기획서를 작성할 때 주관사의 사업목적과 제안·기획 내용을 연결해서 문서를 작성하는 데 큰 도움이 되고 있다.

정상에 오르는 방법은 사람마다 다르다

창업의 성공은 개인의 능력과 운에 좌우된다. 직원을 고용하든 혼자 일하든 관계없이 창업했다면 누군가 도와줄 거라는 기대는 아예 하지 말아야 한다. 사업이 잘 되면 주변에 사람이 모이지만 사업이 지지부진하거나 어려워지면, 도와주겠다던 사람들은 떠난다. 결국 혼자 남는다.

창업을 계획하고 있다면 우선 철저하게 혼자가 되는 연습을 해야 한다. 1인 기업이라는 말이 흔해져서 혼자 일하는 프리랜서까지 모두 1인 기업이라고 부른다. 혼자 일하는 모습만 보면 프리랜서나 1인 기업가는 다를 게 없지만 그들이 생각하는 성공에 대한 기준에는 큰 차이가 있다. 프리랜서는 회사에 소속되지 않았지만 회사의 일을 한다. 프리랜서의 성공의 기준은 더 많은 일과 보수다. 하지만 1인 기업가는 세상이 만들어놓은 기준이 아니라 스스로 성공의 기준을 만들고 그 기준을 충족시키기 위해 노력한다.

혼자 일하려면 성공의 기준을 스스로 설정해야 한다. 그 기준은 경험이 되기도 하고 가치가 되기도 한다. 사람들이 자기만의 꿈과 비전을 갖고 있지만 성공하기 어려운 이유는 세상이 만들어놓은 기준에 자기를 맞추기 때문이다. 직장을 다니든 창업을 하든 상관없다.

인생에서 '성공의 산'을 오르는 방법은 산을 오르는 사람 숫자만큼 많다. 산 정상에 오른 사람은 산길이 어디로 이어지는지 알고 있다. 산을 오르는 사람은 산길이 어디로 이어지는지 모른다. 자기가 가는 길이 옳은 길이라고 믿는 사람도 있고 이 길이 정상으로 오르는 길이 맞는지 의심하고 혼란스러워하는 사람도 있다. 자기가 가는 길이 옳다고 믿는 사람과 자기가 가는 길을 의심하는 사람의 차이는 '의식'에서 비롯된다. 비교해야 할 것은 '어제의 나'다. 다른 사람이 가는 길을 곁눈질하지 말고 자기가 가는 길을 믿으면 성공의 산 정상에 오를 수 있다.[28]

성공한 사람을 역할 모델로 정하고 그들의 발자취를 따라가는 것도 도움이 된다. 하지만 이렇게 하면 이미 성공한 사람이 지나간 길을 따라갈 뿐 자기만의 길을 만들 수는 없다. 지금 가는 길이 맞다고 확신한다면 앞서 간 사람을 따라잡지 못한다고 초조해하지 않는다. 서두르지도 않는다. 내가 가는 방향이 옳은 길이라는 생각으로 어제의 나를 뛰어넘기 위해 노력한다면 무슨 일이든 혼자서 잘 해낼 수 있다.

혼자의 기술

Part 3

혼자 생각하기

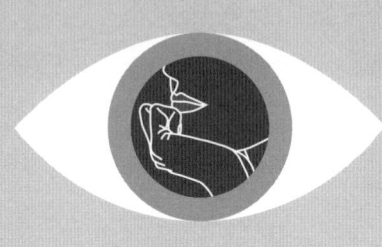

친구 한 명이 곁에 있다면 자신의 반은 없다고 봐야 한다

레오나르도 다 빈치

혼자 생각해야
해결책을 찾는다

위대한 업적을 남긴 위인들은 혼자 있는 시간이 많았다. 유명한 과학자, 종교인, 경영자는 모두 혼자만의 시간을 보냈다. 그들은 혼자 있는 시간에 생각하고 계획을 세웠다. 대학 교수는 일주일에 하루 또는 이틀 동안 수업이 없다. 수업을 하지 않는 '연구일'에는 생각에 집중한다. 연구일에 생각에 집중한 결과가 연구와 논문으로 나온다.

혼자 생각하는 시간에 좋은 생각이 떠오른다

우리가 리더라고 부르는 사람들은 보통 사람보다 바쁘게 하루를 보낸다. 이들은 회의와 결재, 미팅, 여러 가지 일정으로 생각할 시간을 갖지 못할 때가 많다. 하지만 잠깐 시간을 내서 깊게 생각하는 게 여러 사람이 모여서 회의하는 것보다 훨씬 가치 있다는 사실을 알고 있다.[1]

혼자 조용히 생각하는 시간에 아이디어가 탄생한다. 아인슈타인은 "나는 몇 달이고 몇 년이고 생각하고, 또 생각한다. 그러다 보면 99번은 틀리고 100번째가 되어서야 비로소 맞는 답을 얻어낸다."라고 했다. 레오나르도 다빈치는 "홀로 있을 때는 철저하게 혼자여야만 한다. 만약 친구 한 명이 곁에 있다면 자신의 반은 없다고 봐야 한다."라고 했다.[2]

조선의 실학자 정약용은 혜성이 얼음 덩어리라는 사실을 미국의 천문학자 프레드 휘플보다 100년이나 앞서 추측해냈다. 밀물과 썰물이 일어나는 이유가 달과 태양, 지구의 인력 때문이라는 사실도 발견했다. 《목민심서》, 《경세유표》, 《흠흠신서》를 유배지에서 홀로 지내면서 썼다. 그의 통찰력은 유배지에서 오랫동안 혼자 생각하는 시간에 만들어졌다.

혼자 생각하는 시간이 필요하다고 알고 있지만 소통과 공감이 더 중요해진 사회에서는 함께 있는 시간의 가치만 강조한다. 혼자 생각하는 시간을 갖고 원하는 것, 하고 싶은 것, 할 것을 생각하지 않으면 무엇을 해야 할지 몰라서 불안과 스트레스를 느끼게 된다. 혼자 생각해야 삶을 통제하는 힘을 얻는다. 혼자 생각하는 시간을 갖지 않으면 계획한 대로 사는 게 아니라 삶에 끌려가는 신세가 된다.

자발적인 고독은 성찰의 시간이다

혼자 밥을 먹고 술을 마시는 혼밥, 혼술처럼 원하지 않는 혼자만의 시간이 아니라 스스로 원해서 혼자만의 시간을 갖는 것을 자발적 고독이라고 한다. 자발적으로 고독한 시간을 보내면 자신을 성찰할 수 있다. 자기 성찰은 사람들 사이에서 소모된 에너지를 충전하는 효과가 있다.

혼자만의 시간에 자기 성찰을 하려면 어떻게 해야 할까? 아무것도 안 하고 시간을 보낸다고 자기 성찰을 하는 것은 아니다. 광고 디렉터로 창조적인 일을 한 사카토 켄지는 《메모의 기술》에서 혼자 있는 시간에 일기를 쓴다고 했다. 그는 혼자만의 시간을 갖고 자기 생각을 돌아보기 위해서 일기에 생각과 느낌을 적는다. 때로는 생각과 느낌을 적지 않고 신문에서 보았던 기사를 베껴 적으면서 세상에서 일어난 일을 담담하게 기록한다. 일기에 쓸 내용이 없으면 '오늘은 아무것도 하지 않았다'라고 쓴다. 사카토 켄지는 자기 생각을 눈으로 확인하기 위해서 일기를 쓴다. 책에는 일기라고 표현했지만 머릿속에 떠다니는 무언가를 잡기 위해서 생각을 글로 적었을 것이다.

혼자 생각하는 시간과 종이에 적는 행동

머릿속의 생각을 눈으로 확인하는 유일한 방법은 종이에 적는 것이다. 사카토 켄지처럼 일기를 써도 좋고 메모지에 적어도 된다. 혼자 있는 시간과 종이에 적는 행동이 중요하다. 그림을 그리든 글을 쓰든 상관없다. 혼자 있는 시간에 종이에 무언가를 적으면 종이에는 현재 자기 머릿속에 있는 생각이 남는다. 머리로만 생각하지 말고 종이에 쓰면 생각이 깊어진다. 조용한 곳에서 혼자 시간을 보내면서 생각을 종이에 적으면 할 일이 분명해진다. 문제가 있다면 해결책도 찾을 수 있다.

혼자 일하는 사람에게 '해결되지 않은 문제'를 적는 노트는 반드시 필요하다. 한 장씩 떨어지는 메모지에 생각을 적으면 생각의 흐름을 따라가기 어렵다. 노트 한 권에 마음에 걸리는 일, 신경 쓰이는 일, 해결해야 하는 문제들을 적는다. 다음날 다시 읽어보았을 때 별로 신경 쓰이지 않는 일은 큰 문제가 아니다. 이런 일은 두 줄로 선을 그어서 지운다. 신경 쓰이는 일이 새로 생기면 노트에 적는다. 해결하는데 필요한 생각과 도움을 줄 수 있는 사람도 노트에 적는다. 노트에 문제와 생각을 함께 적으면 머릿속에 혼란스러운 생각이 정리되고 마음도 편해진다.³

혼자 시간을 보내면서 문제의 해결방법을 찾은 사례는 많다. 아르키메데스가 목욕탕에서 '유레카'를 외친 이야기는 유명하다. 해결할 문제가 있다면 혼자만의 시간을 가져야 한다. 문제를 해결하려면 급하게 파고들기보다 한발 물러서서 넓은 시야로 바라봐야 한다. 문제에 집중할수록, 여러 사람이 생각할수록 문제를 바라보는 시야는 좁아진다.

문제에서 한 걸음 물러나면 해결책이 보인다

닛산 자동차에서 1980년대에 개발해서 30년 넘게 판매되고 있는 패스파인더^{Pathfinder} 모델을 처음 설계할 때 있었던 일이다. 닛산 디자인센터 연구진은 신형 모델을 설계하는 과정에서 문제가 생겼다. 당시에 부사장이었던 제리 허시백은 연구진뿐만 아니라 모든 직원에게 휴식 시간을 주었다. 연구진과 관리부서, 지원업무를 담당하는 비서실까지 모든 직원은 사무실을 나와서 당시에 개봉한 영화 〈양들의 침묵〉을 보았다. 부임한 지 얼마

되지 않은 신임 사장 켄고 이시다는 전 직원이 자리를 비우고 영화를 본 이유를 제리 허시백 부사장에게 물었다. 그의 대답은 이랬다.

"영화를 본 후에 회사 전체를 감쌌던 긴장이 말끔히 사라졌다. 며칠 후, 아이디어가 떠올랐다. 뒤엉킨 문제가 하나둘씩 풀리기 시작했다. 참모진이 갈등을 빚고 있을 때, 압력을 증폭시키기보다는 긴장을 풀고 당면한 문제에서 한발 물러서는 것이 더 효과적인 전략이다."⁴

여러 사람이 머리를 맞대고 소통해야 문제를 빨리 해결할 수 있다는 믿음이 그 어느 때보다 강하다. 사람들은 혼자서 깊게 생각하기보다 주변 사람에게 물어보는 게 더 빠르다고 생각한다. 인터넷에서 검색하면 빨리 답을 찾는다고 믿는다. 모든 집단에서 중요한 사안을 결정할 때 회의를 한다. 회의에서 아이디어를 제시하고 수렴해서 빨리 결정을 내리려고만 한다. 경영자들은 중요한 사안을 결정할 때 깊게 생각하는 게 얼마나 중요한지 알고 있다. 강제로 생각할 시간을 갖게 할 때도 있다. 닛산 자동차의 제리 허시백 부사장은 직원들이 문제에서 물러나게 하려고 영화를 보게 했다.

집단 사고가 더 큰 문제를 만든다

다수가 원해서 내린 결정이 때로는 어처구니없는 결과를 만들기도 한다. 여러 사람이 좋은 아이디어라고 칭찬하는데 반대의견을 내놓기는 매우 어렵다. 여러 사람이 좋은 아이디어라고 칭찬하는 순간 어느 누구도 반대의견을 내놓으며 집단과 맞서려고 하지 않기 때문이다.

심리학자 어빙 제니스는 이런 상황을 집단 사고Group thinking라고 했다. 모두 같은 생각을 하는 집단 사고에 빠지지 않으려면 침묵하지 않고 훼방꾼 역할을 하는 사람이 반드시 필요하다. 최고의 두뇌들이 모여서 회의를 해도 집단 사고는 발동한다.[5]

1961년, 미국 케네디 대통령 행정부의 쿠바 피그만 침공 결정은 집단 사고의 심각성을 보여준다. 당시 쿠바 침공에 대해서 논의하는 자리에는 국무장관, 국방장관, 법무장관, 하버드대학 교수들로 구성된 자문위원 등 케네디 정부의 의사결정에 영향을 미치는 인물들이 참석했다. 회의를 시작할 때는 침공 계획을 반대하는 의견이 많았다. 하지만 CIA 관계자들이 쿠바를 침공하자는 쪽으로 분위기를 몰고 가자 행정부의 장관과 자문위원도 분위기에 휩쓸려 침공하자는 의견에 동화된다. 반대의견을 고수하던 참석자도 있었지만 다수가 침공에 동의하는 상황에서 소신껏 의견을 말하지 못했다. 결국 피그만 침공에 관한 안건은 만장일치로 통과되었다. 미국은 쿠바의 피그만에 무장병력을 상륙시키고 CIA와 해군, 공군의 지원을 받아서 작전을 수행했다. 하지만 카스트로가 이끄는 쿠바 군대에 포위되어 침공 사흘 만에 투항하며 피그만 침공은 실패했다. 만약 피그만 침공에 대한 회의를 하다가 잠시 쉬면서 참석자들이 혼자만의 시간을 가졌다면, 닛산 디자인센터 연구진처럼 영화를 보면서 문제에서 한발 물러나서 생각했다면 잘못된 결정을 만장일치로 통과시키는 오류는 범하지 않았을 것이다.

깊은 생각은 직관과 육감이 만날 때 나온다

깊이 있는 생각이 사람의 수와 정보의 양, 생각한 시간에 비례해서 나온다고 믿는 사람이 많다. 가능한 많은 정보를 수집하고 비교·분석해야 옳은 결론을 얻는다고 생각한다. 하지만 어떤 상황에서든지 모든 정보를 모을 수는 없다.

보고 들은 것으로 판단하지 말고 깊게 생각하고 유추한다

왕이 장님을 모두 궁으로 불러들였다. 코끼리 한 마리를 장님들 앞에 데려다 놓고 묘사해보라고 명령했다.

"코끼리가 어떻게 생겼는지 설명해보아라."

왕이 명령하자 한 장님이 코끼리 머리를 만진 다음 커다란 솥처럼 생겼다고 대답했다. 다른 장님은 코끼리 꼬리를 만지고 밧줄처럼 생겼다고 했다. 귀를 만진 장님은 코끼리가 부채처럼 생겼다고 대답했고, 몸통을 만진 장님은 코끼리가 벽처럼 생겼다고 했다. 장님은 코끼리를 만진 느낌을 각자의 생각대로 '기둥처럼 생겼다.' '밧줄처럼 생겼다.'라고 대답했다. 장님들은 자기 경험에 기초해서 서로 다른 부분을 묘사했다. 장님은 자기 대답이 맞고 다른 사람의 대답이 틀리다며 말싸움을 하다가 끝내 몸싸움까지 벌였다.[6]

코끼리를 보지 못하는 장님은 자기가 만져본 부분만 알았고 코끼리의 전체 모습이 어떤지는 알지 못했다. 아마도 서로 의견을 공유했다면 코끼리의 모습에 근접하게 유추할 수도 있었을 것이다. 장님과 코끼리 우화는 정보를 얻을 수 없고, 많은 정보를 얻는다고 해도 정확하게 생각하고 판단하기는 어렵다는 교훈을 준다.

장님과 코끼리 이야기는 시사하는 바가 크다. 코끼리를 만진 장님의 '주관적인 생각'이라고 말하는 사람도 있다. 하지만 이것을 단순히 '주관적'이라는 단어로 설명하기 어렵다. 우리는 어떤 정보의 일부분을 입수하거나 경험할 수는 있어도 모든 것을 알 수는 없다.

사람들은 사실이 아닌 것을 굉장히 많이 생각한 것처럼 묘하게 엮어서 법칙으로 만든다. 대표적으로 '램지의 저주'가 그렇다. 영국 웨일스 축구 선수 아론 램지는 그의 축구 실력보다 매체에서 만들어준 이미지로 더 유명해졌다. 포지션이 미드필더인 램지가 골을 넣으면 얼마 지나지 않아서 유명인이 사망한다고 해서 램지의 저주라는 말이 생겼다. 램지의 저주를 마치 법칙처럼 믿는 사람들도 생겨났다.

램지가 골을 넣어서 사망한 첫 번째 유명인은 오사마 빈 라덴이다. 램지가 맨체스터와 경기에서 득점한 다음날 오사마 빈 라덴이 사망했다.

토트넘과 경기에서 램지의 슛이 골문을 강타하고 3일 뒤에 스티브 잡스가 세상을 떠났다. 챔피언스 리그의 마르세이유와 경기에서 득점한 다음 날 리비아의 통치자 카다피가 반대세력에 납치되어 처형됐다. 서덜랜드와 경기에서 램지가 골을 넣은 지 몇 시간 뒤에 가수 휘트니 휴스턴이 욕실에서 숨을 거둔 채로 발견됐다. 그 뒤로 영화배우 폴 워커, 로빈 윌리암스, 영화감독 리처드 애튼버러도 램지의 득점과 함께 세상을 떠났다.

정보를 많이 가진 사람은 각기 다른 정보에서 공통점을 찾아서 관련성을 이끌어내려고 한다. 정보 사이에 아무런 연관이 없어도 실제 상황보다 경험과 추측에 의존해서 엉뚱한 관계를 만든다. 세상의 모든 정보를 수집할 수도 없고, 각각의 정보 사이에 관련성을 전부 파악할 수도 없다. 만약 세상의 모든 정보를 수집했다고 하더라도 그 많은 정보를 모두 해석하고 분류하고 연관성을 찾는 것은 불가능하다.'

특정한 행동을 하는 이유에 대해서 법칙이나 이론을 만들기는 어렵지 않다. 하지만 모든 조건에 딱 맞아떨어지는 법칙이나 이론은 거의 없다. 이론이 성립하는 조건을 모두 충족하기 어렵다는 점이 문제다.

과학자이자 철학자인 칼 포퍼는 언제나 '반증 가능성$^{Trait\ Falsifiability}$'을 염두에 두라고 했다. 반증 가능성의 핵심은 "나중에 사실이 아니라고 판명될 수 있음을 스스로 예상하는가?"이다. 혼자 생각할 때는 반드시 반증 가능성을 고려해야 한다. 어떤 생각이든지 나중에 잘못된 생각으로 판명될 수도 있다는 점을 명심해야 한다.

생각이 틀릴 수 있다는 반증 가능성을 전제로 생각한다

사람들은 심사숙고해서 얻은 결론에 대해서 다시 검증하려고 하지 않는다. 자기가 내린 결론을 인터넷에서 검색하면 틀렸거나 틀릴 수도 있다는 사실을 쉽게 알 수 있다. 하지만 자기가 내린 결론과 일치하거나 비슷한 자료만 검색하는 오류를 범한다.

이때 도움이 되는 것은 '이론의 다각화'다. 더 나은 결론을 내리기 위해서 사실과 정보를 비교·대조·결합하면서 검증할 수 있는 다양한 관점으로 생각을 발전시키는 것이다. 결론을 내릴 때 선택과 집중, 확산과 균형을 모두 반영하는 것이 이론의 다각화다.

하나의 결론을 두고 다르게 해석하는 경우의 수는 엄청나게 많다. 우리 머리는 '확실하다고 생각하는 것'들로 가득 차 있다. 어떤 것이 확실하다고 생각된다면 오히려 더 집중적으로 그 생각이 틀릴 수도 있다는 반증 가능성을 찾아야 한다. 개인적인 경험 때문에 확실하다고 경솔하게 단정하지 않았는지 생각해야 한다.

깊이 생각하려면 더 많은 자료를 찾기보다 정확한 예측 또는 결론을 내리는 방법론을 적용해야 한다. 서로 모순되는 방법론을 적용해보면 오류를 쉽게 발견할 수 있다. 생각에 관한 방법론에 너무 집착할 필요는 없다. 생각하는 방법에 대해서 다수의 철학자와 심리학자가 유사하게 중복된 정의를 내렸다고 해도 맹신하지 말고 자기 생각에 오류가 있는지 점검하는 습관을 들여야 한다.

검색보다 사색이 필요하다

스위스의 심리학자 장 피아제가 발달심리학의 새로운 지평을 열 수 있었던 이유는 세 아이를 관찰하고 기록한 자료를 보면서 직관적으로 어른들이 하지 않는 같은 패턴의 실수를 반복한다는 사실을 알아냈기 때문이다. 장 피아제는 세 아이가 공통적으로 인식하는 패턴을 찾아냈다. 장 피아제가 요즘 이런 발견을 하고 발달 단계 이론을 논문으로 썼다면 자료가 부족해서 신뢰할 수 없다는 평가를 받았을 것이다. 하지만 장 피아제는 세 아이를 관찰하고 깊게 생각했기 때문에 이전의 발달심리학 이론을 바꾸는 위대한 업적을 남겼다.[8]

인터넷 덕분에 클릭만 하면 세상의 모든 자료를 구할 수 있다. 생각하는 힘이 약해진 데는 인터넷의 영향이 크다. 인터넷에 넘치는 정보와 SNS 때문에 누군가 제공하는 정보를 수동적으로 받아들이는 데 익숙하다. 인터넷에서 찾은 정보의 진위 여부는 판단하지 않고 그대로 수용한다. 사람들은 더 많은 자료를 찾으려고 허둥거릴 뿐, 자기가 가진 자료를 보면서 깊이 생각하려고 하지 않는다. 마음만 먹으면 자료를 쉽게 구할 수 있다. 자료의 많고 적음은 생각의 차이를 만들지 않는다. 깊이 생각했는가에 따라서 훌륭한 생각이 나올 수도 있고 평범한 생각, 수준 이하의 생각이 나오기도 한다.

여럿이 생각해야 더 좋은 생각이 나온다고 믿는데 반드시 그런 것은 아니다. 인간이 사회적 존재라는 틀에서 생각하면 여러 사람이 함께 있을 때 더 좋은 생각이 나오는 게 맞다. 하지만 각자 자기 역할을 충실히 할 때, 최고의 기량을 가진 개인이 집단의 구성원일 때 집단은 현명해진다. 어빙 제니스가 집단 사고 Group thinking를 경계하라고 했던 것처럼 자기 생각이 집단의 생각과 일치하는지 눈치를 보는 상황에서는 다수의 지혜가 모이지 않고 깊은 생각이 나오지도 않는다. 다른 사람, 집단의 생각에 동조할 뿐이다. 집단의 의견에 동조하는 사람은 자기 생각이 없는 사람, 수동적인 사람이라는 인상만 준다. 이런 사람이 모인 집단은 결코 깊은 생각을 할 수 없다.

생각이 숙성되면 비로소 진실의 순간을 만난다

어떤 생각이든 결론에 도달하려면 관찰과 되새김, 명상, 자면서도 생각하는 경지에 이르러야 한다. 그래야 비로소 자기가 모든 것을 알고 있다는 인식직관·통찰과 모든 것이 실제로 맞다는 느낌욕감을 경험한다.

프랑스의 사상가이자 작가 사르트르는 "타인은 지옥이다."라고 했다. 자기 생각 없이 다른 사람의 생각에 동조되는 것을 경계하라는 의미에서 이런 말을 했다. 위대한 과학자들이 느닷없이 머릿속에 떠올랐다고 말한 순간 즉, '진실의 순간 moment of truth'은 생각이 숙성되는 시간이 없이는 찾아오지 않는다.

스웨덴 경제학자 리처드 노먼은 진실의 순간을 고객이 종업원과 접촉하거나 광고를 보는 순간 회사나 제품에 대한 이미지가 기업의 생존을 결정짓는다는 의미로 사용했다. 마케팅 분야에서는 진실의 순간을 15초 내외의 짧은 순간이라고 일컫지만 회사나 제품에 대한 이미지 외에도 인간은 모든 결정의 순간에 머릿속에 축적된 오래된 정보까지 소환한다.

직관은 경험에 기초한 지식·통찰이고 육감은 어떤 논리적인 근거도 없는 느낌이다. 분명한 근거는 없지만 그럴 것이라는 생각이 육감이다. 고객이 종업원과 접촉하거나 광고를 볼 때 아무런 이유 없이 긍정 또는 부정적인 이미지를 만드는 것이 육감이고, 과거의 경험과 지식을 소환해서 회사나 상품에 대한 이미지를 만드는 것이 직관이다. 장님과 코끼리 우화에서 장님은 코끼리의 일부를 더듬으면서 '기둥처럼 생겼다', '커다란 솥처럼 생겼다'라고 말한 이유도 경험에 육감이 더해져서 그렇게 생각했기 때문이다.

깊게 생각하라는 의미를 오래 생각하라는 말로 이해하고 너무 오랫동안 생각할 필요는 없다. 직관과 육감이 한 방향을 향하고 있다면 중요한 문제도 신속하게 결정할 수 있다. 여러 가지 자료와 경험에 따른 직관과 이유는 알 수 없지만 그러하다는 신념 즉, 육감이 일치한다면 그것이 바로 깊은 생각이다.

혼자서 생각하는 방법은
따로 있다

학교에서는 생각하는 방법을 가르쳐주지 않는다. 생각하는 방법을 가르쳐주는 곳은 어디에도 없으니 다음에 나오는 내용을 정독해서 읽고 실천하기 바란다. 깊은 생각은 여러 단계를 거쳐서 나온다. 우선 생각이 잘 되는 장소를 찾아야 한다. 그런 다음 생각하는 내용에 집중하고 '왜?'라는 질문을 수없이 반복한다. 생각하는 동안 하지 않아도 되는 생각, 즉 잡생각도 떠오른다. 그러면 잡생각을 머리에서 지우고 다시 생각해야 하는 내용에 집중한다. 내 생각이 맞는지, 틀린지 아직은 알 수 없지만 계속 생각한다. 물론 이 과정을 반복하면 혼자서도 깊게 생각할 수 있다.

생각이 잘 되는 장소가 따로 있다

여러 사람이 모여서 깊게 생각하는 것은 어렵다. 회의를 여러 사람이 모여서 생각하는 것으로 아는 사람이 많은데, 실제로 다수가 하나의 주제에 생각을 집중하기 어렵다. 같은 장소에 있어도 각자 머릿속에는 다른 생각을 한다. 생각하는 동안 다른 일을 하기도 어렵다. 생각에 깊이 빠지면 옆에서 말을 해도 듣지 못한다. 이렇게 깊게 생각할 수 있는 분위기, 즉 장소와 환경을 만드는 것이 생각을 잘 하기 위한 전제 조건이다.

생각할 때 제일 먼저 해결해야 하는 것은 '생각하는 장소'다. 생각이 잘 되는 장소는 사람마다 다르다. 사람이 많은 도서관에서 공부가 잘 되는 사람이 있고 혼자 있는 방에서 공부가 잘 되는 사람도 있다. 늦은 밤에 공부가 잘 되는 사람, 새벽에 공부가 잘 되는 사람도 있다. 생각도 마찬가지다. 생각이 잘 되는 시간과 장소가 따로 있다.

생각을 하려면 우선 방해받지 않고 생각에 집중할 수 있는 장소에 있어야 한다. 사람마다 생각하는 습관과 환경은 다르다. 학교나 도서관은 공부와 생각, 탐구하는 공간이다. 일반적으로 이런 곳에서 생각이 잘 된다.

산책하면 좋은 생각이 떠오른다고 말하는 사람도 있다. 《걷기의 역사》를 쓴 환경운동가 레베카 솔닛은 산책을 '몸과 마음이 하나로 조율되는 상태'라고 했다.

산책은 생각을 자극한다. 글쓰기, 작곡, 복잡한 계산 등 생각이 필요한 작업을 할 때 잠깐 쉬면서 산책을 하면 머리가 맑아진다. 산책하는 동안 생각이 완전히 다른 곳으로 가지는 않는다. 스탠포드대학 연구진은 직장인이 사무실 밖을 한 바퀴 돌고 오는 것만으로도 창의적으로 생각하는 능력이 60퍼센트 이상 증가한다는 연구결과를 내놓았다. 과학적으로도 산책이 주는 효과는 입증되었다.

생각할 때는 스마트폰을 끈다

생각이 잘 되는 장소를 찾은 후에는 생각을 방해하는 요인을 제거한다. 우리를 둘러싼 다양한 요인이 생각을 방해한다. 그 가운데 가장 강력한 방해 요인은 스마트폰이다. 골똘히 생각할 때는 스마트폰을 꺼야 한다.

스마트폰이 없던 시절에는 생각하는 장소가 중요했다. 지금은 장소뿐만 아니라 스마트폰을 끄는 것도 중요하다. 스마트폰을 끌 수 없다면 SNS라도 로그아웃 해야 한다. 스마트폰 때문에 제대로 생각하기 어려운 사람을 위해서 '플러그를 뽑는 날 National Day of Unplugging'도 생겼다. 비영리 단체 리부트Reboot에서 만든 플러그를 뽑는 날은 3월 첫째 주 금요일 저녁부터 토요일 저녁까지다. 이 시간 동안 스마트폰, 태블릿, 컴퓨터 등 디지털 기기의 스위치를 끄고 하고 싶은 것을 하면 된다.

플러그를 뽑는 날에 참가한 사람들은 자신을 되돌아보는 시간을 가졌다고 이야기한다. 매일 잠자기 전에 30분 정도 스마트폰을 끄고 생각하는 시간을 가지면 깊게 생각하는 능력을 키울수 있다. 자전거를 배우는 아이가 매일 연습하면 며칠 뒤에 넘어지지 않고 앞으로 나아가는 것처럼 생각하는 능력도 점점 향상된다.

생각해야 할 때는 언제든지 생각에 몰입하는 능력이 매우 중요하다. 언제, 어디서든 깊게 생각하는 능력을 키우지 않으면 생각하는 능력이 퇴화된다. 나중에는 생각할 수 없는 머리가 된다. 생각할 수 없는 머리는 복잡한 것, 추상적인 것, 시간과 노력을 요구하는 일에 거부반응을 일으킨다. 차분하게 책을 읽지도, 일에 몰두하지도 못 하는 이유는 생각하는 능력이 부족하기 때문이다.

생각을 시작해야 좋은 생각을 할 수 있다

일단 생각을 시작해야 넓은 생각, 깊은 생각, 좋은 생각이 나온다. 생각하는 능력을 키워야 생각을 이어갈 수 있고 생각하는 과정을 즐길 수 있다. 소설가 마들렌 랭글은 "영감은 작업하기 전이 아니라 작업하는 중에 생겨난다."라고 했다. 생각도 마찬가지다. 생각이 잘 될 때, 생각을 하고 싶을 때까지 기다리면 결국 생각하지 못할 가능성이 크다. 생각하는 능력을 키우지 못한 상태에서는 브레인스토밍, 체크리스트 등의 발상법을 적용해도 제대로 활용할 수 없다. 심리학자 윌리엄 제임스는 "감정이 행동을 이끄는 경우보다 행동이 감정을 이끄는 경우가 훨씬 많다."라고 했다.[9]

아이디어 발상법은 대부분 논리에 따라 생각을 이어가도록 만들어졌다. 하지만 사람의 생각은 논리에 따르지 않는다. 좌뇌는 논리에 따라 선형적으로 생각한다. 반면 우뇌는 번쩍하고 생각이 난다. 번쩍하고 나는 생각은 서로 연결되지 않아서 비선형적이라고 한다. 선형적인 생각이 논리적으로 답을 이끌어내는 방법이라면 비선형적 생각은 사물의 본질이나 관계를 논리에 따르지 않고 직감으로 파악한다. 논리에 따르지 않고 갑자기 생각이 떠오르는 직감은 종교에서 말하는 '깨달음'과 비슷하다.[10]

논리적인 생각과 비논리적인 생각

발상법을 비롯해서 우리가 배운 생각하는 방법은 모두 논리에 기초한다. 논리적으로 생각하고 효율적인 결론을 내는 것을 최고의 가치라고 배웠다. 하지만 깨달음처럼 갑자기 떠오른 생각을 확장하는 것도 중요하다. 비논리적으로 생각하는 방법도 배워야 한다. 선형적으로 서로 관련 있는 아이디어를 발산하고 최선의 아이디어를 수렴하는 방법을 배운 것처럼 갑자기 떠오른 생각을 잡아두는 방법, 문득 떠오른 생각을 확장하는 방법도 배워야 한다. 논리적으로 생각하는 방법과 비논리적으로 생각하는 방법을 모두 터득해야 비로소 유연하게 생각할 수 있다.

창의적인 사람은 지식을 많이 쌓은 사람이 아니라 생각이 유연한 사람이다. 생각이 유연하면 정답을 고집하지 않는다. 그래서 상황에 맞는 해답을 찾을 수 있다. 유연하게 생각하려면 우선 고정관념에서 벗어나야 한다. 한 가지 방법만 고집하지 말고 자기만의 방식 외에 다른 사람의 방식까지 이용할 줄 알아야 한다.

깊게 생각하려면 자기만의 방식이 최선이 아니라는 사실을 인정하고 새로운 방식을 받아들여야 한다. 자기만의 방식과 생각에 얽매이면 하나의 관점에만 생각이 모인다. 자기만의 시각과 가치관을 갖는 것도 중요하고 다양한 관점에서 바라보고 판단하는 것도 중요하다. 유연한 사고에 익숙해지면 다양한 시각에서 전혀 관련이 없는 정보를 새로운 방식으로 연결해서 이전에는 없었던 결과를 만들 수 있다.

생각의 양을 늘리고
질을 높이는 방법

유연하게 생각하려면 관점을 자유자재로 옮기는 능력이 필요하다. 같은 대상이라도 보는 방향이나 배경지식에 따라 다른 모습으로 보이기 때문이다.

관점을 바꾸면서 생각한다

에드워드 드 보노는 《생각이 솔솔 여섯 색깔 모자》에서 여섯 가지 색깔 모자를 쓸 때마다 서로 다른 관점으로 대상을 볼 수 있다고 했다. 그는 부정적인 관점을 검은 모자라고 하고 긍정적인 관점을 노란 모자라고 했다. 흰색 모자는 정보와 관련이 있고 빨간 모자는 감정과 느낌을 나타낸다. 녹색 모자는 발전, 창의력, 가능성을 의미하고 파란 모자는 절차와 관련이 있다.

에드워드 드 보노의 여섯 색깔 모자 기법

여섯 색깔 모자	특징
흰색 모자	아이디어를 분석하기 위해서 필요한 자료를 검토한다. 아이디어의 장점 또는 단점에 대해서 판단하지 않는다. 자료가 사실인지에 대해서만 검토한다.
빨간 모자	감정과 느낌을 말한다. 이성은 배제하고 감정만 표현한다. '화가 난다' '행복하다' '무섭다' '좋은 결과를 내고 싶다'처럼 감정을 말로 표현한다.
노란 모자	자료를 긍정적으로 본다. 실제로는 자료가 형편없어도 단점을 상쇄해 줄 장점을 찾아낸다. 아이디어를 실행했을 때 얻을 수 있는 장점과 이익만 생각한다.
검은 모자	자료를 부정적으로 본다. 훌륭한 아이디어에서도 단점을 찾아내서 지적한다. 취약점을 정리해서 리스트를 만들고 가장 먼저 해결해야 하는 문제, 즉 취약점에 대한 우선순위를 정한다.
녹색 모자	아이디어를 더 효과적으로 활용할 수 있도록 의견을 내놓는다. 장점은 극대화하고 단점은 최소화하는 방법을 찾는다. 모든 가능성을 열어놓고 아이디어를 평가한다.
파란 모자	절차에 집중한다. 아이디어를 검토하는 과정이 제대로 전개되는지 확인한다. 아이디어보다 문제를 해결하기 위해서 진행하는 절차가 옳은지 살펴본다.

출처 : 폴 슬론 지음,《아이디어 사용설명서》, (에이도스, 2011)

여섯 색깔 모자 기법은 회의를 할 때 구성원들에게 각각 모자를 씌워주고 모자의 특징에 따라 생각하는 방식이다. 이 기법은 여러 사람이 모여서 회의할 때 유용하다. 혼자서도 여섯 색깔 모자 기법을 적용해서 생각할 수 있다. 모자를 바꿔 쓰고 모자 색깔이 가진 특징에 따라 문제를 보면 다양한 관점에서 해결책을 생각할 수 있다.[11]

여섯 색깔 모자 기법을 이용해서 자기만의 관점에 매몰되지 않고 유연하게 생각하려면 순서가 중요하다.

①흰색 모자(자료 수집) → ②빨간 모자(주관적인 느낌) → ③노란 모자(긍정적인 검토) → ④검은 모자(부정적인 검토) → ⑤녹색 모자(효과적인 방안 모색) → ⑥파란 모자(과정 검증)

생각은 자료수집에서 시작한다

창의적인 생각을 하려면 생각하는 방법을 배워야 하는데 생각은 관찰, 즉 자료수집에서 시작된다. 다른 사람들이 이전에 했던 생각이나 개념을 빌리거나 훔쳐서 창의적인 생각이 나온다. 생각이 시작되는 곳, 즉 생각의 원천이 어디인지가 중요하고 생각의 원천들을 숨기는 방법도 중요하다. 생각하는 데 익숙한 사람은 다른 사람에게서 여러 가지 생각과 개념을 빌린 다음, 그것들을 한데 묶어 자기만의 독창적인 생각을 만든다. 새로운 생각은 기존에 누군가 했던 생각에서 나오기 때문에 다른 사람의 생각을 빌리는 데 주저하지 않아도 된다.

여섯 색깔 모자 기법에서 흰색 모자를 쓰고 자료를 수집하는 것처럼 생각의 양을 늘리려면 다른 사람이 이전에 했던 생각을 탐색하는 과정을 거쳐야 한다. 책과 인터넷을 이용하면 다른 사람의 생각을 쉽게 탐색할 수 있다. 사람들은 자기가 알고 있는 분야에 대해서만 생각하려고 한다. 망치를 든 사람은 모든 문제를 못으로 보는 것처럼 생물학자는 생물학 분야에서 생각하고 천문학자는 천문학 분야에서 생각한다. 문제에 대한 해결책도 마찬가지다. 생물학자는 생물학 지식을 동원해서 문제를 해결하려고 하고 천문학자는 천문학 지식을 동원해서 문제를 해결하려고 한다. 이렇게 자기가 알고 있는 범위에서만 생각하면 그 분야를 알고 있는 사람이라면 누구나 할 수 있는 일반적인 생각밖에 하지 못한다.

사람들은 자기가 잘 알고 있는 분야에서 자료를 수집한다. 자기가 잘 알고 있는 분야에서만 자료를 수집하는 게 문제다. 어떤 주제에 대해서 생각할 때 자기가 잘 알고 있는 분야에서만 다른 사람의 생각을 빌린다. 자기와 비슷한 영역에서 비슷한 문제들을 안고 있는 사람들의 생각은 다 고만고만하다. 하지만 창의적인 사람들은 자기가 잘 알고 있는 영역을 벗어나서 생각한다. 주제와 상관없는 분야로 확장해서 자료를 수집한다.

저널리스트 로버트 위더는 "누구나 옷가게에서 유행을 파악하고 박물관에서 역사를 읽는다. 하지만 창조적인 사람은 철물점에서 역사를 읽고 공항에서 유행을 파악한다."라고 했다. 창의적인 사람은 아이디어를 발견하기 위해서 가까운 곳뿐만 아니라 먼 곳까지 살펴본다.

생각을 빌리는 방법

지식도 마찬가지다. 자기가 속한 영역에서 아이디어를 빌리면 비열한 행위가 된다. 때로는 훔치는 행위로 간주되어 도둑으로 몰리기도 한다. 하지만 자기가 속하지 않은 영역에서 아이디어를 찾으면 창의적인 사람이 된다. 그렇다면 어디에서 아이디어를 구해야 빌리는 것이고, 어디에서 아이디어를 구하면 훔치는 것일까?

시나리오 작가 윌슨 마이즈너는 이렇게 말했다.

"만일 어떤 한 작가에게 아이디어를 훔치면 표절이 된다. 하지만 많은 작가에게서 아이디어를 훔치면 그것은 연구조사 행위가 된다."[12]

될 수 있으면 다양한 분야에서 자료를 수집하고 여러 사람에게 생각을 빌려야 한다. 수집한 자료와 빌려온 생각을 새로운 구조에 넣어서 자기만의 생각으로 완성하면 어디에서 어떤 생각을 빌려온 것인지 알아낼 수 없다.

다른 사람의 생각을 빌려서 생각을 확장하는 방법은 모든 분야에서 통용된다. 르네상스 시대의 화가 라파엘로는 미켈란젤로의 작품을 자기 방식으로 해석해서 작품을 만들었다. 라파엘로는 미켈란젤로의 작품 피에타에서 그리스도의 윤곽선을 거의 그대로 모방했다. 또 레오나르도 다빈치의 모나리자를 모방해서 초상화도 그렸다. 르네상스 시대의 예술가들은 선배와 동료의 화풍과 기법을 빌려와 자기만의 감각으로 작품을 만드는 데 이용했다. 헤밍웨이도 다른 작가의 작품에서 아이디어를 빌렸다. 《누구를 위해 종은 울리나》라는 제목은 존 돈의 시에서 빌려왔고 《태양은 다시 떠오른다》라는 제목도 성경의 문장을 옮겨다 썼다. 《태양은 다시 떠오른다》는 소설가 거트루드 스타인이 했던 말 "당신들은 모두 길 잃은 세대이다."로 시작한다.

뉴턴은 미적분법을 만들기 위해 존 윌리스와 르네 데카르트 등의 수학자들에게 아이디어를 빌렸다. 뉴턴의 미적분법을 보고 한 수학자가 이전 수학자들의 연구를 표절했다고 의혹을 제기하자 "거인의 어깨 위에 올라섰다"라는 다소 난해한 말로 스스로를 변호했다. 헐리우드 감독 쿠엔틴 타란티노는 "나는 내가 본 모든 영화에서 도둑질을 한다."라고 솔직하게 말했다.[13]

라파엘로, 헤밍웨이, 뉴턴, 쿠엔틴 타란티노는 다른 사람의 작품에서 화풍과 글, 연구, 장면을 빌려와서 생각을 확장하고 자기만의 방식으로 표현했다. 그들은 그렇게 작품을 만들었다. 이들이 다른 작가의 작품에서 자료를 수집하지 않았다면 걸작은 나오지 않았을 것이다. 새로운 분야에서 수집한 자료와 내가 알고 있는 정보가 만나는 순간 생각이 확장된다. 경제학, 수학, 미술, 영화, 소설 등 전문 분야에서 지식을 쌓은 사람들은 다른 분야에서 자료를 수집하면서 생각을 확장한다.

창조는 생각에 생각을 대입해서 풀어가는 함수다. 대입해야 할 변수가 적으면 새로운 생각의 숫자도 줄어든다. 좋은 생각이 나올 확률도 낮다. 변수가 많을수록 새로운 생각이 나올 확률이 높고 좋은 생각도 더 많이 나온다.[14]

창조는 세상에 없던 것을 만드는 게 아니다. '무'에서 '유'를 만들기보다 기존에 있던 것들, '유'와 다른 '유'를 엮어서 새로운 것이 나온다. 생각을 확장하는 것도 마찬가지다. 모든 창조는 모방과 표절을 거쳐서 기존의 것과 다르게 조합하는 것이다. 세상에 없던 생각은 기존의 정보에 지식과 자기가 만든 것, 다른 분야의 결과를 결합하고 이전과 다른 방식으로 결합하는 과정에서 나온다.

긍정적인 생각과
부정적인 생각의 균형 맞추기

생각하는 시간이 많을수록 더 많은 생각을 할 수 있다. 하지만 오래 생각한다고 좋은 생각만 늘어나는 것은 아니다. 생각이 많으면 긍정적인 생각뿐만 아니라 부정적인 생각도 하게 된다. 머리가 복잡해서 이러지도 저러지도 못하다가 오히려 성공할 기회를 놓친다고 말하는 사람도 있다. 생각이 많아지면 부정적인 생각과 자기방어적인 생각에 사로잡히기 때문이다.

긴장하면 부정적인 생각만 떠오른다

뇌 과학에 기초해서 성인의 뇌는 무게가 1.2킬로그램에 불과하지만 우리가 섭취하는 영양분의 25퍼센트 정도를 소비한다. 부정적인 생각으로 공포에 사로잡히면 뇌에서 소비하는 에너지는 급격하게 늘어난다. 부정적인 생각이 많으면 신체에 필요한 에너지가 뇌에 몰려서 몸에는 적은 에너지만 공급된다. 몸에 충분한 에너지가 공급되지 않아서 더 긴장한다. 몸이 긴장하면 머릿속에는 부정적인 생각이 빠르게 늘어난다.

같은 시간을 생각하더라도 '얼마나 깊게 생각하는가'와 '긍정적인 생각을 하는가'가 중요하다. 생각할 시간은 항상 부족하다. 당장 해야 할 일 때문에 깊게 생각하기도 어렵다. 생각할 시간이 없을 때는 집중력을 발휘하면 된다. 나는 바둑을 둘 줄 모르지만 대국을 중계하는 방송을 가끔 본다. 바둑기사들이 대국에서 제한된 시간 동안 다음 수, 그 다음 수를 생각하면서 집중하는 모습을 본다. 바둑기사들이 대국에서 생각에 집중하는 모습과 결정적인 한수를 두는 순간을 눈여겨본다. 바둑기사는 생각할 시간이 부족할수록 부정적인 생각에 사로잡히지 않도록 마음을 다스리는 데 집중한다.

아무것도 하지 않고 생각만 하면 불안하다

생각할 시간이 없다고 말하는 이유는 '시간은 돈이다.'라고 믿기 때문이다. 사람들은 시간을 '상품을 생산하는 데 필요한 자원'이라고 믿는다. 시간은 돈으로 바꿀 수 있는 경우에만 가치가 있다고 생각한다. 생각하는 시간은 유형의 상품을 만드는 시간이 아니라고 생각하기 때문에 생각하는 데 시간을 할애하지 않는다.

'Just do it'의 뜻을 생각보다 행동이 먼저라는 의미로 받아들이고 무조건 행동부터 하려고 한다. 생각하려고 앉았다가도 금세 아무런 행동도 하지 않는 자신을 발견하고 불안해하면서 벌떡 일어나서 무언가를 하고 있다는 느낌 받으려고 아무 일이나 시작한다. 그 일을 왜 하는지 생각하지 않는다. 지금 뭐라도 하고 있다는 느낌이 더 중요하기 때문이다. 생각하는 시간을 불안하게 느끼는 사람들에게 소설가 에인 랜드는 이렇게 말했다.

"성취하려면 생각해야 한다. 자신이 무엇을 하고 있는지 알아야 한다. 그것이 진정한 힘이므로."[15]

쉴 틈 없이 일을 한다고 시간을 잘 사용하는 것은 아니다. 효율을 높인다고 시간을 잘 사용하는 것도 아니다. 생각하지 않으면 책을 읽어도 머리에 들어오지 않고 공부해도 기억에 남지 않는다. 쉬지 않고 키보드를 두드린다고 좋은 기획이나 아이디어가 나오지 않는다. 그럼에도 불구하고 생각하지 않고 일만 하는 이유는 겉으로는 시간을 효율적으로 사용하는 것처럼 보이기 때문이다. 생각하지 않고 몸만 바쁘게 일하면 당연히 결과도 좋지 않다.[16]

생각하는 훈련이 정신 근육을 단련한다

눈에 보이는 상품을 만드는 시간만큼 눈에 보이지 않는 생각을 완성하는 시간도 중요하다. 생각에도 연습과 숙련의 시간이 필요하다. 운동선수들이 근육을 단련하는 것처럼 생각하는 데도 훈련이 필요하다.

NBA 선수 르브론 제임스는 레이업슛, 점프슛, 덩크슛 등 다양한 슛을 연습하는 데 많은 시간을 투자한다. 슛 동작을 반복해서 연습하면서 슛을 할 때 공을 어떻게 다루는지, 발과 몸의 위치, 손동작에 따라 공의 궤적과 속도 등을 파악한다. 실제로 경기에서는 공을 어떻게 던지는지 신경 쓰지 않는다. 오랜 세월 반복해서 근육이 동작을 기억하기 때문이다."

이런 것을 몸이 기억한다고 해서 '근육 기억'이라고 한다. 생각도 마찬가지다. 생각하는 훈련을 꾸준히 해온 사람은 생각하는 방법이 정신 근육에 기억된다. 그러면 문제 해결에 필요한 아이디어를 찾기 위해 정보와 지식, 경험을 결합하는 데 능숙해진다. 좋은 생각이 떠오를 때 메모를 하라고 권하는 것도 메모하는 동안 한 번 더 생각하고 메모한 것을 보면서 자기 생각을 구체화하고 다시 점검할 수 있기 때문이다.

생각하는 시간에 비례해서 좋은 생각이 나온다고 말하면 끊임없이 생각에 몰두해야 한다고 믿는 사람이 있다. 쉬지 않고 생각만 하면 얻는 것보다 잃는 게 더 많다. 긍정적인 생각 또는 부정적인 생각을 계속하면 그 생각에 빠져서 헤어 나오지 못한다. 긍정적인 생각도, 부정적인 생각도 필요하다. 긍정 또는 부정, 한쪽으로 치우친 생각은 위험하다.

현실에서 일어날 수 있는 실수나 부정적인 상황을 염두에 두는 건 도움이 된다. 부정적인 상황에 매몰되는 것만 피하면 된다. 운동선수들은 경기에서 실수하는 상황을 가정해서 실수에 대처하는 훈련을 한다.

직장에서도 마찬가지다. 오랜 기간 한 분야에서 일한 사람은 어떤 과정에서 어떤 실수가 자주 발생하는지 경험으로 알고 있다. 실수를 미연에 방지하거나 작은 실수가 큰 사고로 확대되지 않도록 대처하는 노하우가 있다.

생각을 잠시 멈추면 생각은 더 깊어진다

동계올림픽 빙상 경기를 보면, 일정한 간격을 두고 얼음판을 고르게 정리하는 정빙 시간을 갖는다. 정빙 시간에는 경기가 중단된다. 정기적으로 얼음판 표면을 매끈하게 다듬는 것처럼 생각도 잠시 멈추는 시간이 필요하다. 이것을 '창의적인 정지^{creative pause}'라고 한다. 생각을 멈추는 시간은 몇 초 또는 몇 분 정도로 짧을 수도 있고 며칠, 몇 달이 걸릴 수도 있다.

실제로 생각을 멈추는 것은 불가능하다. 다른 일이나 생각으로 관심을 돌린다는 표현이 더 적당하다. 너무 긍정적인 생각으로 들뜨면 차분한 상태로 만들어야 한다. 반대로 부정적인 생각에 휩싸이면 유쾌하게 만들기 위해서 의식적으로 즐거운 생각을 하거나 산책을 하는 게 바람직하다. 잠을 자는 것도 기분을 전환하는 방법이다.

에드워드 드 보노는 《창의력 사전》에서 생각을 멈추는 사고의 과정을 틈^{gap}, 지연^{holdup}이라고 했다. 생각을 일시적으로 멈춰서 숙성하는 것이다. 그러면 정빙을 거친 후 빙상 경기장에 패인 홈들이 말끔하게 다듬어지는 것처럼 미처 생각하지 못했던 것들이 빈 공간을 채우고 새로운 관점에서 다시 생각할 수 있다.

농부들은 몇 년에 한 번씩 밭에 아무것도 심지 않는다. 좋은 비료 덕분에 윤작^{땅을 쉬게 하는 휴지기}을 할 필요가 없지만 밭을 놀려서 쉴 기회를 준다. 생각에도 윤작이 필요하다. 생각이 한 방향으로만 편중되면 문제가 생긴다. 물길을 막으면 새로운 물길이 생기듯이 생각도 강제로 막아서 다른 방향으로도 흐를 수 있게 길을 만들어야 한다.

너무 늦게까지 일하면 다음날 일의 능률이 떨어진다. 쉬지 않고 생각하면 생각의 능률도 떨어진다. 생각에도 쉬는 시간이 필요하다.

부정적인 생각에서 빠져나오기

부정적인 생각을 애써 긍정적인 생각으로 바꾸려고 하기보다 생각을 잠시 멈추는 편이 낫다. 생각을 멈추고 희망적인 말들을 낙서하듯 노트에 적으면 긍정적인 생각이 나도록 뇌를 준비시키는 효과가 있다.

부정적인 생각을 종이에 적어서 찢어버리거나 태워버리라고 권하는 심리학자도 있다. 이런 행동은 부정적인 생각에서 의식적으로 벗어나게 해준다. 운동선수들은 손목에 고무줄을 끼고 있다가 경기 전에 기량이 뛰어난 선수를 보고 시합에서 질 것 같은 생각이 들거나 자신감이 떨어지면 고무줄을 튕겨서 충격을 준다. 부정적인 생각이 들 때마다 고무줄을 튕겨서 충격을 주면 뇌는 부정적인 생각을 멈추는 방법을 학습한다.

사람들은 긍정적인 말보다 부정적인 말을 더 오래 기억한다. 이런 이유로 의식적으로 긍정적인 말을 더 많이 해야 한다. 워싱턴대학의 존 레젠스키와 세인트루이스대학 랜디 라센은 "긍정적인 미래를 생각하면 그대로 이루어지고, 부정적인 미래를 생각해도 그대로 이루어진다."라고 했다. 심리학에서는 '자성예언'라고 한다.[18]

생각은 행동에 영향을 미친다. 긍정적인 생각은 행동의 변화를 가져오고 그로 인해 좋은 결과를 얻는 것이 자성예언의 핵심이다.

자성예언은 심리적인 부분에만 영향을 미치는 게 아니다. 조직행동 전문가 데이빗 앨런은 "자기가 어떤 일을 하는 모습을 머릿속으로 그려보기 전에는 실질적인 방법을 찾을 수 없다."라고 했다.[19]

부정적인 생각을 역으로 이용하기

중요한 프레젠테이션을 앞두고 있을 때 발표장에서 준비한 내용을 완벽하게 전달하는 모습을 상상한다면 실제로 자신감을 가지고 발표할 수 있다. 하지만 프레젠테이션을 완벽하게 준비하는 사람은 극소수에 불과하다. 여러 번 연습하고 또 연습해도 발표장에서 일어나는 돌발 상황 때문에 준비한 내용을 완벽하게 전달하지 못하는 경우가 더 많다. 이때 부정적인 생각을 이용해야 한다. 두려움에 빠지는 게 아니라 미흡한 부분을 확인하는 데 부정적인 생각을 이용하는 것이다. 발표를 연습하는 동안 여러 번 틀렸던 부분, 준비가 부족한 부분에서 잘못될만한 요인들을 점검할 수 있다.

최악의 상황을 걱정해서 부정적인 생각을 하는 게 아니라 객관적으로 평가하고 분석하기 위해서 부정적인 생각을 이용하는 것이다. 자신의 단점을 적나라하게 드러내는 일이 유쾌하지는 않다. 하지만 다른 사람에게 지적당하는 것보다 부정적인 관점에서 자신의 단점을 바라보고 보완할 방법을 찾는다면 부정적인 생각을 역으로 이용할 수 있다.

프레임 만들기와
프레임에서 벗어나기

기존에 누군가 만들어놓은 생각의 틀을 '프레임워크'라고 한다. 프레임워크를 이용하면 논리적으로 생각할 수 있다. 프레임워크는 일반적인 기준에 따라 만들었기 때문에 모든 상황에 딱 맞게 적용하기는 어렵다.

논리적으로 생각하기

사람들은 생각할 때 논리가 가장 중요하다고 말한다. 논리의 본질은 '절차에 맞는', '이론이 확실한' 사고다. 논리는 처음부터 끝까지 한결같은 절차로 연결되는 사고방식이다.

논리적으로 생각하기 위해서 일반적으로 육하원칙에 따른다. 육하원칙처럼 기존에 누군가 만들어놓은 생각의 틀을 프레임워크라고 한다. 프레임워크를 이용하면 논리에 따라 빈틈 없이 생각할 수 있다. 생각을 종이에 적고 육하원칙에 대입하거나 적합한 프레임워크를 적용하면 미처 생각하지 못한 부분이나 오류를 찾아낼 수 있다.

육하원칙에서 생각해야 하는 것은 누가, 언제, 어디서, 어떻게, 무엇을, 왜 여섯 가지다. 논리적으로 생각해야 하는 요소를 미리 정해놓은 환경 분석의 3C^{Customer, Competitor, Company}, 마케팅의 5P^{Product, Price, Place, Promotion, Package} 등의 프레임워크를 적용하면 생각을 시작하기가 수월하다. 프레임워크는 생각을 원활하게 하기 위해 만들어놓은 일종의 공식이다.

기존에 만들어진 프레임워크에 대입하는 이유는 효율적으로 생각하기 위해서다. 수학 공식에 대입해서 문제를 푸는 것과 공식을 만드는 것은 다르다. 프레임워크도 마찬가지다. 프레임워크에 적용해서 생각하는 것과 생각에 필요한 프레임워크를 직접 만드는 것은 별개다.

일본 컨설턴트 쓰다 하사시는 《1등의 생각법》에서 '배우다'와 '생각하다'를 공식에 대입하고 만드는 것에 비유했다. 그는 '배우다'는 기존의 프레임워크, 즉 다른 사람이 만들어놓은 공식에 대입해서 답을 구하는 것이고 '생각하다'는 자기가 만든 프레임워크를 적용해서 답을 구하는 것이라고 했다. 기존의 프레임워크는 일반적인 기준에 따라 만들었기 때문에 내가 답을 구하는 상황에서는 적용하기 어려울 수도 있다.

생각에는 정답이 없다

프레임워크를 직접 만들어서 생각했을 때도 단점은 있다. 자기가 만든 틀에서 빠져나오지 못할 수도 있다. 틀에 박힌 사고방식에서 벗어나라는 뜻으로 'Out of the box'를 강조한다. 다른 사람들이 만들어놓은 프레임을 적용하는 것, 직접 프레임을 만들어서 생각하는 것, 틀에서 빠져나오는 것 모두 중요하다.

미로풀이

기존의 해결방법

새로운 프레임의 해결방법

출처 : 아이작 유, 《질문지능》, (다연, 2017)

인디애나대학 인지과학자 더글러스 호프스태너는 'jootsing'이라는 말을 만들었다. Jumping Out Of The System의 줄임말이다. 우리말로 '시스템·틀 밖으로 뛰쳐나와.'라고 표현할 수 있다.[20]

기존의 프레임, 즉 틀에서 벗어나려면 우선 기존의 방식으로 생각하는 방법을 알아야 한다. 창의적으로 생각하는 방법을 설명할 때 모두 같은 방식으로 생각하는 획일적인 사고를 경계하라고 말한다. 많은 학자들이 프레임에서 벗어나라고 권하지만 프레임 안에서도 창의적으로 생각할 수 있다. 좋은 아이디어는 틀 안에서, 자기가 활용할 수 있는 자원에서 나온다. 새로운 생각을 하려면 틀 밖으로 나가야 한다는 생각도 고정관념이다. 미국의 건축가 프랭크 로이드 라이트는 역사에 남은 건축물 '낙수장'을 지을 때 바위, 개울 등 자연 요소들을 집의 일부로 사용했다. 바위와 개울을 건축의 장애물로 생각하는 대신 자연 요소들을 그대로 남겨두면서 혁신적인 건축물을 만들었다.[21]

생각에는 정답이 있을 수 없다. 틀에서 벗어나라고 강요하는 것도 획일적인 사고다. 틀 안에서 생각하든 틀 밖에서 생각하든 스스로 틀을 만들든지 상관없이 '생각한다'는 행위가 중요하다.

노벨 물리학상을 수상한 리처드 파인만은 강의할 때 학생들이 일상에서 흔히 접하는 현상을 예로 들어 설명한다. 이미 알고 있는 개념[틀 안의 지식]에서 설명을 시작한다. 여기서 얻은 지식을 바탕으로 고차원적인 물리학[틀 밖의 지식]을 설명한다. 학생들은 자기가 알고 있는 지식[틀 안의 지식]을 이용해서 복잡한 물리학 이론[틀 밖의 지식]을 깊이 있게 이해한다. 리처드 파인만의 이런 강의 방식은 어린 시절부터 어려운 개념을 자신의 언어로 표현하고 이해하려고 노력했던 데서 비롯되었다.[22]

수렴과 발산 그리고 측면적 사고

생각하는 방법은 세 가지다. 틀 안에서 생각하기, 틀 밖에서 생각하기, 틀 가장자리에서 생각하기. 처음부터 틀을 벗어나서 생각할 수는 없다. 우리를 둘러싼 틀의 개념과 범위를 학습해야 틀 안에서 생각할 수 있다. 우리가 알고 있는 사고법에 비유하면, 틀 안에서 생각하기는 수렴적 사고

Convergent Thinking와 비슷하다. 틀 밖에서 생각하기는 확산적 사고Divergent Thinking, 틀 가장자리에서 생각하기는 측면적 사고Lateral Thinking와 유사하다.

수렴적 사고는 두 가지 이상의 서로 다른 요소들을 결합해서 새로운 생각을 하는 방법이다. 퍼즐 조각을 맞춰서 그림을 완성하듯 여러 분야의 지식을 연결해서 과거에 없었던 새로운 방법 또는 결과를 얻는다. 퍼즐 조각에는 개인이 속한 집단의 문화와 관습, 학습한 지식, 정보가 담겨 있다. 외국에서 살다온 사람들의 생각이 독특한 이유는 틀을 벗어나서 생각한 게 아니라 다른 집단에서 문화와 지식을 학습했기 때문이다.

확산적 사고는 수렴적 사고와 반대다. 수렴적 사고는 흩어진 퍼즐을 맞춰서 그림을 완성하는 것이고 확산적 사고는 퍼즐 조각을 분리하고 필요 없는 조각은 제거하면서 새로운 그림을 만드는 것이다. 확산적 사고를 통해서 지식과 정보를 낱개로 분리하면 문제가 단순해진다. 핵심을 파악하기도 수월하다. 확산적 사고를 여러 가지 아이디어를 짧은 시간에 쏟아내는 방식이라고 설명하는데 '확산'이라는 말이 가진 의미 때문에 이렇게 설명하는 것이다. 확산적 사고는 핵심을 확실하게 드러낸다.

측면적 사고는 기존에 알고 있는 지식과 관습, 이론 등을 거부하고 새로운 관점에서 문제를 바라보는 것이다. 여기서 '새로운 관점'이 자기만의 프레임이다. 자기만의 관점에서 생각했기 때문에 기존의 틀에서 벗어나는 효과가 있다. 측면적 사고를 낯설게 바라보기라고 한다.

일반적으로 틀에서 벗어난 생각을 창의적 사고라고 하는데 해결 방법이 독특하기 때문이다. 특별한 사고법을 배우거나 몰입한다고 틀에서 벗어난 생각을 한다는 보장은 없다. 틀에서 벗어난 생각은 사고법보다 그 생각을 하는 환경이 더 중요하다.

아이디어가 떠오르는 순간

창의성 개발 프로그램을 연구하는 스티븐 D. 에이퍼트는 수천 명의 사람들에게 놀라운 아이디어가 떠올랐을 때 무슨 일을 하고 있었는지 물어보았다. 놀라운 아이디어가 떠오른 순간은 네 가지로 구분되었다.

첫째, 운전하고 있을 때
둘째, 운동하거나 걷고 있을 때
셋째, 샤워할 때 또는 수영장에 있을 때
넷째, 잠에 들기 직전 또는 잠에서 깨어나자마자[23]

천체물리학자 스티븐 와인버그는 차를 운전해서 MIT대학으로 가는 동안 통일장 이론에 대한 영감을 얻었다. 운전하는 동안 특별한 아이디어가 떠올랐다는 사람이 많다. 운전 중에 무의식적으로 어떤 생각에 빠져드는 것이 바로 측면적 사고다. 고민하던 주제와 전혀 무관한 것과 관계를 만들고 사고의 새로운 관계로 정보를 흐르게 만드는 것이다. 그러면 새로운 방식으로 생각이 결합하고 획기적인 아이디어가 나온다.

운동과 걷기도 측면적 사고를 하도록 도와준다. 물리학자 베르너 하이젠베르크는 빛의 입자론과 파동론의 모순을 해결하지 못해서 고민하고 있었다. 그러던 어느 날, 공원을 산책하다가 갑자기 어떤 생각이 떠올랐다. 그 생각이 바로 입자론과 파동론의 모순을 완벽하게 설명하는 '불확정성의 원리'다. 찰스 다윈은 집과 연구실을 오가는 샌드 워크를 걸으며 많은 생각을 했다. 그 결과 《종의 기원》을 완성했다. 아리스토텔레스는 걷기가 천재의 운동이라고 했다. 산책과 걷기처럼 유산소 운동을 하면 혈액 순환이 원활해져서 뇌로 향하는 혈액과 산소의 양이 증가한다. 그로 인해서 머리가 맑아지고 능률도 오른다. 신체적인 운동은 이전에는 경험하지 못한 새로운 방식으로 사고할 수 있게 도와준다.

샤워·목욕은 근육을 이완시키고 긴장을 풀어준다. 뜨거운 물에 몸을 담그거나 샤워를 하면 운동과 마찬가지로 혈액 순환이 촉진된다. 몸을 따뜻한 물에 담그면 자궁 속에 있던 때로 돌아가서 통념에 사로잡히지 않고 생각을 연결하는 새로운 길이 만들어진다.

잠이 들거나 깨어나는 순간처럼 몸은 휴식 상태이고 의식이 활발하지 않은 상태, 무의식이 활발하게 정보를 연결하는 상태에서는 일상생활에서는 사용할 수 없는 무의식에 저장된 정보를 사용할 수 있다. 잠이 들어나 깨어나는 순간에는 의식과 무의식의 경계가 흐려져서 일상생활과 다른 사고 패턴이 활성화된다. 이때가 측면적 사고가 일어나는 순간이다.

새로운 아이디어는 전에 없던 것일 수도 있고 익숙한 것일 수도 있다. 확고하게 자리 잡은 틀 안에서 새로운 방식으로 생각할 수 있고 틀에서 벗어나서 새로운 개념을 만들 수도 있다. 새로운 생각은 혼자서도 충분히 할 수 있다. 자기만의 틀을 만들고 그 틀을 벗어나는 과정을 반복하면 새로운 생각이 나온다.

데카르트의 네 가지 생각 규칙에 따라 생각하기

참신한 아이디어가 없어서, 기획력이 부족해서 고민하는 사람이 많다. 새로운 프로젝트를 기획할 때 회의부터 한다. 회의에서 그럴듯한 아이디어가 나오지 않으면 관련 있는 부서 담당자와 이전에 비슷한 프로젝트를 기획했던 직원에게 회의에 참석해 달라고 요청한다. 좋은 아이디어가 회의에 참석하는 사람, 즉 머릿수에 비례해서 나온다고 생각한다.

생각하는 사람이 많다고 좋은 아이디어가 나오지 않는다

여러 사람이 머리를 맞대고 생각하면 좋은 아이디어가 많이 나올 거라는 생각을 버려야 한다. 십여 년 전에 제조업체 기획팀에서 일할 때 있었던 일이다. 당시에 근무하던 회사의 기획팀에는 팀장을 포함해서 네 명이 함께 일했다. 매달 다섯 가지 이상 새로운 상품 아이디어를 냈고 그 가운데 한두 가지만 상품 개발로 이어졌다. 신상품 개발이 확정되면 기획팀에서 제휴업체 컨택과 초기 마케팅 기획안까지 만들었다. 내가 일하던 회사는 동종 업계에서 규모가 작은 편이 아니었지만 대형 제조업체와 비교하면 크다고 말할 수는 없었다. 당시에 규모가 큰 Y기업은 상품을 특징에 따라 나눠서 기획1팀, 기획2팀, 기획3팀으로 편성했고 팀별로 특화된 상품 개발에 집중했다.

네 명으로 구성된 기획팀에서 특화 상품, 시즌 상품, 시리즈 상품, 회사에서 나오는 상품을 모두 기획했다. 하나의 팀에서 모든 상품을 기획하다 보니 상품을 특징에 따라 나눠서 기획하는 Y기업의 아이디어 회의는 얼마나 구체적 일지, 분위기는 어떨지 궁금했다. 함께 일했던 직원들은 회의에서 좋은 아이디어가 나오지 않을 때마다 이런 말을 했다.

"Y기업에는 기획1팀 인원만 열 명이 넘는다는데 얼마나 많은 아이디어가 나올까?"

나중에 제조업체 기획자를 대상으로 하는 프로세스 혁신 세미나에서 Y기업 기획팀 직원들과 이야기를 나눌 기회가 있었다. Y기업 기획팀 직원들은 내가 일하는 회사에서 신상품이 나올 때마다 매번 놀란다고 했다. 상품을 기획하는 단계에서 어떤 아이디어가 나오는지 궁금하다고 했다. 상품화되지 않은 아이디어라도 좀 알려주면 안 되냐는 말도 했다. 물론 농담으로 한 말이었지만 Y기업의 전체 기획 인력은 40여 명으로 내가 일했던 회사보다 10배 이상 많은데 회의에서 나오는 아이디어 개수도 적고 독특한 아이디어가 없어서 문제라고 했다.

경쟁 회사의 사정은 모른 채 막연히 기획하는 인력이 많으니까 아이디어가 많을 거라고 예상했는데 생각은 빗나갔다. 생각하는 사람이 많을수록 더 많은 아이디어가 나오고 여러 사람이 의견을 제시하면 아이디어의 단점을 보완할 수 있어서 구체적인 기획이 나올 것 같았다. 하지만 현실에서는 사람이 많다고 아이디어가 늘어나지도 않고 여러 사람이 생각한다고 해서 아이디어가 구체화되지도 않는다.

좋은 생각이 날 때까지 생각하기

잡힐 듯 잡히지 않는 것, 이것이 좋은 생각이 가진 속성이다. 아이디어의 아주 작은 조각이 보이면 생각을 계속해야 한다. 생각을 이어가는 데 집중하고 또 다른 생각, 더 구체적인 생각이 잠재의식에서 의식으로 넘어오게 하기 위해서 노력해야 한다.

물리학자 시몬 라모는 테니스에서 이기는 비결을 이렇게 설명했다.

"테니스에서 아마추어가 승리하는 비결은 공을 인플레이 상태로 유지하면서 상대방이 점수를 잃게 만드는 것이다."[24]

실제로 공이 아웃되지 않도록 하기는 매우 어렵다. 테니스에서 공을 인플레이 상태로 유지하려면 코트를 넓게 이용해야 한다. 탁구, 배구, 축구 등 거의 모든 구기 종목이 마찬가지다. 수비 영역에서는 전방위적으로 공을 걷어내야 하고 상대방이 공격하지 못하도록 경기장을 넓게 활용해야 한다. 수비와 공격 영역에서 공을 인플레이 상태로 유지하는 데 필요한 원칙은 생각을 계속 이어나가는 원칙과 같다.

데카르트의 네 가지 생각 규칙

근대 철학의 아버지라고 불리는 데카르트는 《방법서설》에서 사물의 진위를 확인하려면 네 가지 규칙을 지키라고 했다. 첫째, 의심한다. 둘째, 세분화한다. 셋째, 단순한 것에서 복잡한 것으로 순서에 따라 생각한다. 넷째, 빠진 부분이 없는지 되돌아본다.[25]

데카르트가 정리한 사물의 진위를 확인하는 규칙은 생각을 구체화하는 과정으로 활용해도 손색이 없다. 혼자서 생각하더라도 네 단계를 거치면 객관성을 잃거나 자기가 만든 프레임에 빠지지 않고 생각을 완성할 수 있다.

첫 번째는 의심의 여지가 없는 것, 당연하게 생각하는 것을 의심하는 것이다. 생각은 눈앞에 있는 것을 의심하면서 시작된다. 르네 마그리트의 작품 "Ceci n'est pas une pipe"이것은 파이프가 아니다"를 처음 본 사람은 파이프라고 생각한다. 하지만 그것은 그림이다. 작품을 보는 사람은 파이프 그림 아래 "이것은 파이프가 아니다."라는 문장을 읽고 비로소 생각을 한다. 눈에 보이는 걸 의심하는 데서 생각은 시작된다.

두 번째는 세분화다. 문제점을 찾아낼 때는 모든 요소를 분해하면 된다. 전체를 한눈에 보면 문제를 발견하기 어렵다. 세분화는 문제를 찾아낼 때, 시장을 분석할 때, 실현 가능한 목표를 정할 때 등 모든 상황에서 적용할 수 있다. 암벽 등반가 토드 스키너는 26개국에서 300개 이상의 봉우리를 최초로 등정했다. 토드 스키너가 위대한 이유는 세계에서 가장 많은 봉우리를 오른 등반가이기 때문이 아니라 불가능한 목표를 실현 가능한 목표로 작게 나눠서 하나씩 실천했기 때문이다. 그는《네 안의 정상을 찾아라》에서 정상을 오르는 과정에서 겪은 일들을 소개하면서 "산처럼 복잡하고 거대한 문제는 해결하기 쉬운 작은 암벽 단위로 쪼개서 생각하면 의외로 쉽게 해결방안이 나온다."라고 했다. 어떤 일이든지 작게 나누면 생각을 이어갈 수 있다.

세 번째는 단순하고 쉬운 것에서 복잡하고 어려운 것으로 단계적으로 생각하는 것이다. 단계적으로 생각하는 것은 어렵지 않다. 단계적으로 생각하지 못하는 이유는 급하게 생각하기 때문이다. 일을 하는 순서도 마찬가지다. 급한 일을 먼저 하는 건 옳지 않다. 할 일이 많아서 어떤 일부터 해야 할지 모를 때 '가장 쉬운 일부터 끝낸다', '하기 싫은 일부터 한다', '소중한 일부터 한다' 등 여러 가지 의견이 있다. 일을 하기 전에 어떤 일을 먼저 해야 좋을지 생각해야 한다. 일의 우선순위를 생각하면 효율적으로 일하는 순서를 알 수 있다.

네 번째는 빠진 부분이 없는지 되돌아보는 것이다. 마지막으로 빠진 것은 없는지, 중복한 것은 없는지 확인해야 한다. 맥킨지의 MECE와 같다. 빠진 게 있으면 그 일을 다시 해야 하고, 중복한 게 있으면 같은 일을 두 번 하는 꼴이 된다. 빠트리거나 중복하면 효율은 떨어진다.

데카르트가《방법서설》에 쓴 진리를 찾는 네 가지 규칙을 적용하면 혼자서도 틀 안에서, 틀 밖에서, 틀 옆에서 관점을 바꿔가며 생각할 수 있다. 확고하게 자리 잡은 시스템에서도 네 가지 규칙을 적용하면 고정관념에 빠지지 않고 깊게 생각해서 답을 구할 수 있다.

답이 나올 때까지
생각하기

생각하는 방법을 설명할 때 '긍정'이 자주 나온다. 계속해서 어떤 문제를 생각하다 보면 해결방법을 찾는 게 아니라 걱정만 늘어난다. 어떤 문제에 대해서 계속 생각하는 것과 걱정하는 것은 다르다. 해결 방법에 집중하면 답을 찾지만 문제를 계속 반추하면 우울해지고 불안감만 커진다.

노트에 적으면서 생각하기

걱정이 많은 사람에게 긍정적으로 생각하라는 충고는 도움이 되지 않는다. 머릿속을 긍정적인 생각으로 채워도 문제는 여전히 남아있다. 걱정을 줄이려면 해결책을 찾든지 부정적인 생각을 없애야 한다.

심리학자들은 부정적인 생각을 없애는 방법으로 산책과 운동을 권한다. 부정적인 생각에 집중하는 대신 몸을 움직이는 것이다. 일시적으로는 이 방법이 효과가 있다. 몸을 움직이는데 신경을 쓰는 동안 걱정은 줄어든다. 몸을 움직여서 부정적인 생각을 멈추고 새로운 관점으로 방향을 바꾼 다음 해결책을 찾아야 한다.

 문제가 생겼을 때 머리로만 생각하는 게 제일 나쁘다. 머릿속의 생각을 눈에 보이게 해야 해결의 실마리를 찾을 수 있다. 생각을 눈으로 보려면 종이에 적어야 한다. '해결되지 않는 문제'를 적는 노트에 머릿속에 떠오른 단어를 그대로 적는다. 문장으로 정리하지 말고 낙서하듯 적는다. 문장으로 정리하다가 생각이 중단될 수 있다. 머릿속에서는 생각이 툭툭 튀어나올 뿐이다.

 프로 바둑기사는 장님 바둑^{맹기}을 두며 생각하는 훈련을 한다. 바둑은 상대방의 수에 따라 내가 두는 수가 달라진다. 프로 바둑기사는 바둑판을 보지 않고 머리로만 바둑을 두면서 더 나은 수를 생각한다. 세계 최다 우승 기록을 보유한 조훈현 9단은 《조훈현, 고수의 생각법》에서 '생각은 반드시 답을 찾는다'라고 했다. 세상에서 일어나는 문제들을 바둑판에 대입해서 생각하면, 어렵긴 해도 해결하지 못할 일은 없을 거라고 했다. 대국을 시작하면 바둑기사는 머릿속에 바둑판을 그리고 이기기 위한 수를 생각한다. 대국에서 메모하면서 수를 생각하는 바둑기사는 없다.

 보통 사람은 이런 방법으로 생각을 정리할 수 없다. 머리로만 생각하는 것은 시간 낭비다. 생각은 신기루처럼 나타났다가 사라진다. 신기루 같은 생각을 종이에 적으면 명확해진다. 대부분의 사람들은 눈에 보이는 것만 믿는다. 생각은 눈에 보이지 않아서 믿을 수 없다. 그래서 자기 생각에 대한 확신도 없다.

답을 찾는 방법을 아는 사람은 생각하는 방법이 다르다. 자기 생각을 정리하고 그것을 믿는다. 생각을 정리하면서 눈으로 봤기 때문에 자기 생각을 믿는다. 생각을 눈으로 확인하고도 확신이 생기지 않으면 지금까지 종이에 적은 내용을 깨끗한 종이에 옮겨 적는다. 처음에 생각을 적을 때는 체계가 없지만 깨끗한 종이에 옮겨 적으면서 우선순위가 생기고 여러 가지 생각 사이에 관계와 논리도 생긴다. 그러는 동안 깊은 생각을 할 수 있고 필요한 정보가 모인다. 행동으로 옮겨야 하는 일도 명확해진다.

종이에 적으면 생각에 집중할 수 있다

사람은 누구나 꿈이 있다. '어떤 사람이 되겠다', '돈을 많이 벌겠다'처럼 사람마다 꿈은 다르다. 꿈을 꾸는 동안 유명한 소설가나 피아니스트, 화가, 엔지니어가 될 수도 있다. 이런 꿈은 공상처럼 여겨지기도 한다. 꿈을 이루기 위해서 필요한 것을 종이에 적으면 행동하게 되고 꾸준히 노력하면 꿈을 현실로 만들 수 있다. 꾸준히 글을 쓴다면 언젠가는 베스트셀러 작가가 될 수 있고, 꾸준히 피아노 연습을 하면 오케스트라의 피아니스트도 될 수 있다. 예술작품을 만드는 장인도 될 수 있다. 통계적으로 이렇게 될 가능성은 희박하지만 막연한 꿈을 현실로 만드는 방법은 종이에 쓰는 것이다.

생각을 종이에 적으면 두 가지 효과를 볼 수 있다. 첫째, 새로운 사실을 발견할 수 있다. 생각을 적는 동안 아이디어가 발산한다. 꿈을 이루는 방법 또는 문제가 생겼을 때 해결 방법을 종이에 적으면 잠재의식 속에 있던 아이디어가 나온다. 둘째, 종이에 적는 동안 생각에 집중할 수 있다. 종이에 쓰기 전까지 원인을 알 수 없었던 문제가 종이에 쓰고 나면 당장 해결할 수 있는 사소한 문제로 바뀌기도 한다.

'종이에 쓰면 이루어진다'를 설명할 때 영화배우 짐 캐리의 이야기가 종종 나온다. 짐 캐리는 영화배우로 성공하기 전부터 자신이 배우로 성공할 것을 확신했다. 그는 신념의 표시로 영화사에서 지불했다고 적힌 1천만 달러짜리 수표를 직접 써서 7년 동안 지갑에 넣고 다녔다. 영화배우로 성공한다는 꿈을 절대적으로 믿고 노력한 결과 짐 캐리는 원하는 대로 성공한 배우로서 인생을 살게 되었다.

좋은 결과를 현실로 만들려면 반드시 거쳐야 하는 단계가 있다. 이 단계를 건너뛰면 꿈으로 남는다. '종이에 쓰면'과 '이루어진다' 사이에 생각해서 답을 구하고 실행하는 과정이 숨어있다. 종이에 적는 행동은 생각을 눈으로 확인하는 과정이다. 생각을 종이에 적으면 의미없는 낙서 가운데 하나가 멋진 아이디어로 발전하거나 잡생각들이 진화해서 유용한 아이디어로 거듭나기도 한다.

머릿속에 있는 아이디어를 눈으로 확인했다면 행동해야 한다. 구체화된 생각을 행동으로 옮길 때 긍정적인 생각이 굉장한 역할을 한다. 소설가가 되려고 생각했다면, 습작을 해야 하고 글재주를 키워야 한다. 실력을 쌓아야 좋은 소재와 구성이 돋보이는 작품을 선보일 기회가 온다. 긍정적인 생각으로 자신을 믿고 실력을 키우면 소설가의 꿈은 이루어진다.

하지만 '글쓰기에 소질이 없어', '아무도 내가 쓴 글을 읽지 않을 거야'라고 생각하면 글쓰기 소재를 찾으려 하지 않고 조사도 제대로 하지 않는다. 글재주도 부족하고 노력까지 하지 않으면 소설가의 꿈은 공상으로 남는다.

생각하는 대로 된다

생각을 거듭해서 답을 찾으려면 이분법적 사고, 지나친 일반화, 부정적인 사고, 세 가지를 주의하면 된다. 이분법적 사고는 '완벽하게 할 수 없으면 시작하지 않는 게 낫다'는 생각이다. 처음부터 완벽한 사람은 없다. 경험을 쌓고 경험이 모여서 지식·지혜가 되면 비로소 완벽해진다. 지나친 일반화는 한두 가지 사건을 근거로 자기만의 규칙을 정해놓고 아무 때나 규칙을 적용하는 것이다. 한 번 실패했다고 해서 다음에도 실패할 거라고 생각하면 아무것도 이룰 수 없다. 부정적으로 생각하는 사람들은 꿈을 이루겠다는 의지보다 과거의 기억에 의존해서 미래를 판단한다. '이전에도 실패했는데 이번엔 성공할 수 있을까?'라고 생각하고 자기 능력에 의문을 제기한다. 과거의 실패에서 벗어나지 못하고 미래를 긍정적으로 바라보지 않으면 좋은 결과는 나오지 않는다.

   부정적인 생각은 대부분 현실이 된다. 그리고 노력을 멈추게 만든다. 다시 시도해도 똑같이 실패할 거라고, 자기가 할 수 있는 일이 없다고 생각한다. 부정적으로 생각할수록 무력해지고 실천하려는 의지도 사라진다. 무조건 긍정적으로 생각하는 것도 위험하다. 현실을 냉정하게 받아들이면서 자신에 대한 믿음을 버리지 않는 자세가 중요하다. 베트남 전쟁에서 8년 동안 포로수용소에 갇혔다가 풀려난 스톡데일 장군의 일화는 무조건적인 긍정이 위험하다는 사실을 보여준다. 현실을 냉철하게 받아들이고 현실에 적응하면서 희망을 버리지 않아야 긍정적인 사고를 유지할 수 있다.

긍정적인 사람이 성공할 확률이 높은 이유는 실패하더라도 다시 도전하기 때문이다. 긍정적으로 생각하면 모든 일이 잘 될 것이라는 기대를 한다. 실패를 일시적인 후퇴라고 생각하고 실패의 원인을 찾아서 다른 방법으로 도전한다. 실패의 원인을 생각하는 동안 실패를 줄이는 방법, 즉 답을 찾아내고 결국에는 꿈을 이룬다.

논리와 직관을
모두 이용한다

회의를 하면 내가 생각하지 못한 부분을 누군가 찾아준다. 좋은 관계에서는 서로 도와주는 차원에서 답을 함께 생각한다. 생각이 더해지고 단단해져서 결과를 구체적으로 그릴 수 있다. 회사에서는 회의를 할 때는 구체적인 아이디어를 내놓지 못하면, 상급자에게 깨진다. 깨지지 않기 위해서 여럿이 머리를 맞대고 구체적인 아이디어를 만든다.

논리는 생각을 구체화한다

혼자 생각할 때는 자기 생각이 맞는지 틀리는지 확신할 수 없다. 주변에 전문가가 있으면 물어보기라도 하겠지만 항상 도움을 받을 수도 없다. SNS로 소통하는 사람 중에서 전문가가 있어도 도움을 받는 데는 한계가 있다. 혼자서 아이디어를 구체화할 때 의지하는 것은 '논리'다. 혼자 생각하면서 아이디어의 허점을 보완하는 데 논리적인 사고는 어느 정도 도움이 된다.

논리는 생각을 구체화하는 도구다. 논리적으로 생각하면 어려운 내용을 이해하기 쉽고, 합리적인 근거를 통해서 다른 사람을 설득할 수 있다. 자기 생각에 확신을 갖기 위해서도 논리가 필요하다. '논리가 없다' 또는 '논리적이지 않다'라는 말은 일관성과 합리적인 근거가 없을 때 쓴다. 갑자기 엉뚱한 내용이 나오면 논리에 비약이 있다고 말한다.

"왜?"라는 물음에 "왜냐하면"이라고 대답하면서 논리를 찾을 수 있다. 질문과 대답이 하나의 선으로 연결되어야 논리가 성립된다. 혼자 생각하면, 논리적인 근거를 일관성 있게 확보하기 어렵다.

망아지 한 마리가 강둑에서 강을 건널지 말지 고민하고 있다. 이때 황소와 다람쥐가 지나간다. 황소는 강이 얕으니 건널 수 있다고 말하고 다람쥐는 강이 깊어서 건널 수 없다고 말한다. 여기서 중요한 것은 강의 깊이가 아니다. 똑같은 강이지만 황소에게는 얕고 다람쥐에게는 깊다. 황소는 강을 충분히 건널 수 있지만 다람쥐는 건널 수 없다. 황소와 다람쥐는 망아지에게 자기 기준에 따라 강을 건너라고 하고 건너지 말라고 한다.

황소의 논리로는 강을 건널 수 있지만 다람쥐의 논리로는 강을 건널 수 없다. 논리에는 반드시 기준이 필요하다. 사람들은 각자의 기준에 따라 논리를 만든다. 기준에는 절대적인 기준과 상대적인 기준이 있다. 강의 깊이는 절대적인 기준이고 황소와 다람쥐의 기준은 상대적인 기준이다. 시대가 변하면 기준도 바뀐다. 그래서 "그때는 맞고 지금은 틀리다."라는 말도 생겼다.

증명에는 논리, 발견에는 직관이 필요하다

마인드맵, 로터스 블로섬, 브레인스토밍 등 생각을 구체화하는 도구는 많다. 여러 가지 생각도구와 기법은 논리적으로 생각하는 데 도움을 준다. 생각도구를 이용해서 빠트린 부분을 보완하고 일관된 기준을 적용했는지, 비약은 없는지, 합리적인 근거인지 판단한다. 생각을 정리하거나 설득을 할 때는 논리가 필요하다. 하지만 논리에 얽매일 필요는 없다.

19세기 수학자 앙리 푸앵카레는 《과학과 방법》에 논리와 논리학에 대해서 이렇게 썼다.

"우리가 뭔가를 증명할 때는 논리를 가지고 한다. 그러나 뭔가를 발견할 때는 직관을 가지고 한다. 논리학이라는 스승은 우리에게 장애물을 피해갈 수 있는 길을 알려주었다. 그러나 이것은 우리가 애초에 원했던 목표 지점에 이르는 길을 가르쳐주지는 않는다. 멀리 떨어져 있는 목표지점을 보는 것이 필요한데, 이 목표지점을 보라고 가르치는 스승은 논리학이 아니라 바로 '직관'이기 때문이다. 직관이 없는 기하학자는 문법에는 통달했지만 사고는 빈약한 소설가처럼 될 것이다."[26]

직관은 논리의 반대가 아니다. 논리적이라고 증명되면 인정하고 직관적인 생각은 인정하지 않는 자세도 바꿔야 한다. 직관력 전문가 페니 피어스는 《인식의 도약》에서 "직관은 머릿속에 있는 비전과 꿈, 경이, 소리, 떨림, 느낌 및 육감을 통해서 나온다."라고 했다. 직관은 인간의 감각을 통해서도 나온다.

과학자와 수학자가 직관보다 논리에 정통했을 것 같지만 실제로는 그렇지 않다. 과학과 수학은 논리를 바탕으로 하는 학문이다. 그런데 논리적으로 추론하려면 직관적으로 상상하는 능력이 필요하다. 추론하려면 먼저 가설을 세워야 한다. 가설은 직관에서 나온다. 논리적인 사고는 기존의 해답을 찾는 데까지 나아갈 수 있지만 독특한 방법이나 새로운 해법을 찾기에는 부족하다. 논리로 시작해서 논리로 끝날 것 같은 과학과 수학 분야에서 문제를 해결하는 아이디어는 논리가 아니라 직관을 통해서 얻는 경우가 많다."

아인슈타인이 물리학에서 뛰어난 업적을 남긴 것도 직관 때문이다. 그는 상대성 이론에 대한 영감이 어느 날 갑자기 잠에서 깨어났을 때 불현듯 찾아왔다고 했다. 우주의 근본 원칙을 발견한 것에 대한 글에 이렇게 썼다.

"이 법칙에 이르는 논리적인 경로는 없다. 단지, 경험의 공명적인 이해에 바탕을 둔 직관을 통해서만 이 법칙에 다다를 수 있다."[28]

새로운 발명이나 발견은 직관에서 시작된다. 지식을 이해할 때는 논리가 필요하다. 하지만 그 지식을 습득하려고 연구하는 과정에서 아이디어를 발견하는 순간은 직관의 힘을 경험해본 사람만 이해할 수 있다.

아인슈타인의 직관과 피카소의 논리

직관을 믿은 아인슈타인과 대조적으로 피카소는 그림을 예술이 아니라 논리로 접근했다. 피카소는 당대 최고의 수학자 앙리 푸앵카레에게 미분기하학을 배웠다. 기존 회화의 한계를 뛰어넘기 위해서 피카소는 공간을 독창적으로 탐구했다. 미분기하학에서 공간을 새로운 방식으로 해석했기 때문에 그는 미분기하학을 공부했다. 그리고 새롭게 해석한 공간을 작품에 담았다. 미분기하학과 상대성이론은 피카소를 통해서 현대미술에 영향을 주었다.

피카소는 과학자가 연구하고 실험하는 것처럼 그림을 그렸다.

"회화는 연구와 실험이다. 나는 그림을 결코 예술작품으로 그리지 않는다. 모든 것은 연구이다. 나는 끊임없이 탐구하며 내 모든 시도는 '논리'를 바탕으로 한다. 그래서 나는 그림에 번호를 매기고 날짜를 기입한다."[29]

피카소는 아인슈타인과 동시대를 살았다. 많은 과학자들이 피카소의 작품 속에 아인슈타인이 주장하는 이론이 들어 있다고 믿고 피카소의 그림에서 상대성 이론을 찾으려는 시도를 해왔다. 피카소가 그린 〈도나 마르의 초상〉과 〈우는 여인〉, 〈아비뇽의 처녀들〉을 보면 얼굴의 눈과 코를 앞모습, 옆모습으로 그렸다. 이런 작품으로 피카소를 입체파로 분류하는데, 자세히 보면 상대성 이론에서 공간을 해석하는 시각과 비슷하다는 걸 알 수 있다.

피카소는 〈아비뇽의 처녀들〉을 1907년에 완성했고 아인슈타인은 특수상대성이론을 1905년에, 일반상대성이론을 1916년에 발표했다. 아인슈타인과 피카소는 창의성에 대해서 이야기할 때 빠지지 않는다. 서로 다른 분야에서 천재성을 발휘한 두 사람의 공통점을 찾기 위한 연구는 수 없이 많이 진행되었다. 아서 밀러는 《아인슈타인, 피카소 : 현대를 만든 두 천재》에서 통합적 사고가 상상력에서 나온다고 주장했다.

통합적 사고는 논리를 포함한다. 상상력은 직관을 바탕으로 한다. 생각은 직관에서 나와서 논리로 완성된다고 말할 수 있다. 아이디어를 내야 할 때 또는 여러 사람들과 이야기를 나눌 때 기발한 생각이 잘 떠오르거나 이야기가 막힘없이 흘러갈 때가 있다. 이때 어떤 이야기를 나눴는지, 어떤 생각들을 했는지 떠올려보면 논리에 얽매이지 않았다는 것을 알 수 있다. 논리에 집착하면 좋은 생각이 떠오르지 않는다. 유연한 사고를 가진 사람들은 논리에 얽매이기보다 생각의 흐름에 집중한다. 생각이 그냥 흘러가게 내버려두고 거기에서 필요한 정보를 읽어내기 위해서 직관을 발휘한다. 논리적으로 생각하려고 애쓰는 만큼 생각의 흐름은 막힌다. 생각의 흐름에는 논리 외에도 무의식에 축적된 지식, 경험, 감각 등이 관여한다. 논리적인 생각이라도 어떤 것은 불편하고, 논리적으로 설명할 수 없어도 어떤 것은 기분 좋게 받아들인다. 모든 사람이 논리에 따라 생각하기 이전에 온 몸의 감각기관을 통해서 좋고 싫음을 판단한다.

생각의 힘을 극대화하는 방법

창의력에는 논리와 직관이 포함된다. 사람들은 논리적으로 사고하기 위해 훈련한다. 직관력을 키우려고 훈련하는 사람은 별로 없다. 아서 밀러는 "창의력도 훈련으로 향상된다."라고 했다. 직관을 키우는 훈련에서 가장 주안점을 두는 것은 '편견에 사로잡히지 않는 것'이다.

말콤 글래드웰이 쓴 《블링크》에는 그리스 조각상을 감정하는 이야기가 나온다. 고대 그리스 쿠로스 석상을 14개월에 걸쳐 조사한 연구팀보다 흘끗 본 전문가의 직관이 더 정확했다. 1983년 가을, 유럽의 미술상은 미국 캘리포니아의 폴게티 박물관을 찾아가 기원전 6세기 쿠로스 석상을 갖고 있으니 1,000만 달러에 거래하자고 제안했다. 박물관에서는 지질학자에게 진품 여부를 가려달라고 했다. 조각상에서 채취한 표본을 입체현미경, 전자현미경, 마이크로 분석기, 질량분석계, X선 회절장치 등 첨단 장비로 감정했다. 14개월이 지난 뒤에 연구팀은 조각상이 진품이라고 결론을 내렸다. 하지만 박물관에서 구매를 결정하기 전에 한 번 더 진품 여부를 확인하기 위해 그리스 조각에 관한 세계적인 권위자 아테네 베나키 박물관 관장에게 조각상을 보여주었다. 조각상을 보자마자 "Fresh!"라고 했다. 새로 만들었다는 의미다. 아테네 베나키박물관 관장은 "물건에 처음 눈길이 닿는 순간 '직관에 의한 반발'을 느꼈다"라고 표현했다. 2000년도 지난 조각상을 그는 새것이라고 했다. 수년 뒤에 이 조각상은 모조품으로 밝혀졌다.[30]

직관은 논리로 설명할 수는 없지만 누적된 지식·경험·감각에서 나온다. 때문에 정확도가 높다. 논리와 직관, 둘 사이에 경중을 따질 필요는 없다. 논리와 직관 모두 중요하다. 사람의 마음이 논리에만 따르는 것은 아니다. 배운 적이 없어도, 증명할 수 없어도 무엇이 답인지 아는 능력이 직관이다. 직관으로 가설을 세우고 논리적으로 증명한다면 최고의, 최선의 아이디어를 얻을 수 있다. 생각을 이어가려면 반드시 '논리적이어야 한다' 또는 '느낌이 왔다'는 편견에 사로잡히지 않아야 한다. 반드시 논리에 따라야 한다는 생각도 편견이다.

   느낌이 좋은데 논리적으로 설명할 수 없다고 포기할 필요는 없다. 상황에 따라 직관이 더 설득력을 가질 때도 있다. 단, 감성과 이성적으로 설득할만한 근거가 필요하다. 누군가를 설득할 수 있는 근거, 말이나 글, 즉 언어로 표현해야 한다. 설득·이해의 과정을 거치지 않고 혼자만의 생각으로 결론을 내면 편협하고 독선적인 생각이 된다.

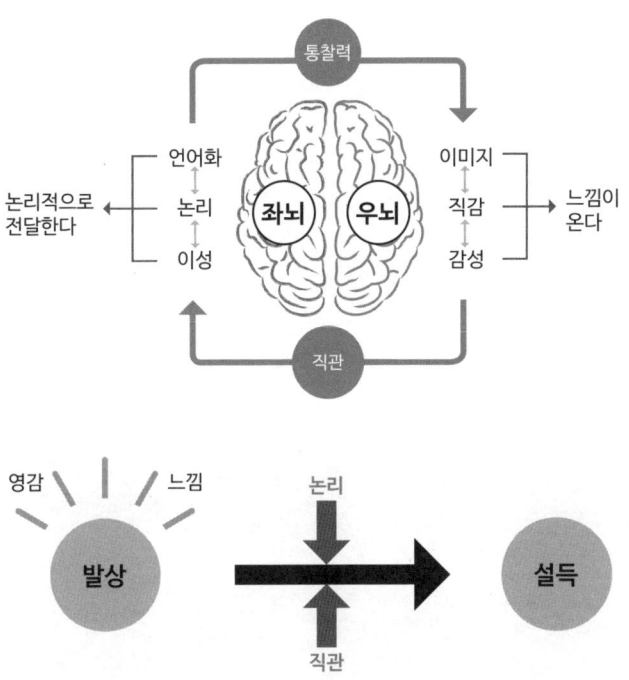

직관을 말이나 글로 설명한다면 논리적으로 설득할 수 있다.

직관에 따라 생각하고 그 생각을 논리적인 언어로 표현한다면 좋은 생각과 설득력을 동시에 가질 수 있다. 논리와 직관을 함께 이용할 때 생각하는 힘은 더욱 커진다.

혼자의 기술

Part 4

혼자 도전하기

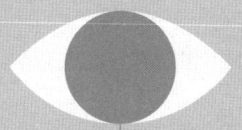

정말 정신 나간 사람은 꿈에 도전하지 않는 사람이다

알랭 로베르

누구에게나
도전은 어렵다

요즘은 기업과 학교, 가정에서 새로운 시도를 적극 권장한다. 과거에 비해서 많은 사람들이 '도전'을 실행한다. 기업에서는 아이디어를 개발하기 위해 다소 무모해 보이는 도전도 권장한다. 실패하더라도 도전했다는 데 의미를 부여한다. 도전해서 실패하는 것을 어느 정도는 인정하는 쪽으로 사회적인 분위기가 바뀌었다. 사회에서도 도전을 긍정적으로 받아들인다. 하지만 여전히 도전은 어렵다.

혼자 하는 도전이 더 어려운 이유

도전은 실패를 전제로 한다. 기업·학교에서 도전을 권장하는 문화로 바뀌고 있지만 결과로 평가하는 방식에는 변함이 없다. 도전하는 사람이 실패의 위험까지 감당해야 한다. 도전하는 동안 들인 시간과 비용도 적지 않다. 도전에 대한 시각이 긍정적으로 바뀌었어도 시간에 대한 기회비용과 실패에 대한 두려움, 좌절을 생각하면 도전은 여전히 어렵다.

일본의 철학자 기시미 이치로는 《아무것도 하지 않으면 아무 일도 일어나지 않는다》에서 '실천'이라는 말에 주목했다. 사진 촬영법을 설명한 책을 읽었다고 좋은 사진을 찍을 수는 없다. 사진 이론을 섭렵했다고 사진작가가 되는 건 아니다. 도전도 마찬가지다. 사람들은 도전을 머리로 이해하려고 할 뿐 실천하지 않는다.

"아무것도 하지 않으면 아무 일도 일어나지 않는다."는 책 제목이다. 이 말은 듣는 사람에게 대체로 긍정적인 영향을 준다. 새로운 일을 시작하려는 사람에게 용기와 확신을 주고 학생에게는 열심히 공부해야 한다는 의지를 준다. 아무것도 하지 않으면 정말 아무 일도 일어나지 않는다.

14세기의 철학자 장 뷔리당의 이름을 딴 '뷔리당의 당나귀'는 결정과 실천, 도전하지 못하는 사람들에게 큰 교훈을 준다. 뷔리당의 당나귀 이야기는 건초더미와 물 사이에 서 있는 배가 고프고 목도 마른 당나귀가 아무런 결정도, 실천도 하지 않았을 때 어떤 일이 벌어지는지 보여준다. 당나귀는 건초더미와 물 사이에 있다. 건초더미와 물까지의 거리는 같다. 당나귀는 건초와 물 사이에서 무엇을 먼저 먹을지 결정하지 못한다. 둘 중 하나를 선택하는 것이 이상적인 결정이지만 이야기 속 당나귀는 두 가지 선택을 재보다가 끝내 결정하지 못하고 굶어 죽는다.[1]

건초와 물을 모두 먹으면 된다고 생각할 수도 있지만 이야기 속 당나귀는 선택과 생각을 한 번에 하나밖에 할 수 없다. 경험과 학습을 통해서 배운 지식대로, 계산과 논리로 답을 구해서 실천하는 존재라면 당나귀처럼 굶어 죽는다. 아무런 선택도 하지 않는 것보다 어떤 선택이든 자기만의 선택을 해야 한다는 것이 뷔리당의 당나귀 이야기가 주는 교훈이다.

현실에서는 당나귀가 건초더미와 물을 양 옆에 두고 굶어 죽는 일이 일어나지 않는다. 하지만 사람에게는 이런 일이 일어난다. 이것과 저것을 비교하다가 둘 다 선택하지 못하는 우를 범하는 경우를 종종 볼 수 있다.

역경을 딛고 도전에 성공하는 네 단계

성공한 사람의 일대기가 파란만장한 이유는 그들이 항상 새로운 도전을 시도하기 때문이다. 성공한 사람의 도전기에는 문제가 생기면 포기하지 않고 극복하는 내용이 빠지지 않는다. 브래들리대학 경영학과 찰스 R. 스토너 교수는 역경을 딛고 도전에 성공하는 과정을 네 단계로 구분했다. 역경은 대시련 Great Distruption 으로 시작된다. 그다음 환멸 Disillutionment, 반성 Reflection, 적응 Adaptation 단계를 순서대로 거친다. 환멸과 반성, 적응 단계를 리바운드 과정 Rebound Process 이라고 한다.

역경과 시련을 받아들이기로 결정하는 순간 도전이 시작된다. 선천적으로 도전정신이 충만한 사람은 없다. 역경을 도전으로 받아들이는 능력은 경험으로 얻은 후천적인 능력이다. 도전에 성공한 사람은 역경이 큰 그림을 그리기 위한 밑그림이라는 사실을 안다. 도전은 일종의 시험이고 시험을 대하는 태도에 따라 결과도 달라진다. 시험은 참고 이겨낼 수도 있고 실패할 수도 있다.

도전하는 사람은 역경을 자기 능력을 증명하는 기회로 삼는다. 역경을 교묘한 함정이 있는 게임 같은 것으로 생각하고 자기 능력을 테스트한다. 문제를 해결하려고 애쓰는 동안 자신이 무언가를 배우고 강해지는 것을 느낀다. 이런 과정을 통해서 도전하는 사람은 더 크게 성장한다. 슬럼프를 극복한 스포츠 스타와 쇠락하는 기업을 다시 일으켜 세운 경영자들의 이야기에서 도전 정신의 실체를 볼 수 있다.²

앞으로 닥칠 어려움을 알고 있으면서도 도전하겠다고 결정하는 것을 더닝 크루거 효과Dunning-Kruger effect라고 한다. 새로운 기술을 배우려고 시도하는 사람들에 관한 연구를 수행한 코넬대학의 데이비드 더닝과 저스틴 크루거는 "모르는 것은 종종 아는 것보다 더 자신감을 불러일으키기도 한다."라고 했다.³

데이비드 더닝과 저스틴 크루거는 실험 참가자에게 논리, 문법, 유머 세 개 부문에서 테스트를 실시했다. 테스트에서 낮은 점수를 받은 사람은 자신의 업적을 과대평가한 반면, 높은 점수를 받은 사람일수록 자신을 과소평가했다. 이유는 점수가 낮은 사람은 '자신을 평가하는 능력'도 부족하기 때문이다. 이들은 자신의 능력을 과신하는 경향이 강하다. 하지만 점수가 높은 사람은 다른 사람도 높은 점수를 받을 것이라고 생각하고 자신을 엄격하게 평가한다.

너무 많이 알면 도전하기 어렵다

자전거 타기, 수영, 다이어트, 글쓰기, 그림 그리기, 자격증 시험 등 무엇이든 간에 그 도전에 성공한다는 생각이 중요하다. "무식하면 용감하다."라는 말이 있다. 도전이 얼마나 어려운지 모른 채 시작하면 도전이 그리 어렵지 않다. 도전이 어려운지 알면 시작하기도 전에 포기한다. 더닝 크루거 효과는 새로운 기술을 습득하는 데 필요한 노력의 양을 미리 알고 있다면, 즉, 너무 많이 알면 시작도 하기 전에 포기한다는 것이다.

성공의 경험에 도취하면 자기가 무엇이든 할 수 있다고 믿는다. 그 결과 무모하게 도전하는 우를 범한다. 어떤 도전이든지 너무 많이 알고 있거나 빈틈없이 치밀하게 준비하면 오히려 해가 된다. '아는 게 병이다', '모르는 게 약이다'라는 말이 괜히 나온 게 아니다. 성공한 사람은 "불가능한 일인 줄도 모르고 계속했더니 결국 이루어졌다."라고 말한다.

심리학자들의 연구에 따르면, 아기들이 느끼는 공포는 큰소리에 대한 공포와 높은 곳에서 떨어지는 추락에 대한 공포 두 가지뿐이다. 어떤 일을 처음 시작할 때 막연한 두려움, 어려움이 예상될 때의 공포, 실패에 대한 공포는 후천적인 경험이나 지식에서 나온다. 대부분의 공포는 보고 듣고 배운 후에 생긴다.[4]

앞으로 해야 할 일에 대해 너무 많이 알려고 하지 않는 편이 도전의 성공 확률을 높인다. 실패할 확률이 높은데 굳이 도전할 필요가 있냐고 반문하는 사람은 실패에 대한 공포 때문에 새로운 일을 시작하지 못한다. 실패에 대한 두려움 때문에 도전을 피하면 강물에 따라 흘러가다가 폭포를 만나면 그제서 허우적대면서 빠져나오려고 하는 나이아가라 증후군이 된다.

도전할수록 실패에 대한 공포는 줄어든다

마라톤 경기에서 완주를 하거나 북극곰 수영대회에 참가하는 것도 혼자서 해볼 만한 도전이다. 해마다 겨울에 해운대 해수욕장에서 북극곰 수영대회가 열린다. 참가자들은 출발 신호가 울리면 겨울 바다에 뛰어들어 수영해서 반환점을 돌아온다. 겨울 바다에 뛰어드는 사람들을 보기만 해도 추위가 느껴진다. 극한을 체험하는 대회에 참가하는 이유는 무엇일까? 무모하리만큼 신체를 혹사하는 도전을 할 때 위험에 대한 두려움을 잊는다. 일단 바다에 뛰어들면 빨리 반환점을 돌아오겠다는 생각만 한다. 시작한 후에는 도전을 빨리 끝내기 위해서 필사적으로 수영한다. 그러는 동안 불가사의한 에너지가 생겨난다. 차가운 바다에 뛰어드는 순간 추위를 물리치는 에너지가 생기는 건 아니다. 바다로 뛰어들기 전부터 스스로에게 '할 수 있다'는 최면을 걸어서 공포를 밀어내는 것이다.

이런 도전을 하면 실패에 대한 공포에서 벗어날 수 있다. 도전하면, 설사 그 도전에서 실패했다 하더라도 실패에 대한 공포에서 벗어날 뿐만 아니라 엄청난 에너지를 얻는다. 에너지는 자신감과 성취감, 자기효능으로 축적되고 다른 일을 할 때 긍정적으로 작용한다.

마라톤, 등산, 수영 등 도전할 대상을 찾아서 도전하면 처음 시도하는 일에 대한 두려움과 부정적인 생각을 걷어낼 수 있다. 대부분의 도전이 막상 시작하면 생각했던 것보다 어렵지 않다. 도전할 대상을 찾고 실제로 도전하면서 에너지를 얻는 게 중요하다. 그 에너지는 다양한 분야에 긍정적인 영향을 준다.

가망 없는 일에
도전하기

공부와 도전은 비슷하다. 공부하는 과정은 이렇다. 배워서 익히고 이해하고 제대로 이해했는지 확인한다. 이해하지 못했다면 다시 배우고 익힌다. 이와 같은 과정을 반복하면 '할 수 있다'라는 느낌이 생긴다.

① 배우고 익힌다. → ② 이해한다. → ③ 이해했는지 확인한다.

배울 때는 선생님·선배, 그 분야를 잘 아는 사람에게 배우거나 혼자서 책, 인터넷, 동영상 강의를 본다. 익히고 이해하고 제대로 이해했는지 확인하는 과정은 오롯이 혼자의 힘으로 해야 한다. 더 잘 가르치는 선생님, 인기 있는 선생님을 찾아가서 도움을 받을 수는 있지만 선생님이 공부를 대신해주지는 않는다. 말을 물가에 데려갈 수는 있어도 억지로 물을 먹일 수는 없는 것과 같은 이치다.

도전해야 자신감이 생긴다

도전하는 과정도 세 단계다.

① 경험하지 못한 것을 찾는다. ② 도전한다. ③ 극복한다.

처음 해보는 일에 도전해서 몇 번의 실패를 거친 후 그것을 비로소 해냈을 때 자신감이 생긴다. 많이 배우고 책을 많이 읽었다고 하더라도 직접 부딪히지 않으면 '도전했다', '극복했다'라고 하지 않는다. 도전해서 극복했을 때 '해냈다'라는 느낌이 온다. 공부해서 이해한 후에 '할 수 있다'라는 느낌을 받는 것과 비슷하다. '해냈다'라는 자신감, 즉 '할 수 있다'라는 느낌은 지식·능력으로 우리 몸에 쌓인다.

충분히 할 수 있는 일을 하고 얻는 자신감과 능력은 그리 크지 않다. 약간은 무모해 보이는 일에 도전해서 성공했을 때 자신감과 능력을 얻는다. 도전에 성공한 사람은 많은 사람들이 '가망 없다'라고 말하는 일을 해낸다. 가망 없는 일을 하는 사람을 어리석다고 말하고 손가락질하는 사람도 있다. 가망 없는 일을 하는 사람은 크게 두 가지 유형으로 나누어진다.

첫째, 미래를 내다보고 자신감·확신을 갖고 가망 없는 일을 하는 사람,
둘째, 결과와 상관없이 그냥 하고 싶어서 가망 없는 일을 하는 사람
크게 성공하는 사람은 대부분 두 가지 유형이다.[5]

학력, 능력이 비슷한 입사 동기도 5년, 10년이 지나면 능력이 있는 사람과 능력이 없는 사람으로 나눠진다. 입사한 후에 가망 없는 일에 도전한 횟수에 비례해서 능력이 커진다. 가망 없는 일에 여러 번 도전한 사람은 실패도 하고 성공도 한다. 실패와 성공을 거치면서 능력이 커진다. 할 수 있는 일만 한 사람은 능력을 키울 기회를 갖지 못한다. 어려운 일, 가망 없는 일에 적극적으로 도전해서 극복하는 사람은 자신감과 능력을 얻

지만 그런 일을 피하면 능력은 제자리에 머문다.

처음 접하는 일을 적극적으로 하는 사람은 자신감과 노하우를 얻는다. 반대로 처음 접하는 일을 꺼리는 사람은 능력을 키울 기회를 잃어버린다. 처음 하는 일은 누구나 낯설고 어렵다. 그 일이 어렵다면 도망치고 싶고 안 해도 된다면 안 하고 싶은 게 인간의 심리다.

처음 해보는 일을 다른 사람에게 미루면 나중에는 하던 일만 하게 되고 성공은커녕 자기가 가지고 있던 능력도 퇴화한다. 익숙한 일을 반복한다고 해서 능력이 향상되지 않는다. 과거를 되돌아보면 사람들이 유망하다고 예상한 일에는 언제나 거품이 있었다. 반대로 많은 사람들이 가망 없다고 하는 일, 해도 소용없다고 하는 일에는 가능성이 숨어 있었다.

정말 정신 나간 사람은 도전하지 않는 사람이다

도전에 익숙한 사람은 1퍼센트의 가능성에 집중한다. 반대로 도전을 회피하는 사람은 1퍼센트의 실패 확률만 본다. 도전하는 사람들이 가짜 약을 먹고도 병이 호전되는 플레세보^{placebo} 효과를 본다면 도전을 회피하는 사람들은 진짜 약을 먹고도 증상이 호전되지 않는 노세보^{nocebo} 효과를 보는 것이다.

서울대학교 심리학과 최인철 교수는 《프레임》에서 도전하는 사람은 '접근' 프레임을 따르고 현재 상태에 안주하는 사람, 즉 도전하지 않는 사람은 '회피' 프레임을 따른다고 했다. 접근 프레임은 도전해서 성취하는 결과, 보상의 크기에 집중한다. 반면에 회피 프레임은 실패 가능성에 집중한다. 자칫 잘못해서 실수한다는 데 주목하고 보상의 크기보다 처벌·손해의 크기에 더 신경을 쓴다.

회피 프레임에 길들여진 사람의 최우선 과제는 자신을 보호하는 것이다. 도전해서 얻는 성취감보다 도전에 실패했을 때 망신을 당하지 않을까 하는 불안감으로부터 자신을 보호하려고 한다. 이들은 성공 가능성이 99퍼센트라고 하더라도 1퍼센트의 실패 가능성을 먼저 생각한다. 누군가 도전해서 어려움을 겪고 있으면 '안 하기를 잘했어'라고 생각하고 도전해서 성공한 사람을 보고도 '고생스러운 걸 왜 할까?'라고 생각한다.[6]

성공 가능성이 1퍼센트라면 도전정신이 있는 사람도 '해볼까?'하는 마음이 선뜻 생기지 않는다. 일반적으로 '도전'이라는 말을 들으면 위대한 사람만 하는 일이라고 생각하는 데 전혀 그렇지 않다. 탐험가들은 오지를 탐험하다가 다치거나 목숨을 잃기도 한다. 이렇게 목숨을 걸고 하는 도전은 정말 도전 의지가 굳은 사람들만 할 수 있다.

고층빌딩 등반가로 유명한 알랭 로베르는 키가 164센티미터, 몸무게는 57킬로그램으로 체격이 왜소하다. 그는 작은 체구에도 두 손과 발만으로 시카고 110층 시어즈 타워와 뉴욕 엠파이어 스테이트 빌딩 등 세계 70여 개의 고층빌딩과 조형물 정상에 올랐다. 우리나라에서는 롯데타워 외벽을 무단으로 오르다가 채포되었다. 한 매체와 인터뷰에서 도전이 두렵지 않냐고 물었더니 그는 "나더러 정신 나갔다는 사람도 있지만, 정말 정신 나간 사람은 꿈에 도전하지 않는 사람이다."라고 대답했다.[7]

맨손으로 암벽을 오르고 남극을 탐험하는 것만 도전이 아니다. 이전에 알고 있는 도전이 의지가 굳은 사람만 할 수 있는 그런 도전이었다면 평범한 사람이 일상생활을 하면서 시도하는 도전으로 개념을 바꿀 필요가 있다.

무모한 도전과 진정한 도전을 구분하는 기준

일본 경영자 스즈키 도시후미는 《도전하지 않으려면 일하지 마라》에서 실패할 경우, 치명적인 피해를 입는다면 도전이라고 말하기 어렵다고 했다. 10미터 높이에서 뛰어내리는 것은 도전이라고 할 수 없다. 이런 것은 무모한 일일 뿐이다. 하지만 태어나서 처음으로 1미터 높이에서 뛰어내리는 것은 도전이라고 말할 수 있다. 과거에 겪었던 일을 모두 경험이라고 할 수 없고 규모가 크다고 모두 도전이라고 할 수도 없다. 스즈키 도시후미는 실현 가능성에 따라서 도전을 결정하라고 했다. 그는 시뮬레이션을 통해서 실현 가능성이 60~70퍼센트라면 도전해 보라고 권한다.[8]

스즈키 도시후미가 도전을 결정하는 기준은 성공 가능성이 아니라 실현 가능성이다. 실현 가능성은 어디까지나 가설이기 때문에 성공을 보장하지 않는다. 세계 최초로 걸어서 남극점에 도착한 노르웨이 탐험가 엘링 카게는 "많은 사람들이 현실적으로 판단하기 때문에 많은 위험을 감수하지 않는다"라고 했다. 탐험가를 보고 사람들은 위험하다고 생각하지만 실제로는 생각하는 것만큼 위험하지는 않다. 오랫동안 도전을 거듭한 사람은 경험에서 얻은 지식과 직감으로 위험을 판단하고 신속하게 결정한다. 경험에서 나오는 직감은 저절로 생기는 게 아니다.

도전과 경험, 실패를 여러 번 겪으면서 실패하지 않는 방법을 터득하면 비로소 성공한다. 작은 성공이 모이면 새로운 일에 도전할 수 있는 자신감도 생긴다. 작은 성공이 모여서 큰 성공이 되고 그러면 성취감도 커진다. 반대로 도전을 회피하면 성장도 멈춘다. 도전을 반복하면서 능력을 키우면 실현 가능성을 성공 가능성으로 바꿀 수 있다. 도전에 익숙한 사람은 성공 가능성을 꿰뚫어 보는 능력도 있다. 자기 능력과 성공 가능성을 꿰뚫어 보는 능력이 있으면 여러 사람이 가망 없는 일이라고 말해도, 주위에서 반대해도 자기 의지대로 도전할 수 있다. 반대하는 사람이 많을수록 그 일을 해냈을 때 경험, 노하우, 지식, 자신감 등 굉장히 많은 것을 얻는다.

도전에는
통로원리가 적용된다

"구인 광고 : 어렵고, 보수도 적고, 혹한의 추위에, 몇 달간 지속되는 어둠에, 계속되는 위험에 안전한 귀환을 보장하지 못하는 모험. 성공할 시 영광과 명예를 얻을 수 있음."

100년 후에 일어난 섀클턴 신드롬

탐험가 어니스트 섀클턴이 탐험대원을 모집하는 광고에 쓴 글이다. 이 광고를 보고 5천여 명이 지원했고 그 가운데 27명을 뽑았다. 어니스트 섀클턴은 영국의 위대한 탐험가이자 역사상 위대한 실패자다. 그가 이끄는 탐험대는 남극 탐험에 실패했지만 절대로 살아남을 수 없는 상황에서 모든 대원을 살려서 귀환했기 때문에 탐험 역사에서 위대한 실패 중 하나로 기록되었다. 남극 탐험에 성공한 아문센도 섀클턴의 도전정신과 리더십을 위대하다고 극찬했다.'

섀클턴은 탐험에 실패해서 당시에는 널리 알려지지 않았다. 하지만 2000년 무렵 경제위기로 전 세계가 혼란스러운 상황에서 어니스트 섀클턴의 도전정신과 리더십, 결단력은 다시 평가되었고 미국과 유럽에서는 신드롬까지 일어났다. 100여 년 전, 탐험가의 실패한 도전에 후세 사람들이 주목하는 이유는 역경에 처한 사람과 기업가에게 위기를 극복하는 본보기가 되었기 때문이다.

모든 사람에게는 도전정신이 내재되어 있다. 도전정신은 시련이 닥쳤을 때 비로소 빛을 발한다. 시련이 닥쳐왔을 때 도전하고 인내하면서 이겨내면 능력은 한 단계 향상된다. 시련을 이겨내지 못하면 발전은 거기서 멈춘다. 도전정신을 갖고 있지만 겉으로 드러내는 사람은 그리 많지 않다. 그 이유는 도전의 순간을 외면하기 때문이다.

도전을 꺼리는 사람들에게 나타나는 대표적인 특징은 세 가지다. 첫째, 실패가 두려워서 도전하지 않는다. 둘째, 현재 상황에 안주한다. 셋째, 같은 집단에 속한 사람들과 다르게 생각하는 것이 불편하다.

통로에 들어가야 길이 보인다

'통로원리corridor principle'라는 경제 법칙이 있다. 밥슨 칼리지의 론 스타트 박사는 MBA 과정을 마친 졸업생들이 사업을 추진하는 과정을 12년 동안 연구했다. 기업가 정신과 경영 실무를 배운 졸업생들이 사업 기회를 어떻게 발견했는지 조사하다가 통로원리를 찾아냈다. 통로원리는 큰 성공을 거둘 수 있는 기회는 외부에서 분석하고 바라만 봐서는 발견할 수 없고, 사업에 뛰어들었을 때, 뜻하지 않았던 새로운 기회를 만난다는 것이다. 론 스타트 박사는 "마치 통로를 따라 걸어가듯 목표를 향해 앞으로 나아가면, 만일 통로에 들어가지 않았더라면 보이지 않았을 문들이 열린다."라고 했다.[10]

통로원리는 매우 단순하다. 일단 통로에 들어가면 밖에서 보이지 않았던 길이 보인다. 하지만 큰 걸림돌이 있다. 긴 통로에 혼자 들어갈 용기를 내는 것이다. 론 스타트 박사는 통로원리를 알면서도 실천하지 않는다는 사실에 놀랐다. 이들은 성공을 확신하기 전까지 통로에 들어가려고 하지 않는다. 도전정신을 발휘해서 통로에 들어가면 기회를 발견할 수 있지만, 확신이 생기면 그때 통로에 들어가겠다고 버틴다. 통로에 들어가지 않는 이상 확신 같은 것은 절대로 생기지 않는다.

통로원리는 창업가들이 새로운 사업을 찾는 데 적용하는 법칙이다. 여기서 핵심은 통로에 들어가는 것이다. 통로에 들어가면 길이 보인다고 배웠지만 실제로는 길이 보인다는 확신이 생기면 들어가겠다고 한다. 통로에 들어가는 데도 도전정신이 필요하다. 통로에 들어가지 않는 사람은 현재 상황에 안주하고 집단에 속한 사람과 다르게 생각하려고 하지 않는다.

현재 상황에 안주하는 이유는 그 사람이 속한 집단에서 해답을 찾을 수 있다. 어릴 때는 가족과 학교에 속해 있고 사회에 나오면 회사와 지역, 늘 만나는 사람들과 집단을 이루고 그 집단에 속해서 생활한다. 집단에서는 자기만의 생각을 드러내기가 쉽지 않다. 자기 생각을 드러낼 때도 있지만 대부분 집단의 의견에 따른다. 집단의 의견에 따르면 마음도 편하다. 집단에 속해 있을 때 편안함을 느낀다. 반대로 집단과 생각이 다르면 불안하다. 집단의 구성원이 다르게 생각하는 사람을 배척하지 않더라도 집단을 구성하는 힘은 다수의 공통된 생각과 암묵적 동의에서 나온다. 암묵적 동의는 집단에서 규칙으로 정하지 않았지만 다른 생각을 가지면 안 된다는 일종의 관습이다."

집단에 속한 사람들이 통로에 들어가지 않는 이유도 마찬가지다. 주변 사람들이 통로에 들어가지 않으면 자신도 통로에 들어가지 않는다. 도전정신을 발휘해서 통로에 들어가려고 해도 집단에 속한 여러 사람들이 "통로 안에 들어가도 소용없다."라고 말한다. 무모한 일을 하느라 헛된 고생을 하지 말라는 뜻이다. 집단의 논리에 벗어나는 일을 하지 않기를 바란다. 집단에 속한 사람들은 혼자 도전해서 더 좋은 방법을 찾으려고 하지도 않는다.

도전하지 않으면 아무런 결과도 얻을 수 없다

어떤 도전이든 성공하거나 실패할 확률은 반반이다. 계획을 세우고 통찰력을 발휘하면 성공 확률이 올라가기도 하고 계획을 잘못 세우거나 예상이 틀리면 성공 확률은 낮아진다. 성공하든 실패하든, 일단 도전하면 배우는 게 많다. 학교, 회사, 가정 등 모든 집단에서는 도전하라고 가르치지만 집단 구성원의 암묵적 동의에 벗어나는 도전을 고운 시선으로 보지 않는다.

회사에서 유능한 직원이 독립한다고 할 때, "혼자 하면 실패한다"라고 위협적인 조언을 하면서 회사에 머무르기를 권하는 것도 마찬가지 이유에서다. 그럼에도 불구하고 도전해야 하는 이유는 도전만이 성장할 수 있는 기회이기 때문이다. 집단에 속해 있으면 집단에서 허용하는 만큼만 성장한다. 하지만 일단 통로에 들어가서 눈앞에 일들을 차근차근 해결하면서 도전을 거듭하면 크게 성장하는 기회를 잡을 수 있다.

회사에서 신규 사업을 개발할 때 이런 대화가 오간다. 담당자는 새로운 콘셉트의 사업을 경쟁 기업보다 먼저 해보자고 의욕에 넘쳐서 말한다. 이에 상사는 규모가 큰 기업도 시도하지 않은 일이라서 위험부담이 있고 실패할 확률이 높다고 만류한다. 담당자는 신규 사업에 성공하면 업계 최초로 그 분야를 선점할 수 있고 설령, 실패하더라도 다음 사업에 응용할 수 있다고 말한다. 상사는 실패했을 때 리스크를 생각해 봤냐고 묻는다. 회사는 실패에 대한 책임을 떠안을 수 없다고 한다.

담당자는 적극적으로 도전하려고 하고 상사는 무조건 도전하기보다 실패했을 때의 위험까지 생각한다. 이와 반대로 상사가 무모한 도전을 지시하고 부하직원이 도전을 만류하는 경우도 있다. 무모한 일에 도전하는 사람과 다양한 경우를 예상해서 성공 확률이 높은 일을 하려는 사람, 둘 중에 자신은 어떤 유형인지 생각해보자.

도전하려는 사람과 위험을 피하려는 사람, 어떤 유형이 더 크게 성공할까? 정답은 없다. 경우에 따라 다르다. 하지만 경험에 근거해서 결론을 내리면, 실패를 걱정해서 도전하지 않는 사람보다 적극적으로 도전하는 사람이 성공할 확률이 높다. 아무리 머리가 좋아도 미래를 정확히 예측하기는 어렵다. 여러 가지 변수가 복잡하게 얽혀있기 때문에 성공과 실패를 예견하기는 불가능하다. 이론적으로 예측할 수 있는 성공 확률에 의존해서 시작도 하기 전에 포기한다면 아무것도 할 수 없다. 성공 확률이 높은 일만 골라서 하는 것도 의미가 없다. 그런 일은 누구든지 할 수 있기 때문이다.

실패할지도 모르는 일에 도전해서 성공하면 좋은 평가를 받고, 도전하는 과정에서 경험과 깨달음을 얻는다. 모든 도전에는 통로원리가 적용된다. 실제로 해보지 않으면 알 수 없다. 도전해서 모두가 성공한다면 그것은 도전이 아니다. 도전은 언제나 실패를 전제로 한다. 적극적으로 도전하는 사람에게 실패는 성장의 밑거름이 된다.[12]

3M은 강력한 접착제를 만들려다가 쉽게 떼었다 붙였다 할 수 있는 포스트잇을 만들었다. 아이보리 비누도 실수로 탄생했다. P&G 비누공장에서 직원이 기계를 너무 오래 가동해서 물에 뜨는 비누가 나왔다. P&G 사장은 물에 뜨는 비누가 물에 가라앉는 비누보다 사용하기 편할 거라고 생각하고 물에 뜨는 비누를 '아이보리Ivory'라는 이름으로 판매했다. 이

비누는 선풍적인 인기를 끌었고 P&G는 거대 기업으로 성장했다.[13]

실패에는 분명한 이유가 있다. 성공에는 우연과 실수가 기회로 작용한다. 도전하지 않으면 기회를 발견할 수 없다. 집단에 속한 주변 사람들, 직장 상사와 동료의 부정적인 의견 때문에 도전하지 않는다면 실패할 걱정은 없겠지만 성공할 수 있는 희망도 없다는 사실을 잊지 말아야 한다.

도전하면
기회가 생긴다

도전과 기회라는 말을 들으면 왠지 비장함이 느껴진다. 어려운 문제를 한꺼번에 해결하는 것을 도전이라고 생각하기 때문이다. 작은 도전으로 성공을 경험하고, 성공의 경험을 디딤돌로 이용해서 한 단계씩 더 큰 도전을 하면 어려운 일도 해낼 용기가 생긴다.

도전은 기회의 씨앗이다

2004년 노벨평화상 수상자인 나이로비의 왕가리 마타이는 '나무를 심는 여인'으로 불린다. 왕가리 마타이는 1977년 6월 5일 세계 환경의 날에 나무 일곱 그루를 심었다. 그녀가 나무를 심은 이유는 마을에 땔감과 물이 부족했기 때문이다. 땔감과 물이 부족하다고 불평하는 여성들에게 "나무를 심으세요."라고 권하며 직접 나무를 심었다.

이 일을 계기로 아프리카에 그린벨트 운동이 시작되었다. 누구나 할 수 있는 나무 심기를 통해서 마을을 바꾸기 시작했다. 그녀는 통치 방식, 인

권, 갈등과 평화, 자원관리 문제를 하나씩 해결했다.

왕가리 마타이의 나무 심기는 아주 작은 도전이다. 작은 도전을 시작으로 아프리카 전역에 걸친 문제를 해결했을 뿐만 아니라 노벨 평화상을 받으며 전 세계의 귀감이 됐다.

숙련된 기술보다 지속적인 학습 경험이 중요하다고 주장하는 리즈 와이즈먼은 도전을 기회의 씨앗에 비유했다. 기회의 씨앗을 심어놓으면 혼자 힘으로 기회를 찾을 수 있다. 씨앗을 심고 싹을 틔우고 충분히 자랄 때까지 관찰하면 지적 호기심이 생기고 호기심은 도전하는 에너지를 만들어낸다. 어떤 일이든 도전하는 시점에는 답이 제시된 상태가 아니기 때문에 '내가 할 수 있는 일'을 찾아서 적극적으로 실천하는 것으로 도전이 시작된다.[14]

땔감과 물이 부족한 현실을 타개하기 위해서 왕가리 마타이가 나무를 심은 것처럼 당장 할 수 있는 일이 보잘것없더라도 그것을 행동으로 옮기는 것이 도전이다. 처음부터 큰일에 뛰어들지 말고 할 수 있는 일부터 도전해야 한다. 어떤 일이든지 작은 일부터 천천히 시작해야 큰 일을 할 수 있다.

성공 확률은 도전 횟수에 비례한다

도전하는 횟수가 중요하다. 일본 작가 노구치 테츠노리는 《확률은 답을 알고 있다》에서 야구 선수의 타율을 예로 들면서 적어도 다섯 번 도전해야 한다고 했다. 야구에서 타율이 3할이면 상당히 뛰어난 타자다. 타율이 3할이라는 것은 10번 타석에 서서 안타를 3번 친다는 의미다. 타자가 한 경기에서 타석에 서는 횟수는 평균 네 번이다. 3할 타자가 한 경기에서 네 번 타석에 들어와서 안타를 한 번 칠 확률은 76퍼센트다. 경기에서 안타를 칠 확률은 네 번의 타석에서 아웃될 확률을 빼면 된다. 모든 타석에서 아웃될 확률은 70퍼센트를 네 번 곱한 값이다. 70퍼센트를 네 번 곱하면 약 24퍼센트다. 100퍼센트에서 3할 타자가 네 번의 타석에서 한 번 이상 안타를 칠 확률 24퍼센트를 빼면 76퍼센트가 된다.[15]

다시 말하면, 성공 확률이 30퍼센트인 일을 네 번 도전하면 성공 확률은 76퍼센트가 된다. 다섯 번 도전하면 성공 확률은 83퍼센트가 된다. 성공 확률이 50퍼센트인 일에 다섯 번 도전하면 성공 확률은 97퍼센트가 된다. 이 논리에 따르면 성공 가능성이 절반일 때 다섯 번 시도하면 97퍼센트, 다시 말해서 거의 성공한다. 한두 번 도전해서 실패했다고 포기하는 건 너무 안타까운 일이다.

야구 경기에서 타율 3할의 타자가 안타를 칠 확률은 76퍼센트

3할 타율 타자가 한 경기에서 네 번 타석에 나갈 경우, 모든 타석에서 '아웃될 확률은 70퍼센트를 네 번 곱한 값'이다.	0.7×0.7×0.7×0.7=0.2401≒24퍼센트
3할 타자가 네 번의 타석에서 한 번 이상 안타를 칠 확률	100퍼센트-24퍼센트=76퍼센트
성공 확률이 30퍼센트인 일에 네 번 도전할 경우	성공 확률 76퍼센트
성공 확률이 30퍼센트인 일에 다섯 번 도전할 경우	성공 확률 87퍼센트
성공 확률이 50퍼센트인 일에 다섯 번 도전할 경우	성공 확률 97퍼센트

출처 : 노구치 테츠노리 지음,《확률은 답을 알고 있다》, (스마트비즈니스, 2007)

성공할 때까지 도전한다

'실패는 성공의 어머니', '실패에서 배운다'는 실패를 두려워하지 말고 계속 도전하라는 의미다. 계속 도전하면 결국에는 성공한다. 인디언 제사장은 비가 올 때까지 기후제를 지낸다. 도전도 마찬가지다.

원하는 것을 얻으려면 수없이 많은 도전을 해야 한다. 인생은 도전하는 횟수만큼 성공한다는 말처럼 계속 도전하는 것 외에 다른 방법은 없다.

성공에 이르는 도전 횟수가 몇 번인지는 아무도 모른다. 해리포터의 작가 조앤 롤링은 여덟 곳의 출판사에서 출판을 거절당했다. 아홉 번째 제안한 출판사에서 책을 출간했다. KFC의 창업자 커넬 센더스는 1,008번 거절당하고 1,009번째 제안한 사람과 첫 번째 계약을 성사시켰다. 그렇게 KFC 1호점이 탄생했다.

커넬 센더스는 "훌륭한 생각을 하는 사람은 많지만 행동으로 옮기는 사람은 드물다. 나는 포기하지 않았다. 대신 무언가를 할 때마다 그 경험에서 배우고 다음번에는 더 잘할 수 있는 방법을 찾아냈다."라고 했다. 그는 1,008번이나 거절당하는 동안 방법을 바꿔서 계속 도전했다. 할 때까지, 될 때까지, 이룰 때까지.

사람들이 '1만 시간의 법칙'을 믿는 이유는 성공에 이르는 도전 횟수를 노력하는 시간으로 바꿔서 명확하게 제시했기 때문이다. 1만 시간 동안 도전하면서 통로원리를 적용해서 장애물이 있거나 문이 잠겼으면 다른 문을 열면 된다. 문을 여는 것이 도전이다. 성공이 있는 방향으로 계속 문을 열면 분명히 성공에 도달한다.

임계점에 이를 때까지 노력을 멈추지 않는다

물은 섭씨 100도에서 끓는다. 99도까지는 겉으로 큰 변화가 없다. 물이 끓는 온도를 임계점이라고 한다. 임계점$^{critical\ point}$은 어떤 물질의 구조와 성질이 바뀔 때의 온도나 압력이다. 물이 액체에서 기체로 변하기 위해서 절대적으로 필요한 온도가 100도다.

어떤 일이든지 처음에는 진전이 없어 보인다. 하지만 실패한 원인을 분석해서 다른 방법으로 계속 도전하면 임계점을 넘는다. 1만 시간도 임계점을 넘기 위해 필요한 노력의 양이다. 원하는 것을 얻으려면 임계점이 어디인지 파악하고 노력의 절대량을 넣어야 한다.

멕시코에는 타라우마라 원시민 부족이 있다. 그들은 과거에 좁고 험한 골짜기에 살면서 사냥감을 쫓아서 바위 투성이 길을 뛰어다녔다고 한다. 맨발이나 다름없는 짚신을 신고 달리는 타라우마라 부족의 달리기는 유명하다. 이들의 달리기가 유명한 이유는 달리기로 사냥을 하기 때문이다. 타라우마라 부족의 무기는 활이나 창이 아니라 달리기다. 표적이 된 동물이 쓰러질 때까지 쫓는다. 엄청난 무기가 있어서 사냥에 성공하는 게 아니라 끝까지 쫓아가는 집중력과 인내심으로 사냥에 성공한다. 쫓고 쫓기는 승부에서 먼저 포기하는 쪽이 지는 것이다.[16]

《몰입》을 쓴 칙센트 미하이는 천재들이 문제를 해결하는 과정을 지켜본 결과, 풀리지 않는 문제에 집중한다는 공통점을 발견했다. 천재는 번뜩이는 아이디어로 문제를 해결하는 게 아니다. 끝까지 파고들어서 답을 찾아내는 집요함이 천재를 만든다.

영국의 작가 월터 스코트는 이런 글을 남겼다.

"한 마리 개미가 한 알의 보리를 물고 담벼락을 오르다가 예순아홉 번을 떨어지더니 마침내 목적을 달성하는 것을 보고 용기를 내서 적과 싸워 이긴 옛날 영웅 이야기가 있는데, 동서고금에 걸쳐서 변치 않는 성공의 비결이다."

1미터만 더 파면 금맥을 발견하고 1도만 더 오르면 물이 끓고 하루만 더 견디면 허물을 벗고 날개를 펼 수 있는데 임계점이 어딘지 모른다. 조앤 롤링이 9번째 원고를 보낸 출판사에서 책을 출간할 것을 알았더라면, 커넬 센더스가 1,009번째 제안한 사람과 계약할 것을 미리 알았다면 그 동안의 도전이 조금 수월했을까?

성공에 필요한 도전 횟수

성공은 도전하는 횟수의 싸움이다. 도전하는 횟수에 따라 성공 가능성이 높아진다. 핀란드 게임회사 로비오는 모바일 게임 '앵그리버드'를 개발하기 전에 51개의 게임을 개발했다. 그들이 개발한 게임은 모두 실패했지만 개발자들은 새로운 게임 개발을 포기하지 않았다. 앵드리버드는 로비오에서 만든 52번째 게임이었다. 미국 야구 역사상 714개의 홈런을 친 베이브 루스는 1,330개의 삼진 아웃을 당한 삼진왕이기도 하다. 흡인력 강한 청소기의 대명사 다이슨을 개발한 제임스 다이슨이 만든 청소기 모델 개수는 5,127가지에 이른다. 그는 5,126개 모델을 제작하고 5,127번째 드디어 듀얼 사이클론 청소기를 개발했다. 피카소의 작품 수도 놀라울 정도로 많다. 사람들은 피카소가 100여 점의 작품을 남겼다고 알고 있다. 하지만 피카소가 만든 작품 개수는 5만 점이 넘는다. 유화, 판화, 조각, 도자기, 도자 그림까지 다양한 분야의 작품을 만들었다. 산술적으로 계산하면 피카소는 하루에 작품을 두 개씩 창작한 셈이다.[17]

예술작품, 상품, 기록 등이 실패한 횟수에 비례해서 나오는 사례는 셀 수 없이 많다. 사람들은 100도가 되기 전에, 1미터를 남기고 포기한다. 미국의 백만장자 로스 페로는 대부분의 사람들이 성공하기 바로 직전에 포기한다고 했다. 서부 개척 시대 금광을 찾던 사람도 마찬가지다. 100미터 아래 금맥이 있는데 99미터까지 열심히 파다가 포기한다. 더 이상 못 하겠다고 포기한 뒤에 다른 사람이 조금 더 파서 금맥을 발견한 일화도 있다. 1미터만 더 파보았더라면 금맥을 찾을 수 있는데 바로 직전에 포기하는 것이다. 성공한 사람들이 위대한 이유는 수많은 실패에도 불구하고 포기하지 않고 성공할 때까지 계속 도전했다는 데 있다.

실패에 대한 생각을 바꾸면 도전이 쉽다

천재 발명가 에디슨과 천재 물리학자 아인슈타인 두 사람에게는 천재라는 수식어 말고 다른 공통점이 있다. 두 사람 모두 학교생활에 적응하지 못했다.

실패한 학생에서 천재로

에디슨은 캐나다에 인접한 오하이오 밀란에서 태어나 미시간주 포트휴런으로 이사를 가서 그곳에서 초등학교에 입학했다. 에디슨은 학교에서 선생님이 가르치는 내용을 알아듣지 못했다. 1 더하기 1도 이해하지 못했다. 선생님이 반복해서 가르쳐주어도 1 더하기 1이 왜 2가 되는지 이해하지 못했다. 결국, 학교생활에 적응하지 못하고 전직 교사였던 어머니에게 교육을 받았다.

에디슨은 어린 시절 책을 많이 읽었다. 그가 읽은 책은 소설이나 위인전이 아니라 과학책이었다. 책을 읽고 책에 나온 대로 실험했다. 달걀을

품고 헛간에서 잠을 잔 것도 그에게는 실험이었다. 15세에 전신 기술을 배우고 미국과 캐나다에서 전신수로 일하면서 그가 처음 발명한 것은 전기투표기록기였다. 전기투표기록기는 투표 결과를 자동으로 빠르게 처리해주는 기계다. 1,000건이 넘는 특허를 등록한 에디슨의 첫 번째 발명품이었다. 의회에서 안건을 표결할 때 빠른 진행을 돕기 위해서 만든 발명품은 의원들이 수기로 투표하는 과정을 없애주는 혁신적인 기술이었다. 하지만 첫 번째 발명품은 실패로 끝난다. 당시 미국 의회에서는 전기투표기록기가 소수의 의견과 의견을 수렴하는 과정에서 소통할 시간을 줄여서 민주주의 정신에 어긋난다고 지적했기 때문이다. 이후에 에디슨은 기술과 사업성을 고려해서 발명품을 내놓았다. 이후 주식상장 표시기를 발명해서 주식거래소에 비싸게 판매한다. 이어서 송신장치를 발명했고 이 발명품도 여러 전신회사와 계약해서 사업의 기틀을 마련한다.

아인슈타인도 학교에 적응하지 못했다. 아인슈타인은 열한 살에 독일의 9년제 중·고등학교 김나지움에 입학했다. 김나지움의 선생님은 학생에게 질문해서 빨리 대답하지 못하면 매를 들었다. 아인슈타인은 엄한 분위기에 적응하지 못했다. 학교에서는 문학과 수학 성적 외에 다른 과목은 공부하려는 노력조차 하지 않는 아인슈타인을 문제아라고 단정하고 다른 학생들에게 방해가 된다는 이유로 퇴학을 시킨다. 이후 스위스 아라우 주립학교에서 공부를 계속한다. 이 학교는 학생들이 다소 엉뚱한 생각을 해도 인정해주는 자유로운 곳이었다. 주입식 교육을 매우 싫어한 아인슈타인은 이곳에서도 수학과 물리학 성적은 뛰어났지만 다른 과목에서는 낙제를 했다. 나중에 스위스 연방기술대학을 졸업하고 스위스 특허 사무소 심사관으로 일하며 〈물리학 연보〉에 논문을 발표했다. 취리히 대학에서 박사학위를 받은 후에 학생들을 가르치며 연구를 계속했다. 아인슈타인은 상대성이론으로 노벨 물리학상을 수상한 후에 상금으로 받은 2만8천 달러를 주식에 투자했다가 큰 손해를 본다.

아인슈타인이 나중에 어떤 업적을 이룰지 알 도리가 없었던 당시의 사람들은 그를 낙제생, 실패한 사람으로 생각했다. 김나지움에 퇴학당하고 취리히 공대도 한 번에 입학하지 못했다. 처음부터 교수가 된 것도 아니고 박사 논문을 제대로 완성하지도 못했다. 몇 편은 아인슈타인 스스로 쓸모없는 논문이라고 공언했다. 그가 쓴 논문이 모두 가치 있는 것은 아니다.

실패를 실패라고 생각하지 않는다

에디슨과 아인슈타인은 수없이 많이 실패했다. 에디슨은 백열전구를 만들면서 오랫동안 밝은 빛을 내는 방법을 찾으려고 여러 가지 재료로 실험하는 과정에서 수만 번 이상 실패했다. 그에게 여러 번 실패를 거듭하면서도 계속 실험을 하는 이유를 묻자 자신은 그것을 실패로 보지 않는다고 했다. 그는 새로운 재료로 실험해서 비록 작동하지 않았지만 수만 번 이상 시도한 결과를 조금씩 성공으로 다가가는 과정이라고 생각했다.

아인슈타인도 실패에 관해서 이렇게 말했다.

"나는 몇 달, 몇 년 동안 계속 생각만 했는데, 아흔아홉 번은 잘못되었지만, 백 번째 결국 내가 옳았다는 것이 입증되었다."

에디슨과 아인슈타인은 실패를 바라보는 관점이 비슷하다. 그들은 실패를 자연스러운 노력의 결과라고 생각했다. 한번만에 성공하기가 불가능하다는 것을 인정했다. 도전하지 않는 이유는 실패를 두려워하기 때문이다. 많은 사람에게 공통적으로 나타나는 문제는 단 한 번의 도전으로 성공하기를 원하고 오랫동안 노력하지 않는 데 있다.

진화론으로 유명한 찰스 다윈도 실패로 점철된 인생을 살았다. 찰스 다윈은 의사 가문에서 태어났다. 의사인 아버지의 뜻에 따라 에딘버러대학에서 의학을 전공했다. 하지만 피를 무서워한 다윈은 의학 성적이 좋지 않았다. 적성에 맞지 않는 의학을 포기하고 케임브리지대학에서 신학을 공부하기로 했다. 하지만 신학 공부도 도중에 그만두었다. 케임브리지대학에서 공부하는 동안 식물학 교수 헨슬로와 친분을 쌓은 것을 계기로 22세에 탐사선 비글호에 타게 되었다. 수많은 지역을 돌아다니며 동물과 식물의 형태와 지질의 특성을 조사했기 때문에 진화론을 완성할 수 있었다.

찰스 다윈이 학계에서 《종의 기원》으로 업적을 인정받은 후에 승승장구했을까? 그렇지 않다. 찰스 다윈은 《종의 기원》을 발표한 후에 이어서 발표한 《난초에 관한 연구》는 관심을 끌지 못했다. 이후에도 여러 가지 연구 결과를 발표했지만 유럽에는 기독교가 지배하고 있어서 다윈의 진화론은 언제나 논란의 대상이었고 다른 연구도 대부분 주목을 받지 못했다. 《종의 기원》이 세계적으로 인정받은 후에도 연구 활동을 계속했지만 사람들은 그의 연구를 주목하지 않았다.

천재에 대해서 연구한 심리학자 딘 키스 사이몬톤은 훌륭한 업적을 거둔 후에도 혹독한 노력이 뒤따라야 성공을 유지할 수 있다고 했다. 에디슨, 아인슈타인, 다윈, 피카소 등 과학에서 예술 분야에 이르기까지 위대한 업적을 남긴 천재들이 성공을 계속 이어간 것은 아니다. 비율로 보면 실패가 훨씬 더 많았다. 그들은 실패해도 다른 사람보다 더 많이 도전했을 뿐이다.[18]

실패에서 배우는 일곱 가지 교훈

심리학 박사 할 어반은 《인생의 목적》에서 실패를 통해서 배울 수 있는 일곱 가지 교훈을 소개했다. 첫 번째, 실패는 겸손을 가르쳐준다. 실패를 통해서 한계를 인식하고 무엇을 극복할 수 있는지, 또 무엇을 극복할 수 없는지 알게 해준다. 두 번째, 실패는 행동을 고치도록 가르쳐준다. 실패한 방법으로 다음에 똑같이 행동하는 사람은 없다. 실패는 새로운 방법을 찾고 노력할 수 있는 기회를 준다. 세 번째, 원하는 대로 다 가질 수 없다는 것을 가르쳐준다. 모든 일을 틀리지 않고 완벽하게 했다 하더라도 원하는 것을 다 가질 수는 없다. 네 번째, 실패는 우리가 얼마나 강한지 일깨워준다. 실패는 더 열심히 노력하고 다시 도전하도록 만든다. 다섯 번째, 인내심을 키워준다. 어느 정도 시도하고 포기해야 하는지, 언제쯤 다시 도전할지 알려준다. 여섯 번째, 실패해도 다시 일어나는 방법을 알려준다. 실패했을 때 다시 일어나서 도전하는 것을 두려워하지 않는다면 실패는 부끄러워할 일이 아니다. 일곱 번째, 실패는 사람을 더 강해지도록 단련한다. 사람들은 실패를 극복하는 과정을 알고 싶어 한다. 성공한 사람이 실패에 어떻게 대처했고 그 실패를 이겨내는 동안의 이야기를 영화와 책으로 만든다. 실패를 딛고 성공한 사람들의 이야기는 살아있는 정보이기 때문이다.[19]

실패한 사람을 더 신뢰한다

어떤 도전이든 성공 확률보다 실패 확률이 훨씬 높다. 위험하지 않다면 성공하든 실패하든 일단 시도하는 게 좋다. 실용주의 철학자 존 듀이는 "1온스의 경험이 1톤의 이론보다 중요하다."라고 했다. 도전하기 위해서는 수백 개의 추상적인 이론보다 몇 번의 구체적인 경험이 낫다. 실패한 사람들이 극복하는 과정에서 보여준 구체적인 행동은 설득력이 매우 높다. IBM의 설립자 토마스 왓슨은 성공할 확률을 높이고 싶으면 실패할 확률을 두 배로 높이라고 했다. 실리콘밸리에서는 실패한 경험을 경력으로 인정한다. 이곳의 벤처 캐피털리스트는 실패하지 않은 사람보다 실패를 통해 단련된 사람을 더 신뢰한다.[20]

    실패는 고통과 경제적인 부담을 준다. 동시에 자신의 약점과 실수도 일깨워준다. 약점을 보완하고 실수를 반복하지 않으면 다음번 도전에서는 틀림없이 좋은 기회를 잡을 수 있다. 결국 원하는 것을 얻는다.

제약과 결핍이
걸작을 만든다

"혼자서는 도저히 못한다."

회사와 학교를 포함해서 어떤 조직에서든지 이런 말을 자주 한다. 정말 혼자서 못하는 일도 있다. 하지만 조금만 시야를 넓혀서 찾아보면 혼자서 못한다고 생각한 일을 혼자서 해내는 사람이 있다.

남에게 의지하지 않는다

혼자서 할 수 있는 일도 무조건 다른 사람과 함께 하려는 사람이 있다. 이런 유형을 정신의학에서는 의존성 성격장애$^{Dependent\ Personality\ Disorder}$라고 한다. 주체성 없이 어떤 일이든 남에게 의지하는 사람에게 의존성 성격장애가 나타난다. 이들은 혼자 일하는 것뿐만 아니라 혼자 있는 시간을 견디지 못한다. 이런 성향이 고착화되면 간단한 일도 혼자서 하지 못하고 주변 사람에게 부탁하거나 함께 하자고 한다. 의존하는 대상은 가족과 동료, 친구 등 함께 일하는 모든 사람이다.

의존성 성격장애는 다른 사람이 일을 대신해주거나 함께 해주길 바란다. 의존할수록 스스로 판단하고 대처하는 능력은 더 떨어진다. 이런 성향을 가진 사람이 상당히 많다. 일을 할 때 혼자서 하기 어렵다고 느낀다면, 의존성 성격장애 증상을 보인다면 가족, 직장 동료, 주변 사람들에게 알려야 한다. 주변 사람들은 혼자서 판단하고 끝까지 할 수 있도록 도와줘야 한다. 도와주는 방법은 간단하다. 못해도 괜찮으니까 혼자서 해보라고 격려하는 것이다. 의존성 성격장애는 노력하면 고칠 수 있다. 이런 성향을 가진 사람은 살아오면서 혼자 판단하고 처리하는 경험이 부족할 뿐이다. 의존성 성격장애를 가진 사람에게 주변 사람의 도움은 오히려 해가 된다. 혼자 판단하고 일하면서 혼자서 할 수 있다는 자신감을 갖는 게 유일한 처방이다.[21]

어떤 일이든지 혼자 하려고 하면 부족한 점과 상황의 제약이 눈에 띄게 늘어난다. 여러 사람이 함께 할 때보다 오랜 시간이 필요하고 완성도가 떨어질 수도 있다. 혼자만의 능력을 키우려면 여건이 좋지 않고 여러모로 부족한 상황에 익숙해져야 한다.

불비한 여건에서 좋은 결과를 만든다

부족과 결핍이 항상 나쁜 결과를 만드는 것은 아니다. 궁여지책窮餘之策이라는 말이 있다. 궁여지책은 《삼국지》 오지 편에 나온다.

조조가 승승장구하며 오나라를 공격해 들어오다가 장강에서 진격을 멈춘다. 오나라의 군사와 전투력은 조조의 군사와 상대할 수 없을 정도로 규모가 작다. 조조의 군사는 장강을 건너기 위해 배를 탄다. 하지만 배를 타본 적이 없는 군사는 배를 타자마자 뱃멀미를 심하게 했다. 언젠가는 조조의 군사들이 배에 적응해서 강을 건너오면 오나라는 전쟁에서 질 수밖에 없다. 오나라 주유 장군은 늦은 밤 늙은 신하와 작전을 세웠다. 다음날 주유 장군은 지난밤 함께 작전을 세운 늙은 신하와 크게 말다툼을 하고 늙은 신하를 때려서 쫓아냈다. 화가 난 늙은 신하는 강을 건너 조조에게 투항했다. 오나라에 변절한 늙은 신하는 조조에게 "작은 배들을 쇠사슬로 묶어 큰 배를 만들면 적게 흔들려서 군사들이 뱃멀미를 하지 않는다."라고 얘기했다. 조조는 배를 쇠사슬로 묶어 커다란 배를 만들고 강을 건너 진격했다. 강을 반쯤 건넜을 때 건너편의 오나라에서 작은 배 몇 척이 다가와 조조의 군사를 태운 쇠사슬로 묶은 배에 불화살을 쏘아 배에 불을 질렀다. 하나로 묶여 있는 배는 모두 불에 타고 조조의 군사는 대패했다.

이것이 적벽대전이다. 주유 장군과 늙은 신하는 밤에 만나서 작전을 세웠다. 조조를 속이기 위해서 늙은 신하를 때려서 쫓아낸 것을 고육지계苦肉之計라고 했다. 자신의 희생 없이 상대를 굴복시키는 것이 가장 좋은 계책이다. 여건이 좋지 못해서 자신을 희생시키면서 계책을 세울 수밖에 없는 경우가 있는데 이럴 때 계책을 궁여지책이라고 한다.

셰익스피어는 제약을 오히려 즐기며 글을 썼다. 특정한 운율을 지켜야 하는 소네트sonnet의 제약을 지키며 150여 편의 소네트 작품을 썼다. 소네트는 14행으로 이루어진 시다. 14행의 짧은 시를 엮어서 장편의 서사시를 쓰기도 한다. 셰익스피어는 소네트의 형식에 맞춰서 많은 작품을 써서 소네트의 대표 작가가 되었다. 형식의 제약에도 불구하고 셰익스피어는 많은 소네트 작품을 써서 영국식 소네트를 셰익스피어 소네트라고 한다. 셰익스피어의 작품은 기존 소네트 형식을 따르면서도 형식을 약간 변형했기 때문에 역작으로 평가된다. 셰익스피어는 소네트 작품을 쉬운 영어로 썼다. 영어를 모국어로 사용하지 않는 나라에서 소네트 작품을 단막극으로 공연할 때도 자막이 제공되지 않을 정도로 쉽다.

쉬운 영어로 대작을 쓴 작가는 많다. 어니스트 헤밍웨이는 간결하고 힘 있는 문체로 유명하다. 《대성당》을 쓴 소설가 레이먼트 카버도 단순하면서 적확한 문제로 미국인의 심리를 표현했다. 유명한 작가들은 자기 스스로 규칙을 정하고 글을 쓰고 지우고 고친다. 쉬운 표현으로 작품을 쓰는 규칙도 제약이다. 작가들이 지키는 공통적인 글쓰기 규칙은 많이 읽기, 지치지 않고 쓰기, 운동하기다.

작가에게 운동은 필수다. 글쓰기에는 엄청난 체력이 필요하다. 무라카미 하루키는 글을 쓰기 위해 매일 10킬로미터를 뛰고 수영을 한다. 풍자소설을 쓴 커트 보네거트는 글을 쓰고 학생들을 가르치기 위해 매일 산책과 수영을 했다. 무라카미 하루키와 커트 보네거트는 운동하는 데 많은 시간을 보냈고 글쓰기도 매일 했다.

가치 있는 결과물은 규칙과 제한이 없을 때보다 불비한 여건에서 나온다. 1993년 빌 클린턴 대통령 취임식에서 축시를 낭독한 미국 시인 마야

안젤루는 대학에 다니지 않았고 공부도 많이 하지 못했지만 어려운 생활 여건 속에서 다른 작가들이 쓴 시와 수필, 희곡 등을 꾸준히 큰소리로 낭독하는 습관을 버리지 않았기에 상상력이 풍부해졌고 그로 인해서 글을 쓸 수 있었다고 했다. 일본 경영의 대가 마쓰시타 고노스케는 자신에게 세 가지 복이 있어서 큰 성공을 거두었다고 했다. 그가 말한 세 가지 복은 첫째는 가난, 둘째는 허약함, 셋째는 배우지 못한 것이었다.

　작가, 경영자 등 훌륭한 업적을 남긴 사람들은 제한적인 조건에서 명작을 만들고 큰 성공을 이루었다. 작가만 제약 속에서 걸작을 쓰는 건 아니다.

　사우스웨스트 항공사의 저가 전략은 제약으로 큰 성공을 거둔 사례로 평가된다. 사우스웨스트 항공사에서 운항하는 비행기는 보잉 737 기종 하나뿐이다. "저가 항공료를 유지하고 서비스는 최소화하라"라는 경영 철학을 지키기 위해서 기종을 하나로 제한했다.[22]

　경쟁 항공사에서 고객들의 요구를 충족시키기 위해 다양한 기종의 항공기를 운항하는 것과 대조적이다. 사우스웨스트 항공사는 보잉 737 기종 하나만 운항하기 때문에 조종사와 승무원, 지상 근무자는 운행하는 모든 비행기를 재교육 없이 다룰 수 있다. 기종이 같아서 부품도 호환된다. 이런 장점 덕분에 사우스웨스트 항공사는 비용을 적게 들이면서 효율적으로 사업을 운영할 수 있다. 덕분에 세계에서 가장 싼 항공료를 받는 항공사로 유명해졌다. 가장 싼 항공료를 받으면서도 흑자를 기록할 수 있었던 이유는 기종을 하나로 제한했기 때문이다.

혼자라서 못하는 일은 없다

자원, 시간, 돈이 부족해서, 혼자라서 못하는 일은 없다. 가지고 있는 것에 연연하지 않고 훌륭한 결과물을 만들어낸 사례는 많다. 부족해서, 없어서, 혼자라서 못한다는 핑계를 찾지 말고 부족함에 얽매이지 말고 자신의 역량을 다해서 할 수 있는 일을 실행해야 한다. 부족한 부분을 채우기 위해 노력하면 새로운 방법이 나온다.

  부족과 결핍은 새로운 동기를 끌어내는 매개체다. 능력이 부족하고 환경이 갖춰지지 않았다면 새로운 발상을 해야 한다. 혼자서 완성하지 못하는 이유는 능력이 없어서가 아니라 자기 능력을 믿지 못하기 때문이다. 자신을 부정적인 눈으로 보는데 익숙해지면 자기 능력이 어느 정도인지 알 수 없다. 우리는 그렇게 무능하지도, 부족하지도 않다. 부족한 부분을 채울 방법을 찾고 여건이 좋지 않고 제약이 있어도 현재 상황에서 최선을 다하면 해결할 방법이 생긴다. 제약에도 불구하고 걸작을 남긴 작가와 큰 성공을 이룬 기업가에게서 해답을 찾는다면 혼자 힘으로 훌륭한 결과를 만들 수 있다.

전략적으로
도전하기

'전략'은 군사 용어다. 지금은 직장과 학교, 생활에서 두루 사용한다. 사람들은 목표를 정하고 그 목표를 달성하기 위해 과학적인 방법을 동원해서 빡빡한 행동 계획을 세운다. 실천 가능성을 염두에 두고 행동 계획을 세우지만 실천하면서 빡빡하다는 사실을 몸으로 느낀다. 이런 행동 계획은 일주일 또는 한 달 안에 수정되거나 흐지부지 된다.

노력을 낭비하지 않는다

행동 계획은 목표를 이루기 위한 절반의 방법이다. 나머지 절반은 무엇일까? 조직심리 전문가 닉 태슬러는 목표를 달성하려면 행동 계획Action Plan을 세울 때 비행동 계획None-Action Plan도 세우라고 했다. 행동 계획이 할 일 목록이라면 비행동 계획은 하지 않을 일 목록이다.

뉴욕대학교 심리학자 피터 골비처는 사람들이 자기가 정해놓은 좌우명에 따라 계획을 얼마나 잘 이행하는지 실험했다. 한 그룹은 "어떤 시련이 와도 최선을 다하자!"와 같은 시련을 극복하는 뜻으로 좌우명을 정했다. 다른 그룹은 "어떤 시련이 와도 개의치 말자!"처럼 시련을 무시하는 뜻으로 좌우명을 정했다. 시련을 극복하는 좌우명은 목표에 계속 집중한다는 의미다. 두 번째 좌우명은 방해요인을 무시하라는 뜻이다. 두 좌우명의 미묘한 차이는 목표를 달성하는 데 큰 영향을 주었다. 더 효과적인 좌우명은 "어떤 시련이 와도 개의치 말자!"였다. 방해요인을 무시하는 좌우명이 시련을 극복하고 목표에 집중하는 좌우명보다 더 효과적이었다.

피터 골비처는 좌우명에 따라 다른 결과가 나온 이유가 두 그룹에서 소비한 정신적 노력의 차이 때문이라고 주장했다. 의욕이 넘치는 사람도 정신적 노력의 용량에는 한계가 있다. 인간의 두뇌는 가능하면 노력을 아껴서 지름길로 가려고 한다. 집중력이 흐트러질 때도 집중력을 유지하려면 노력이 필요하다. 방해요인을 무시하는 데도 정신적 노력이 필요하지만 방해요인이 생겼을 때 집중력을 높이는 것보다 정신적 노력이 덜 든다.[23]

하지 않을 일, 안 해도 되는 일에 노력을 낭비하지 말아야 한다. 노력을 낭비하지 않으면 꼭 해야 하는 일에 더 많은 노력을 쓸 수 있다. 이것이 전략적인 노력이다. 노력을 낭비하지 않는 것은 아무것도 하지 않는 게으름과 다르다. 노력을 낭비하지 않기 위해서 어떤 행동도 하지 않는 것은 의도적인 전략이다.

그렇다면 어떤 행동도 하지 말아야 할 때는 언제일까? 행동의 결과를 예측할 수 없을 때, 부정적인 결과로 이어질 때다. 결과가 좋지 않을 것이라고 예측하면서도 행동하는 경향을 '행동 편향'이라고 한다. 우리는 가만히 기다리는데 익숙하지 않다. 올바른 해결책이 없는 상황에서는 더욱 아무것도 하지 않고 가만히 있지 못한다. 심리학자 슈테판 그뤼네발트는 뭐라도 해야 한다는 강박을 '피로 자부심'이라고 했고 다음과 같이 정리했다.

"과거의 중개인과 목공 기술자는 계약을 체결할 때, 작품이 완성될 때 자부심을 느꼈다. 오늘날 노동은 분업화되어서 완성된 결과에 대해서 피드백을 받지 못한다. 그래서 많은 사람들은 무엇인가 열심히 해서 피로할 때 자부심을 느낀다."[24]

결과에 도움이 되던 안 되던 상관없이 사람들은 열심히 무언가를 했다는 사실에 만족한다. 진화생물학적으로 보면, 수렵채집 환경에서는 뭐라도 하는 게 더 많은 결과물을 만들었다. 이런 습성은 현재까지 이어져 뭔가를 하고 있어야 기분이 좀 나아진다고 말하는 사람이 많다. 고대 의사들은 치료할 수 있는 방법이 없는 데도 눈앞에 닥친 죽음을 받아들여야 한다는 불편한 메시지를 환자에게 주지 않으려고 무의미한 치료를 계속하고 효과 없는 약을 처방했다.

어떤 행동도 하지 말아야 할 때

조난 전문가 케네스 힐의 조사에 따르면 가파른 해안 절벽과 롤러코스터 같은 도로로 유명한 캐나다 동부 노바스코샤에서 길을 잃은 사람 800명

가운데 단 두 명만 구조 확률을 높이기 위해 의식적으로 한 장소에 머물렀다고 한다. 케네스 힐은 길을 잃었을 때 생존 규칙은 '그 자리에 머무는 것'이라고 했다.

"대부분의 조난자는 발견될 당시 더 이상 움직이지 않고 그 자리에 있지만, 그것은 의식적으로 머문 것이 아니라 지쳤거나 잠들었거나 의식을 잃었기 때문이다."[25]

길을 잃었을 때 생존 전략은 "달리지 말고 멈춰라. 지금 있는 곳에서 머무르며 힘을 아껴라."임에도 불구하고 길을 잃은 사람들 99퍼센트가 이 규칙을 따르지 않는다. 포기하지 않고 필사적으로 도전하는 것만 능사가 아니다. 좋은 결과를 만들 수 있는 부분에 집중하고 결과를 예상할 수 없는 일은 실패해도 괜찮다는 생각으로 경험삼아 하거나 그만두는 편이 낫다. 모든 일을 다 잘 하겠다고 마음먹는 것처럼 어리석은 일도 없다. 최선을 다해야 하는 일과 경험삼아 해보는 일을 선택하는 능력은 중요하다. 이런 능력에서 필요한 두 가지는 빠른 포기와 참고 견디는 인내다.

도움이 되지 않는 일을 포기하는 것도 능력이다. 사람들은 포기에 대해서 오해와 편견이 있다. 윈스턴 처칠은 신임 총리가 돼서 의회에서 한 첫 번째 연설에서 "절대로, 절대로, 절대로 포기하지 말라."라고 말했다.

포기와 관련된 명언은 대부분 포기하지 말라는 의미다. 동서양을 막론하고 전 세계적으로 포기는 하지 말아야 하는 것으로 통해왔다. 그동안 포기를 하지 말아야 하는 대상으로 생각한 이유는 포기와 실패를 같은 개념으로 받아들였기 때문이다. 포기는 실패가 아니다. 최선의 능력을 발휘하기 위해서 우선순위가 낮은 일을 하지 않는 것이 전략적인 포기다. 자기 능력을 고려해서 더 나은 것을 선택하는 과정일 뿐이다. 나에게 필요 없는 목표는 버리고 소용없는 일은 포기해야 꼭 필요한 일에 에너지를 집중할 수 있다.

인도의 시인이자 사상가 라빈드라나드 타고르는 "새 날개에 황금을 매달면 멀리 날아갈 수 없다."라고 했다. 공부, 직장, 인간관계 등 모든 일이 나와 맞지 않으면 계속하기가 어렵다. 최선을 다했음에도 뜻대로 되지 않는 일이 있다. 그런 일에 계속 시간과 노력을 들인다면 에너지만 소진할 뿐이다.

정말 중요한 일에 전략적으로 도전하기

워라밸은 일과 생활의 균형을 뜻한다. 대부분의 직장인이 워라밸을 원하지만, 실현하기 어려운 이유는 더 중요한 하나를 취하고 덜 중요한 하나를 포기하지 않기 때문이다. 많은 직장인이 일과 삶의 균형을 추구하지만 실제로 균형을 이루기는 어렵다. 법과 제도를 보완해도 일과 삶의 균형을 찾은 사람이 크게 늘어나지는 않을 것이다. 야근과 주말 근무를 하지 않고 가족, 친구와 시간을 보내며 취미 생활을 즐기고 일도 잘하는 사람은 그 수가 매우 적다. 만약 일과 삶의 균형을 찾았다면 대부분 더 중요한 생활을 선택하고 덜 중요한 일을 포기했을 가능성이 높다.

GE의 전 CEO 잭 웰치는 일에 파묻혀 사는 인생을 선택했다. 그는 성공한 경영자로 널리 알려졌다. 일주일에 80시간 근무를 자랑스럽게 여겼다. 《잭 웰치 위대한 승리》에서 일중독 때문에 두 번의 결혼은 파경에 이르렀고 아이들과도 많은 시간을 보내지 못했다고 후회했다.

워라밸을 원하는 사람들은 가족과 시간을 보내고 취미생활로 풍요로운 인생을 살려고 한다. 그러기 위해서는 어쩌면 경력을 포기해야 할지도 모른다.

전략적인 도전을 위해서 더 중요한 것을 선택하고 덜 중요한 것은 포기해야 한다. 원하는 것을 모두 이루려는 욕심 때문에 실행할 수 없을 정도로 많은 일을 할 일 목록에 넣는다. 모든 것을 다 이루려다가 가장 중요한 것을 놓친다. 가장 중요한 일이 우선순위 아래에 있는 일에 밀린다. 같은 이유로 워라밸도 이루지 못한다.

전략적으로 도전하려면 중요한 일에 대한 접근 방식을 바꿔야 한다. 우선 순위가 높은 일과 현재 하고 있는 일의 방향이 일치하는지 살펴봐야 한다. 만약, 방향이 맞지 않다면 무작정 포기하기 전에 방향을 맞추는 노력을 해야 한다. 노력해도 방향을 맞출 수 없다면, 방향을 맞출 때까지 기다리는 것도 방법이다. 방향을 도저히 맞출 수 없는 것으로 확정되면 그때 덜 중요한 일을 포기하고 더 중요한 일을 선택해도 늦지 않다.

도전해야
결과를 알 수 있다

뜻하지 않은 우연한 발견이나 발명이 세상을 바꾼 사례가 많다. 플레밍과 뢴트겐이 발견한 페니실린과 X선, 콜럼버스의 신대륙, 노벨의 다이너마이트, 루이 파스퇴르의 발효 원리 등은 우연한 계기로 발견하거나 발명했다.

우연한 성공은 절대로 우연이 아니다

플레밍은 미생물의 성장을 억제하는 물질을 찾기 위해 배양실험을 하는 도중에 실수로 푸른곰팡이가 생겼고 그 자리에 포도상구균이 모두 녹아서 없어진 현상을 발견했다. 뢴트겐은 어두운 실험실에서 음극선 장치의 스위치를 켰는데 검은 종이로 빛이 새어나가는 것을 발견했다. 이 빛에 손을 집어넣었더니 음극선관에서 나오는 광선이 통과해서 손가락뼈가 나타나는 것을 발견했다. 당시에 뢴트겐은 X선의 특징을 제대로 알지 못했다. 그는 나중에 최초로 X선을 발견한 물리학자로 노벨상을 받았다.

콜럼버스는 지구가 둥글다고 확신하고 대서양 항로 개척에 나선다. 항해를 시작한 지 70여 일만에 새로운 대륙에 도착한 콜럼버스는 그곳을 인도라고 생각해서 지금의 아메리카 대륙을 서인도 제도라고 불렀다. 이곳에 살던 원주민도 인도에 사는 원주민이라는 뜻에서 인디언이라고 했다. 콜럼버스가 신대륙을 발견한 것도 우연히 이루어진 결과다. 노벨도 우연히 다이너마이트 제조의 실마리를 찾았다. 노벨은 불안정한 액체 폭탄을 안정화하려고 오랫동안 노력했지만 성공하지 못했다. 연구에 몰두하던 어느 날 용기에 뚫린 구멍으로 니트로글리세린이 새어 나와 굳은 것을 발견했다. 구멍 뚫린 용기 주변에 있던 규조토가 안정제 역할을 한 것이다. 이로써 고체 상태의 안정화된 폭탄을 제조하는 방법을 찾았다.

포스트잇은 역설적이게도 강력 접착제를 만드는 과정에서 탄생했다. 강력 접착제를 만드는 데 실패했고 접착력이 매우 약한 물질을 만들었는데 3M의 엔지니어가 접착력이 약한 물질을 버리지 않고 새로운 제품을 개발하는 데 활용해서 포스트잇이 탄생했다.

프랑스의 미생물학자 루이 파스퇴르는 발효된 포도를 관찰하다가 발효 원리를 찾아냈다. 그는 껍질이 벗겨진 포도만 발효된다는 사실을 발견했다. 박테리아가 자연적으로 생기는 게 아니라 공기 중에 떠돌다 대상물에 침투해서 발효된다는 사실을 알아냈다. 발효 원리의 발견으로 프랑스의 포도주 산업은 크게 성장했고 오늘날 우리가 알고 있는 저온 살균법 개발로 이어졌다.

우연히 알아낸 방법, 우연히 발견한 대륙, 우연한 기회에 만든 상품 등 우리 주변에서 우연은 항상 일어난다. 사람들은 성공이 우연히 찾아오기를 바란다. 우연처럼 보이는 일이 실제로 일어나려면 그 이전에 어떤 행동이 있어야 한다. 어떤 결과든지 만들어내려면 행동이 필요하다.

평균의 법칙을 믿고 도전한다

도전해야 결과를 알 수 있다. 직판회사 판매사원에서 성공한 사업가 된 싱글맘 리사 히메네스는 《두려움을 정복하라》에서 평균의 법칙을 소개했다. 한 번 큰 성공을 거두려면 열 번은 거절당해야 한다는 것이 평균의 법칙이다.

리사 히메네스는 직판회사에서 판매사원으로 일할 때 평균적으로 열 번 정도 고객에게 전화해서 한 번 거래가 성사되면 200달러 정도 벌었다. 거절당하는 횟수와 성사되는 비율을 알고 난 후부터 고객들에게 전화해서 그들이 "안 사요!"라고 거절하는 순간마다 '20달러 벌었다!'라고 속으로 외쳤다. 평균의 법칙을 알면 실패해도 다시 도전할 용기가 생긴다. 확률적으로 실패는 어차피 거쳐야 할 과정에 불과하기 때문이다.

평균의 법칙을 이해하면 새로운 일에 도전할 때 용기가 생기고 실패해도 심리적으로 안정적인 상태를 유지할 수 있다. 어떤 일이든지 여러 번 시도하면 결국에는 성공한다. 모든 성공은 도전의 결과다. 플레밍의 페니실린, 뢴트겐의 X선, 콜럼버스의 신대륙 등이 우연히 발견한 것 같지만 그들의 우연은 수많은 도전과 실패를 거쳤고 평균의 법칙에 따라 결국 성공했다.

우연을 통제할 수는 없다. 그러나 우연이 일어날 기회를 늘릴 수는 있다. 도전하면 기회는 늘어난다. 단순히 열심히 하는 것만으로는 충분하지 않다. 접착력이 약한 물질을 버리지 않고 새로운 제품 개발에 활용한 포스트잇 개발자처럼 특별한 일이 일어났을 때 그것을 놓치지 않는 직관력과 인내심도 갖춰야 한다.[26]

우연함과 영리함이 만들어낸 뜻하지 않은 발견

좋은 우연이 더 많이 일어나게 만드는 원칙이 있다. 우연한 행운을 유발하는 세렌디피티 원칙이다. 세렌디피티는 '뜻밖의 행운'을 의미한다. 세렌디피티는 영국의 소설가이자 정치인 호레이스 월폴이 친구에게 보낸 편지에서 처음 등장했다. 월폴은 친구에게 어린 시절 읽은 《세렌디프의 세 왕자》에 나온 이야기를 편지에 적어 보냈다.

세렌디프의 세 왕자는 지혜를 얻기 위해 여행하면서 불행과 재난을 겪은 사람들을 만난다. 농가를 방문한 세 왕자는 농부의 하나뿐인 아들이 말에서 떨어져 다리가 부러진 것을 본다. 말은 달아나서 찾을 수 없게 됐다. 농부는 걱정했지만 왕자는 "상심하긴 일러요. 좋은 일이 생길 거예요."라고 위로한다. 당시 농부의 나라는 전쟁 중이었는데 다음 날, 병사들이 마을로 찾아와 신체 건강한 젊은이는 모두 전쟁터로 나가야 한다며 청년들을 징집한다. 농부의 아들은 다리가 부러져서 전쟁에 나가지 않았다. 얼마 후 정부의 관리가 찾아와 마을의 모든 말을 전쟁터로 끌고 갔다. 농부의 말은 달아났기 때문에 잃을 게 없었다. 얼마 후 이 나라의 군대는 전쟁에서 크게 패했고 대부분의 병사와 말은 돌아오지 못했다. 전쟁이 끝나고 얼마 후 아들이 타던 말이 농부에게 돌아왔다. 야생마들까지 데리고 나타났다. 아들의 부러진 다리도 다 낳았다. 불행한 일이라고 여겼던 아들의 부상과 말의 실종이 농부에게 오히려 득이 되었다.

세 왕자는 계속 여행하다가 어느 마을에서 지주를 만난다. 지주는 한때는 부유했지만 농지가 홍수로 엉망이 된 후에는 모든 재산을 잃고 절망에서 헤어나지 못했다. 세 왕자는 지주에게 곧 좋은 일이 있을 거라고 말했다. 지주는 홍수로 엉망이 된 땅에 가보니 곳곳에 보석이 번쩍이고 있었다. 홍수 덕분에 땅에 숨어 있던 보석을 찾아낸 지주는 이전보다 더 큰 부자가 되었다.

호레이스 월폴은 세렌디프의 세 왕자 이야기를 친구에게 전하면서 '우연함과 영리함이 만들어낸 뜻하지 않은 발견'을 세렌디피티라고 했다. 당장은 실패라고 생각한 일들이 나중에는 뜻하지 않은 행운이 되어 돌아온다. 이런 일은 누구에게나 일어난다. 그리고 여러 번 일어날 수도 있다.

도전에 성공하는 세 가지 법칙

생각하지 못한 것을 우연히 발견하려면 계속 도전해야 한다. 하기 싫은 일, 안 될 것 같은 일, 손해를 볼 것 같은 일을 피하기만 하면 그 속에 숨어있는 행운도 놓친다. 세렌디피티에는 긍정적인 마음으로 기다리는 '긍정적 기대의 원칙'이 있다. 이 원칙에 따르면 좋은 일이 일어난다고 염원하면 실제로 그 일이 일어날 가능성이 높아진다. 위대한 발견·발명을 한 실존 인물과 세렌디프의 동화에서 세 왕자가 여행하면서 만난 사람들의 공통분모는 결국 모든 일이 잘 될 것이며 실패나 고난 끝에 성공이 온다는 믿음이다.

성공에서 배우는 것보다 실패하면서 배우는 게 더 많다. 실패에서 배운 것을 더 확실하게 그리고 오랫동안 기억해야 한다. 왜냐하면 성공 비결은 같은 방법으로 또다시 성공한다는 보장이 없는 반면, 실패 경험은 같은 실수를 반복하지 않기 위해서 반드시 기억해야 성공 확률을 높일 수 있기 때문이다.

성공한 사람은 실패에서 더 많이 배운다는 걸 알고 있다. 실패하면 방법을 바꿔서 다시 도전한다. 성공에는 평균의 법칙, 세렌디피티, 긍정적 기대의 원칙이 함께 작용한다. 세렌디피티는 우연이 아니라 도전과 노력의 결과다. 수없이 많은 도전과 열정적으로 노력하는 과정에서 뜻밖의 행운이 찾아온다. 우연한 기회도 도전해야 생긴다. 우연한 기회는 실제로 수많은 도전이 만들어낸 결과다. 우연한 기회와 행운은 도전과 노력을 밑거름으로 싹을 틔운다.

혼자의 기술

Part 5

혼자 결정하기

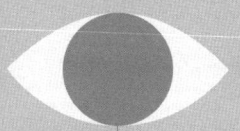

어떤 결정을 하든지 잘못된 결정은 없다 목표가 분명하고 과정에 집중한다면

스튜어트 에머리

어떤 결정을 하든지
얻는 게 있다

혼자 일하는 사람은 선택의 순간에 '잘못된 결정'을 할지도 모른다는 두려움에 사로잡힌다. 자기가 한 결정에 대한 책임을 오롯이 혼자서 짊어져야 하기 때문에 두려움이 더 크다.

성공과 실패는 동전의 양면이다

직장에서 팀을 이루어 일하면 잘못된 결정을 했을 때, 바로잡기 위해서 팀원이 함께 힘을 모은다. 여럿이 의논해서 결정했다면 혼자서 모든 책임을 짊어질 필요는 없다. 하지만 실제로는 조직이나 직장에서 더 많은 책임감을 느끼는 사람과 책임감을 덜 느끼는 사람이 있다. 하지만 산술적으로 팀의 구성원이 열 명이라면 10퍼센트의 책임감만 느끼면 된다. 이것이 공동의 결정이 갖는 장점이자 치명적인 단점이다.

물과 건초더미를 양 쪽에 두고 무엇을 먼저 먹을지 결정하지 못하고 망설이다가 굶어 죽는 당나귀가 된 기분을 누구나 한 번 이상 느꼈을 것이다. '뷔리당의 당나귀' 이야기는 어떤 결정을 하든지 결정을 하지 않는 것보다 낫다는 교훈을 준다.

결정하지 않으면 도전도, 성공도 못한다. 도전과 성공을 가로막는 장애물은 실패에 대한 두려움이다. 실패가 아니라 실패할지도 모르는 두려움 때문에 결정하지 못한다. 하지만 실패는 사람을 더 강하게 만든다. 하는 일마다 성공할 수는 없다. 그렇다고 아무 일도 안 할 수는 없지 않은가. IBM을 설립한 토머스 J. 와트슨은 기자에게 "남들보다 빨리, 큰 성공을 거둔 비결이 무엇입니까?"라는 질문을 받고 이렇게 대답했다.

"남들보다 빨리 성공하고 싶으면 남들보다 두 배나 빨리 실패를 해봐야 합니다. 성공과 실패는 동전의 양면이기 때문이죠."[1]

해답이 여기에 있다. 살면서 실패를 피할 수는 없다. 하지만 가정에서 학교에서 회사에서 완벽해야 한다고 배웠기 때문에 실패를 두려워한다. 실패가 두려워서 아무런 결정도 하지 못한다. 사람들이 두려워하는 것은 잘못된 결정을 하는 게 아니라 잘못된 결정으로 내가 갖고 있던 것을 잃어버린다는 생각이다. 여기서 두려움을 느낀다. 두려움은 '잘못된 결정을 하면 안 된다', '실패하면 안 된다', '완벽해야 한다'는 생각을 더 굳건하게 만든다.

어떤 결정을 하든지 잃어버리는 것은 없다

변화나 새로운 도전을 시도하려 할 때마다 완벽해야 한다는 생각과 결과가 잘못되지 않을까 하는 두려움이 우리 발목을 잡는다. 이런 걱정은 도움이 안 된다. 어떤 결정을 하고 어떤 행동을 하든 잃어버리는 것은 아무것도 없다. 어떤 선택을 하든지 얻는 게 있다.

결정의 순간에 '이렇게 해야 하나, 저렇게 해야 하나'라는 생각보다 '계획한 대로 되지 않으면 어떻게 하지?'라는 생각이 더 커진다. 온갖 수단을 동원해서 미래를 예측하려고 한다. 결정을 한 뒤에도 계속 뒤를 돌아보면서 '다른 길을 선택했더라면 어땠을까?'라고 생각한다. 이렇게 생각하면 어떤 결정을 하든지 후회를 하게 된다. 인생에서 중요한 선택의 기로에 서 있을 때, 그 선택을 혼자서 결정해야 할 때 어떤 선택을 하든지 결국 후회한다는 사고방식을 가지면 후회 속에서 살게 된다.

아직 일어나지도 않은 일을 미리 걱정할 필요는 없다. 문제가 현실로 나타나면 문제를 해결하기 위해서 새로운 결정을 하면 된다. 오늘 내린 결정이 영원하란 법은 없다. 결정을 번복하는 것과 문제를 해결하기 위해 새로운 결정을 하는 건 다르다.

매 순간 결정을 바꿀 수 있다는 것은 장점이다

규모를 갖춘 회사에서는 의사결정 시스템을 갖추고 있다. 이런 곳에서는 의사결정 시스템을 통과해야 한다는 강박 때문에 자기검열을 한다. 그 과정에서 좋은 아이디어가 사장된다. 규모가 작은 회사에서도 한번 결정하면 뒤집기 어렵다. 혼자 일하면 상황이 바뀔 때마다 언제든지 결정을 바꿀 수 있다. 결정은 일시적이다. 지금 하는 일을 성공적으로 완료하는 게 중요하다. 상황에 따라 결정을 바꿀 수 있다는 것은 혼자 일하는 사람만이 가진 강점이다. 명분과 체계 때문에 결정을 바꾸기 어려운 조직과 비교해서 순식간에 결정을 뒤집는 강점을 최대한 활용해야 한다.[2]

어떤 결정을 하든 상관없다. 정해진 것은 아무것도 없다. 미래는 예측하는 게 아니라 개척한다는 생각을 가져야 한다. 결정의 끝에는 '좋은 결과'만 있다. 새로운 방식을 경험하고 배우고 성장하고, 자기가 원하는 삶이 무엇인지 발견하고, 하고 싶은 일을 찾는 기회를 얻는 게 중요하다. 실패에 대한 두려움을 없애는 유일한 방법은 어떤 선택을 해도 잃을 게 없다는 사고방식이다.[3]

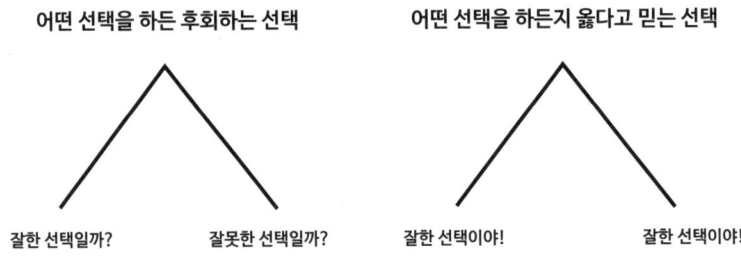

실수를 두려워하지 않으면서 자신의 결정을 기꺼이 받아들이는 자세를 가져야 한다. 그러려면 지속적으로 마인드 컨트롤을 해야 한다. 아침마다 수첩에 '오늘 내가 하는 결정은 모두 옳다'라고 쓰는 것도 좋다. 머리를 맞대고 생각할 사람이 없다고 해서 중요한 결정을 미루거나 아무런 결정도 하지 않으면 최악의 결과만 남는다.

1인 기업가처럼 혼자 일하는 사람들은 기획, 생산, 판매, 서비스, 회계, 경영 등에 이르기까지 모든 분야를 혼자서 관장하기 때문에 매 순간 선택하고 결정해야 한다. 하루에도 무수히 많은 결정을 한다. 자기가 한 결정을 되돌아보고 끊임없이 후회한다면 어떤 결정도 할 수 없고 어떤 일도 시작할 수 없다.

결정했다면 최선을 다한다

열심히 일하고 능력도 다른 사람에 비해 뒤떨어지지 않는데도 불구하고 좋은 성과가 나오지 않는다면 자기가 한 결정을 돌아보기 전에 그 결정에 최선을 다하고 있는지, 새로운 시도를 하고 있는지 돌아봐야 한다.

　자기가 한 결정을 후회하면서 새로운 일에 도전하면 실패할 확률이 매우 높다. 당연히 실패에 대한 두려움도 더 커진다. 실패가 두려워서 어떤 결정도 하지 않는다면 아무것도 배우지 못하고 실력은 줄어든다. 실패에만 초점을 맞추면 두려움에 매몰된다. 새로운 일에 도전할 때는 실패해도 배울 게 있다는 사고방식을 작동시켜야 한다. 실패해도 배우고, 성공하면 더 많이 배운다. 좋은 결과도 얻는다. 이렇게 생각하면 두려움보다 새로운 일에 대한 기대감이 더 커진다.

　건초더미 사이에서 굶어죽는 뷔리당의 당나귀가 되지 않으려면 어떤 결정이든 해야 한다. 내가 하는 모든 결정의 끝에는 언제나 좋은 결과만 있다는 믿음이 실제로 좋은 결과를 만든다.

언제나
결정은 어렵다

혼자 일하는 사람에게 결정은 어렵다. 중요한 결정은 넘기 어려운 문턱이다. 어떤 결정을 하느냐에 따라서 좋은 기회를 잡을 수도 있고 상대적으로 덜 좋은 기회를 잡을 수도 있다. 어쨌든 결정하면 기회를 잡는다.

결정을 미루면 문제는 더 커진다

축구 경기의 페널티킥을 막는 골키퍼를 보면 어떤 결정이든지 하는 게 낫다는 말이 이해가 된다. 페널티킥에서 키커가 공을 차려고 달려오는 순간 골키퍼는 오른쪽이나 왼쪽 어느 한쪽을 선택해서 몸을 날린다. 골키퍼의 95퍼센트가 한쪽 방향을 정해서 몸을 날린다.

통계적으로 패널티킥 중 28퍼센트는 한가운데로 공이 날아온다. 가운데 서 있으면 열 번의 페널티킥 중에 두세 번은 막을 수 있다. 골키퍼가 가운데 서서 팔을 벌리고 공을 막는 것이 확률적으로 최선의 결정이다. 가운데 서 있으면 28퍼센트는 공을 막아낼 수 있다. 골키퍼도 이런 사실을 잘 안다. 가운데 서 있으면 열 번 중 두세 번을 막아내지만 일곱 번 점수를 내줬을 때 여론과 사람들의 질타를 견뎌야 한다. 하지만 방향을 정해서 몸을 날리면 실점하더라도 최소한 사람들의 질타는 피할 수 있다.[4]

골키퍼가 오른쪽이나 왼쪽으로 몸을 날려서 질타를 피하는 것처럼 '생각해보자'보다 '결정하자'가 바람직하다. 일정 기간 생각을 숙성한 후에는 어느 쪽이든 결정해야 한다. 더 나은 결정을 위해서 계속 정보를 모으고 생각만 하는 게 제일 나쁘다. 결정을 미룰 때 문제는 더 커진다. 문제가 너무 커지면 회피하거나 급하게 결정을 내리게 된다. 완벽한 결정은 없다. 충분히 생각했다면 오늘 결정을 하나 내일 결정을 하나 마찬가지다. "늦은 결정이 나쁜 결정보다 더 나쁘다"라는 말이 있다. 오랜 시간 철저하게 계획을 세워도 어긋나는 부분이 있다. 시작도 하기 전에 분석만 하면서 시간을 끌면 결과는 오히려 나빠진다.[5]

경제학자들은 "모든 조건이 같다면 현재 수익을 내는 것보다 더 많은 수익을 낼 수 있는 시장으로 사업을 다각화하라."라고 조언한다. 이 조언은 경영자에게만 적용되지 않는다. 혼자 일하는 사람뿐만 아니라 모두가 더 나은 결과를 만들 수 있다면 새로운 일을 하려고 한다. 이직을 할 때도 이 조언은 꼭 기억해야 한다. 이익이 더 많다면 새로운 시장으로 진출하는 노력은 충분히 할 수 있다고 생각한다.

풀을 뜯어먹는 초식동물은 본능적으로 새로운 먹이가 있는 들판으로 옮겨갈 시기를 안다. 그리고 '합리적'으로 결정한다. 초식동물의 결정은 직관적이지 않다. 다른 들판으로 이동할 때를 합리적으로 결정한다. 초식동물은 먹이가 줄어들면 새로운 목초지를 찾아 이동한다. 지금 먹이를 먹는 자리에서 먹이를 찾는 데 걸리는 시간이 먹이를 찾아서 돌아다니는 데 걸리는 최대 시간과 같을 때 자리를 옮긴다. 이것을 '한계 가치$^{Marginal\ Value}$'라고 한다.

경제학자의 조언은 이성적으로 생각하면 당연하다. 더 많은 풀이 있는 곳으로 옮기는 게 당연하다. 초식동물도 본능적으로 안다. 더 많은 먹이익가 있는 곳으로 이동해야 한다. 하지만 초식동물 입장에서는 뷔리당의 당나귀가 그랬던 것처럼 자리를 옮기는 결정을 하기가 어렵다.

초식동물은 언제 옮겨야 할지, 어디로 옮겨야 할지 판단하기 어렵다. 가보지 않으면 새로 옮길 곳에 풀이 더 많은지 알 수 없다. 또 탐색하는 동안에는 먹이를 원하는 만큼 먹을 수도 없다. 탐색하는 데, 즉 정보를 모으는 데도 시간이 필요하다. 먹이가 부족하면 자리를 옮겨야 한다는 것을 알면서도 이동할 곳과 이동할 때를 결정하지 못한다.⁶

적당히 좋은 것으로 결정한다

완벽한 결정을 하는 방법론은 있다. 하지만 누구도 그 방법론에 따라 결정할 수는 없다. 모든 대안의 장점과 단점을 따져볼 수 없고 대안에 대한 정보도 부족하다. 완벽한 결정에 필요한 정보를 모두 모을 수도 없다. 정보를 모은다고 해도 상당수의 정보는 결정하는 데 큰 도움이 되지 않는다. 무엇보다 정보를 모으고 분석할 시간이 부족하다. 최선을 다해서 경우의 수를 생각하고 가능한 많은 정보를 얻고 시간을 갖고 생각한다고 해도 옳은 결정을 한다는 보장은 없다.

우리는 완벽하지 않은 상태에서 결정을 한다. 완벽한 결정을 하는 방법은 있어도 실행할 수 없다. 하지만 더 나은 결정을 하는 방법은 있다. '최고' 또는 '최선'이 아니라 '적당히 좋은' 방향으로 결정하는 것이다. '이 정도면 충분하다'라는 기준을 만들어 놓고 기준에 부합하면 결정하는 것이다.

심리학자 게리 클라인은 《인튜이션》에서 화재를 진압하는 소방관과 전쟁터의 군인, 응급실의 간호사가 결정하는 방식을 소개했다. 이들이 긴박한 순간에 가장 합리적인 결정 방법론을 활용할 것이라고 예상했지만 그렇지 않았다. 소방관, 군인, 간호사는 긴급 상황에서 여러 가지 대안을 의식적으로 따져서 판단하지 않는다. 여러 번 경험하고 반복해서 본 기억을 재빨리 가져와서 무엇을 할지 결정하고 즉시 실행한다. 경험과 훈련으로 체득한 순서에 따라 최선의 대처방안이라고 생각한 것을 바로 실행한다. 이들은 최선의 결정을 찾지 않는다. 이 정도면 충분하다고 느끼면 바로 행동한다.

"이 정도면 됐다"를 직관이라고 한다. 게리 클라인은 긴급 상황에서 결정에 이용하는 것은 직관보다 조금 더 작은 섬광 같은 통찰력이라고 했다. 고대 그리스 석상이 모조품임을 한눈에 알아본 박물관장처럼 직관과 통찰력으로 '충분히 좋은' 것을 선택하는 편이 더 나은 결과를 만든다.

합리적인 결정을
도와주는 것들

도박하는 사람의 뇌를 fMRI를 이용해서 관찰한 결과 내용은 똑같지만 표현이 다른 두 가지 설명이 뇌의 어떤 부위를 활성화하는지 알아냈다. 돈을 잃게 된다는 설명을 듣고 도박을 한 사람들은 흥분했을 때 부정적인 감정을 유발하는 뇌의 편도체가 바로 활동을 시작한다. 이성적인 사람들의 편도체도 비슷한 반응을 나타냈다. 신경과학자 베네딕토 데 마르티노는 "모두가 감정의 편향을 드러냈다. 거기서 자유로운 사람은 아무도 없었다."라고 했다. 설명은 다르지만 내용이 똑같다는 사실을 즉시 눈치챈 사람들, 프레이밍 효과의 허와 실을 간파한 사람들도 손해를 보는 사실을 인지한 순간 부정적인 감정을 드러낸다.⁷

프레이밍 효과와 손실 회피 현상

육류에 지방이 15퍼센트라고 표기한 라벨보다 살코기 85퍼센트라고 적힌 라벨을 부착해서 판매할 때 사람들이 훨씬 더 많이 구입하고, 수술 중

사망할 확률이 20퍼센트라고 말할 때보다 생존할 확률이 80퍼센트라고 말할 때 두 배나 많은 환자들이 수술을 선택한다. 인간이라면 당연히 85퍼센트 살코기와 생존 확률 80퍼센트를 선택한다. 이런 성향을 '프레이밍 효과Framing effect'라고 한다.

이익을 얻을 확률과 손해를 보는 확률이 같을 경우 사람들은 이익보다 손해에 훨씬 민감하게 반응한다. 이익이 생기면 당연하다고 생각하고 조금이라도 손해를 보면 심하게 불안해한다. 확실한 이익이 보장되지 않으면 결정을 계속 미루는 것도 손실 회피 성향 때문이다. 손실 회피 성향은 지금의 상태를 유지하려는 현상으로 이어진다. 더 나아질 거라고 예상되지 않으면 현재 상태에서 굳이 바꾸려고 하지 않는다.

때로는 현재 상태에서 기다리는 것도 옳은 결정을 내리는 데 도움이 된다. 중요한 결정을 앞두고 사람들은 생각할 시간을 갖는다. 일정한 시간 동안 두뇌가 사고를 부화하도록 내버려 둔다. 깊은 생각에서 잠시 벗어나서 생각을 그대로 내버려 두면 생각이 숙성되는 효과를 볼 수 있다. 손실을 피해서 아무런 결정도 하지 않은 채 현재 상태가 유지되기를 바라는 것과 생각하는 시간을 갖는 것은 다르다.

수집한 정보를 검토하고 자기만의 방식으로 판단한 다음 최종 결정을 내리기 전에 긴장을 풀고 휴식을 취한다. 아무 생각도 하지 않고 시간을 보내면 된다. 그러는 동안 머릿속에 저장된 정보는 새롭게 구성된다. 뇌가 휴식을 취하면서 생각을 정리하는 시간에 서로 얽혀있던 정보는 흩어졌다 모이기를 반복하며 새로운 방식으로 연결된다. 그러면서 관련이 없는 정보 사이에 새로운 연결고리가 생긴다. 중요한 결정을 앞두고 생각을 정리하는 시간을 가지면 이전에 생각하지 못했던 기발한 아이디어가 떠오른다. 자기 생각에 확신이 생기기도 한다. 미처 확인하지 못한 것이 불현듯 생각나서 결정에 영향을 주기도 한다. 두뇌를 쉬게 하면 잠재력을 끌어올릴 수 있다. 두뇌의 잠재력은 일상에서 사용하지 않는 99퍼센트의 두뇌 능력이다. 무의식에 저장된 정보도 잠재력 가운데 하나다.[8]

결정할 때는 의식과 무의식을 동시에 이용한다

중요한 결정을 할 때는 결정에 필요한 정보를 수집하고 검토한 후에 관심을 딴 데로 돌려서 무의식에게 결정을 맡기는 편이 낫다. 네덜란드의 심리학자 아프 테이크스테르호이스와 제헤르 판 올던은 '무의식 사고 이론'을 주장했다. 이들은 어떤 문제에 대해서 너무 깊이 생각하는 것은 여러 가지 면에서 즉흥적으로 선택하는 것만큼 나쁘다고 했다.[9]

의식은 논리에 따라 합리적인 방식으로 상황을 파악하고 최선의 결정을 하는 데 효과적으로 작용한다. 자료를 분석하고 이익과 손해를 따지는 것은 의식의 영역이다. 하지만 의식의 영역에서 할 수 있는 일은 제한적이다. 의식이 한 번에 수용할 수 있는 정보는 한계가 있다. 의식은 한 번에 몇 가지 사실과 수치만 분석할 수 있다. 정보가 많아지고 정보 사이에 관계가 복잡하게 얽히면 의식은 더 이상 논리적으로 생각하지 못한다. 문제가 복잡할수록 옳은 결정을 내리지 못하는 이유도 의식의 능력을 넘어서기 때문이다. 의식은 상황을 전체적으로 바라보기보다는 몇 가지 명백한 요소에만 집중한다. 한 번에 생각할 수 있는 몇 가지 정보에 집중하는 과정에서 큰 그림을 놓친다. 이와 대조적으로 무의식은 복잡한 결정을 하는 데 뛰어나다. 사람이 살아가면서 만나는 문제는 한두 가지 정보로 해결할 수 있는 것보다 복잡한 경우가 훨씬 더 많다. 시간을 갖고 뇌를 쉬게 하면, 무의식이 활성화되어 눈에 보이는 정보 사이에 보이지 않는 관계를 검토하여 균형 잡힌 결정을 할 수 있다.

계획과 목표가 결정을 도와준다

세상에는 불분명하고 부조리한 것, 노력해도 이루기 어려운 것이 많다. 그래서 결정하기가 어렵다. 이럴 때 계획과 목표는 옳은 결정을 하는 데 도움을 준다. 어떤 결정도 하지 못하고 시간을 흘려보내는 이유는 불확실한 상황에서 자기 생각과 행동에 의미부여를 하지 못하기 때문이다. 장기적인 계획과 목표는 행동을 하도록 만든다. 하루하루를 열심히 생활하게 만드는 것은 할 일 목록과 장기적인 계획이다. 지금 이 순간에 하는 일이 궁극적인 목표를 향한다면 그것은 옳은 결정이다.

　인생에서 이루고 싶은 목표는 오롯이 혼자 결정해야 한다. 자기가 세운 목표는 자기 힘으로 이뤄야 한다. 자기 인생을 책임질 사람은 자신뿐이다. 결혼해서 가족이 있어도 마찬가지다. 일생일대의 중대한 결정을 다른 사람에게 물어보거나 남의 눈에 어떻게 보일지 신경 쓰면 절대로 옳은 결정을 할 수 없다.

자기만의 계획과 목표가 확실하면 도전의지를 불러 일으키는 것은 어렵지 않다. 지그 지글러는 "목표 없이 배회하다가 어느 날 갑자기 에베레스트 정상에 서는 사람은 없다"라고 했다.

목표와 계획이 없는 사람이 갑자기 사업에 성공하거나 원하는 것을 얻게 되는 일은 없다. 계획대로 실행해서 목표를 이루는 사람은 가족과 친구, 동료에게 자기 목표를 이야기한다.

목표를 잘 보이는 곳에 붙여놓는 것보다 주변 사람에게 목표를 이야기하는 게 더 효과가 있다. 목표가 비밀은 아니지만 매우 사적인 것이다. 그래서 다른 사람에게 이야기하지 않는다. 잘 보이는 곳에 목표를 붙여두고 자기가 정한 목표를 상기하는 것처럼 주변 사람에게 목표를 이야기하면 누군가 지켜보고 있다는 생각에 더 열심히 하게 된다. 자기 목표를 주변 사람에게 이야기하려면 용기가 필요하다. 용기를 내서 목표를 이야기하면 반드시 그에 따르는 결과를 얻는다. 주변 사람들에게 목표를 이야기하면 이후에 세부적인 결정을 하기도 수월하다. 가족과 친구, 동료들이 도움을 줄 수도 있다.

결정에 필요한
설계도 그리기

고대 로마의 정치가이자 철학자 키케로는 "누구나 실수할 수 있다. 그러나 바보들은 실수를 되풀이한다."라고 했다. 키케로의 말처럼 실수를 되풀이하지 않으려면 결정할 때 정확한 설계도가 필요하다. 설계도가 있으면 정확하게 문제점을 짚어내고 현명하게 결정할 수 있다.[10]

정보가 많다고 옳은 결정을 하는 것은 아니다

결정하기 위해서 설계도를 그리려면 정보가 필요하다. 정보를 모으는 동안 새로운 것을 배우고, 알고 있는 지식은 더 확실해진다. 직관력도 생긴다. 확신을 갖고 결정하는 것은 집을 짓는 과정과 비슷하다. 정보는 확신을 준다. 정보와 확신이 있으면 결정에 필요한 설계도를 상세하게 그릴 수 있다. 정보를 하나씩 의식적으로 생각하기보다 축적된 정보를 바탕으로 직관력을 기르면 옳은 결정을 할 수 있다.

심리학자 폴 안드리아센은 MIT 경영학부 학생을 대상으로 주식투자 실험을 했다. 실험에 참가한 학생들에게 주식 투자 포트폴리오를 선택하게 하고 두 집단으로 나눴다. 첫 번째 집단은 구입한 주식의 가격 변동만을 볼 수 있고 주식 가격이 오르고 내리는 이유를 알지 못하는 상황에서 주식을 거래하라고 했다. 두 번째 집단은 시시각각 변하는 주식시장의 정보를 파악할 수 있게 했다. 이들은 주식 전문 채널을 시청하고 〈월스트리트 저널〉을 읽고 전문가들에게 주식시장의 동향 분석을 의뢰할 수 있었다. 어느 집단이 더 많은 수익을 올렸을까?

놀랍게도 정보가 부족한 집단이 정보가 풍부한 집단보다 두 배 이상 많은 수익을 올렸다. 원하는 정보를 언제든지 입수할 수 있는 두 번째 집단이 주식시장을 예측해서 더 많은 수익을 올릴 거라고 예상했지만 결과는 반대로 나타났다. 많은 정보를 접할 수 있는 두 번째 집단은 최근 소식과 내부자 정보에만 주의를 기울였다. 최신 정보를 입수한 학생들은 정보가 부족한 학생들보다 주식을 사고파는 일이 잦았다.[11]

정보는 사람들의 행동과 결정에 영향을 준다. 위험 부담이 있는 프로젝트를 진행할 때, 집을 사고팔 때, 건강 검진에서 이상 소견이 나왔을 때, 이외에도 결정에 필요한 정보를 수집해야 하는 경우는 많다. 수집한 정보 가운데 결정에 도움이 되는 정보는 그리 많지 않다. 단 하나의 정보가 이후의 행동을 결정하게 만들기도 한다.

허리 통증 환자가 병원을 찾았을 때 의사는 통증의 원인을 파악하기 위해서 X레이, MRI 검사를 한다. 여러 가지 정밀 검사를 하는 과정에서 다른 문제가 드러나기도 한다. 의사는 검사하는 과정에서 허리 통증과

관계없는 증상을 발견하면 예상에 없던 치료를 추가한다. 환자는 허리 통증 때문에 병원을 찾았지만 의사들은 다른 증상까지 치료를 권한다. 허리 통증을 완화하는 치료법은 검사 결과와 상관없이 과거부터 해오던 치료법을 적용한다. 허리 통증의 원인을 밝히기 위한 정밀 검사 결과는 허리 통증의 치료법에는 거의 영향을 미치지 못한다. 정밀 검사 결과를 통해서 의사들이 얻은 정보는 치료법을 결정하는 데 큰 영향을 미치지 않는다는 점에서 정보로서 가치가 크지 않다.[12]

정보는 결정에 영향을 미칠 수도 있고, 그렇지 않을 수도 있다. 사람들은 결정할 때 정보가 많을수록 유리하다고 믿는다. 하지만 정보가 아무리 많아도 그 정보를 처리하는 뇌의 용량에는 한계가 있다. 주식투자 실험처럼 많은 정보를 주고 그 정보를 바탕으로 결정할 경우 대부분 형편없는 결정을 한다.

편향 때문에 잘못된 결정을 한다

수집한 정보를 분석할 때 여러 가지 요인이 작용해서 사실과 다르게 정보를 받아들이는 실수를 범한다. 정보의 편향에 대비하지 않으면 엉뚱한 정보를 바탕으로 중요한 결정을 할 수도 있다. 정보를 수집할 때부터 편향으로 인해서 정보를 왜곡해서 받아들인다. 정보의 편향 탓에 정확한 정보를 거부하고 엉뚱한 정보를 핵심 요인으로 판단해서 좋은 기회를 놓치는 일이 일어난다.

편향의 종류는 다음과 같다.

> 이용성 편향 : 쉽게 이용할 수 있는 정보만 수집한다.
> 경험 편향 : 주관적 편견에 따라 정보를 해석한다.
> 갈등 편향 : 자기 신념에 반하는 정보를 거부한다.
> 회상 편향 : 기억에 의존한다.
> 선택 편향 : 관심 없는 정보는 배제한다.
> 닻 편향 : 제일 처음 수집한 정보에 비중을 둔다.
> 최신 편향 : 최신 정보만 옳다고 믿는다.
> 선호 편향 : 자기 생각에 맞는 정보만 찾는다.

편향과 함께 잘못된 결정을 하게 만드는 요인이 또 있다. 사람들은 자기 문제를 다른 사람이 정한 기준에 따라 결정하려고 한다. 책에서 보았던 글, 전문가·권위자가 한 말이 절대적이라고 믿을 때도 잘못된 결정을 한다. 과거에 성공했거나 또는 실패했던 경험을 기준으로 판단하기도 한다. 한 번 안전하게 지나갔다고 그 길은 늘 안전하다고 믿고 우연히 사고를 당한 길은 항상 위험하다고 믿는다. 경험과 감정에 따라 직감적인 결정이 때로는 옳은 결정을 하도록 도와주지만 너무 의존하면 크게 낭패를 볼 수 있다. 정보에 대한 편향은 자기가 옳다고 믿는 것만 보고 그 이외의 것들은 신경 쓰지 않는 것이다.

정보를 수집한 후에는 결정에 필요한 설계도를 그려야 한다. 결정의 설계도는 옳은 결정을 내리기 위한 밑그림이다. 결정의 설계도를 그리면 편향 때문에 옳은 정보를 외면하지 않고 잘못된 정보를 가려낼 수 있다. 적어도 객관적인 관점을 유지하는데 도움이 된다.

정보의 양과 질을 맞추기

정보 편향은 자기만의 방식으로 정보를 수집하고 분석할 때 나타난다. 다른 사람으로부터 정보를 제공받을 때도 부차적인 문제가 일어난다. 정보를 제공한 사람의 편견이 들어 있을 수도 있다. 결정하는 데 필요한 정보는 너무 적어도, 너무 많아도 도움이 되지 않는다. 정보가 너무 부족하면 어설픈 판단으로 잘못된 결정을 할 수도 있다. 반대로 정보가 너무 많아도 좋지 않다. 정보가 너무 많으면 결정하는 데 시간이 오래 걸린다.

 결정하는 데 필요한 정보는 많지도 적지도 않은, 적당한 양이어야 한다. 그렇다면 적당한 정보의 양이 어느 정도일까? 객관적으로 판단할 수 있을 정도, 질적으로 어느 쪽으로도 편향되지 않을 만큼일 때 옳은 결정을 할 수 있다. 정보를 수집할 때는 양적으로나 질적으로 균형을 찾아야 한다. 긍정적인 정보만 많고 부정적인 정보는 없다면, 자기생각과 일치하는 정보만 많고 반대되는 정보는 없다면 정보의 양을 조정하기 위해 의식적으로 반대되는 정보를 모아야 한다. 상반되는 정보의 양이 대체로 비슷해야 한다. 후회 없는 결정을 하려면 편향을 경계하고 정보의 양과 질을 비슷한 수준으로 맞춰야 한다.

논리만으로
부족하다

직관에 따라 결정하던 시대에서 논리에 의존해서 결정하는 시대로 변했다. 옳은 결정을 하기 위해서 자기 생각보다 논리를 더 신뢰하는 사람이 늘었다. 직관에서 논리에 의존하는 시대로 변한 데는 여러 가지 이유가 있는데 그중 중 하나는 과학에 기초한 논리적 사고방식이 과거에 사용했던 직관을 밀어냈기 때문이다.

논리는 실수의 가능성을 줄이고 직관은 창조적 대안을 만든다

디시전 트리는 의사결정 과정을 나뭇가지 모양으로 나타낸다. 폴트 트리는 잘못됐다는 가설을 세우고 오류의 원인을 계통적으로 분석하는 과정을 그린 도표다. 디시전 트리^{decision tree, 의사결정 과정을 나뭇가지 모양으로 그린 도표}와 폴트 트리^{fault tree, 잘못됐다는 가설을 세우고 오류의 원인을 계통적으로 분석하는 과정을 그린 도표}는 논리적인 결정을 도와준다. 플로 차트^{flow chart}처럼 의사결정 도구로도 활용한다. 다양한 변수가 얽혀 있는 상황에서 잘못된 부분을 확인하고 작은 결정을 거쳐서 큰 결정을 할 수 있게 도와준다.

디시전 트리를 이용하면 여러 가지 가능성을 놓치지 않고 생각할 수 있어서 복잡한 상황을 머릿속으로만 그리고 판단하는 과정에서 일어나는 혼란을 막을 수 있다. 디시전 트리는 프로세스를 잘 만들어 두면 스스로 질문하고 답하면서 중요한 결정을 혼자서 실수 없이 할 수 있다. 회사에서 담당자의 업무, 상품 제작의 흐름을 시작부터 끝까지 시뮬레이션할 때 등 디시전 트리는 매우 유용하다.

논리적인 결정을 도와주는 도구와 이론은 모든 것이 예측 가능하다는 믿음을 전제로 한다. 이것을 선택했을 때 발생하는 결과가 이러하다는 전제가 없으면 디시전 트리와 폴트 트리 같은 도구는 무용지물이 된다.

논리는 최선의 결정을 가능하게 해준다는 믿음 때문에 의사결정에 막강한 영향력을 행사하는 도구가 되었다. 사람들은 결정을 하거나 문제를 해결해야 할 때 논리적으로 생각하려고 애쓴다.

하지만 논리에도 한계가 있다. 카오스 이론과 나비효과는 예측이 불가능하다는 사실을 단적으로 보여준다. 확신을 갖고 결정하려면 논리에 근거해야 한다. 하지만 탁월한 결정은 논리와 직관을 적절하게 혼합할 때 나온다. 컴퓨터로 계산해서 나온 결과도 직관을 뛰어넘지 못하는 경우가 많다. 논리적 결정은 실수의 가능성을 줄이고 직관적 결정은 창조적인 대안을 만든다.[13]

논리가 지배하는 세상

논리가 세상을 지배한 이후 직관은 그리 좋은 평가를 받지 못했다. 경험과 육감에 의존해서 결정하는 방식을 사람들은 비과학적이라고 생각한다. 논리적인 사고의 흐름을 표현하는 마인드맵으로 유명한 토니 부잔과 신경생리학자 마이클 겔브는 직관을 '초논리적 사고 Superlogic'라고 했다. 이들은 논리적으로 생각하는 도구를 개발하면서 직관을 소홀히 생각하지 않았다.

어떤 결정을 할 때 두뇌는 경험과 학습으로 얻은 수십억 개의 정보로 구성된 데이터뱅크를 검색한다. 이때 초논리적 사고, 즉 경험과 느낌을 이용한다. 인간의 뇌는 잠재적인 성공 가능성을 정확하게 판단하기 위해 수많은 가능성과 논리적인 순서를 고려해서 엄청나게 복잡한 수학적 계산을 순식간에 끝낸다. 두뇌에서 계산한 결과는 생물학적 반응으로 전환되어 결정에 영향을 준다. 논리를 신봉하는 사람들은 뇌에서 계산한 결과에 따른 결정을 감각에 의존했다고 폄하하지만 직관도 논리적인 사고의 결과다. 하버드 비즈니스 스쿨에서 시행한 연구에 따르면 다국적 기업의 최고 경영자의 성공 가운데 80퍼센트는 직관에 의존한 판단에서 나왔다.[14]

모든 결정에는 감정이 개입한다

과학적인 결정 도구를 사용하는 사람들은 논리적으로 생각하고 정보와 확실한 근거를 토대로 결정한다고 알고 있지만 사실은 그렇지 않다. 신경과학자 안토니오 다마지오는 결정하는 과정에 감정이 개입하지 않으면 결정이 제대로 수행되지 않는다는 사실을 1982년에 밝혀냈다.

당시 신경과학은 인간의 감정을 비이성으로 분류해서 감정이 개입하지 않으면 더 나은 결정을 할 수 있다고 믿었다. 하지만 감정을 느끼지 못하면 오히려 결정 능력까지 상실했다.

전두엽 근처 대뇌피질에서 작은 종양을 제거하는 수술을 받은 환자의 IQ는 수술 전과 동일했다. 문제는 심리상태에 있었다. 정상이라면 즉각 반응을 보이는 절단된 발, 불길에 휩싸인 집, 벌거벗은 여인, 총으로 위협하는 모습을 촬영한 사진을 보고도 종양 제거 수술 환자는 아무런 감정을 느끼지 못했다. 안토니오 다마지오 교수는 뇌 손상으로 감정을 느낄 수 없는 사람들을 연구하다가 피실험자들이 결정하지 못한다는 사실을 발견했다. 이들은 자기가 해야 하는 일과 선택의 장단점을 논리적으로 설명할 수 있었지만 결정하지 못했다. 사람들은 결정할 때 무의식적으로 선택의 장단점을 파악하고 감정에 따라 판단한다. 논리적으로 어떤 일을 해야 하는지 알고 있지만 그 일을 실제로 하려고 결정하는 순간에는 감정에 따른다.[15]

가령 "점심에 무엇을 먹을까?"라고 묻는다면 실제로는 "어떤 음식을 먹고 싶은 기분일까?"라고 묻는 것이다. "일찍 일어날까?"라고 묻는다면 "일찍 일어나고 싶은 기분일까?"라고 묻는 것이다.

전두엽 근처의 뇌 조직을 잘라내면 감정을 느끼지 못한다는 연구 결과는 드라마와 영화에서 인물의 캐릭터를 결정하는 소재로 종종 사용된다. 영화와 드라마 주인공은 대부분 이성에 의존해서 결정하는 캐릭터로 묘사된다. 결정하려면 정보를 분석하는 능력이 필요하다. 그리고 정보를 분석한 결과에 따라서 판단하는 직관도 필요하다. 직관은 수집한 정보 속에서 서로 관련이 없는 것처럼 보이는 사실을 끌어내서 결정하는 능력이다.

직관은 즉흥적인 판단과 다르다. 하버드대학 교육대학원 D.N 퍼킨스 박사는 "어느 날 난데없이 직관을 얻었다는 말은 들어 본 적이 없다."라고 했다. 논리적인 사고와 직관이 조화를 이룰 때 정보를 더 빨리, 더 제대로 연결할 수 있고 이렇게 연결된 정보는 현명한 결정을 하는 데 영향을 준다.

불확실한 상황에서
옳은 결정을 하는 방법

누구나 합리적으로 결정하기를 원한다. 합리적인 결정에는 세 가지 이론이 적용된다. 첫째, 논리 이론, 둘째, 확률 이론, 셋째, 합리적 선택 이론이다. 결정할 때 어떤 형태로든지 논리를 만들고 확률이 조금이라도 높은 쪽으로 선택하려고 한다. 논리 이론과 확률 이론은 답이 정해져 있을 때 제 역할을 한다. 학교에서는 정답이 있는 문제를 제시하고 정답을 찾는 방법을 가르친다. 시험 문제에서 정답을 찾으면 높은 점수를 받는다. 학생들은 답을 찾는 과정보다 답을 아는 것에 중점을 둔다. 하지만 우리가 하는 거의 모든 결정에는 정답이 없다. 아무것도 정해지지 않은 상태에서 결정해야 한다.

위험과 불확실성을 구분한다

실제로 결정하는 상황에서는 불확실하거나 위험한 상황 중에서 선택해야 한다. 이때 합리적 결정 이론을 적용한다. 경제학자 프랭크 나이트는 위험risk과 불확실성uncertainty을 처음으로 규정했다. 그가 내린 정의는 이렇다.

"위험은 가격을 정할 수 있다. 불확실성은 측정하기 어려운 위험이다."

가격을 정할 수 있는 것은 위험이고 측정하기 어려운 위험은 불확실성이다. 가격을 정할 수 있는 위험을 예로 들면 이렇다. 포커 게임에서 상대방이 스트레이트를 완성할 확률은 정확하게 11분의 1이다. 주사위를 한 번 굴려서 1이 나올 확률은 6분의 1이다. 포커 게임이나 주사위를 굴려서 나오는 숫자에 돈을 건다면 이것은 측정할 수 있는 위험이다. 속임수가 없을 때 승패의 확률을 정확하게 예측할 수 있고 확률에 따라 베팅하면 위험에 대응할 수 있다.

불확실성은 측정하기 어려운 위험이다. 어떤 상황에서 악령들이 도사리고 있음은 어렴풋이 인식할 수 있다. 하지만 실제로 악령이 몇이나 있으며 얼마나 많은 악령이 얼마나 무섭게 공격할지는 전혀 알 수 없다. 이것이 불확실성이다.

자료를 많이 모아도 자료 사이에 아무런 관계가 없으면 논리적으로 판단하기 어렵다. 무수히 많은 자료 속에서 의미 있는 관계를 찾기 위해 여러 가지 방법을 이용하는데 방대한 자료에서 의미 있는 자료를 선별해내는 최선의 방법은 경험을 이용하는 것이다. 경험은 불확실한 자료 속에서 확실한 정보를 찾아내는 유일한 해결책이다.

불확실한 상황에서는 만족화 원리에 따라 결정한다

결정된 것들 중에서 위험을 가려내고 무엇이 이로운지 알아내서 선택하는 것은 어렵지 않다. 하지만 실제로는 결정된 것도 없고 무엇이 이로운지도 알 수 없다. 불확실성이 극대화될 때는 비이성적인 결정을 할 가능성이 높다. 논리와 확률을 무시한 채 결정하는 것이다.

일생을 좌우하는 중요한 결정 외에도 우리는 하루에도 수십 번씩 크고 작은 결정을 한다. 급한 일과 중요한 일 중에 당장 할 일을 결정해야 한다. 점심에 무엇을 먹을지, 누구와 먹을지도 결정이 필요하다. 사람들은 최대한 합리적으로 생각해서 이익^{더 먹고 싶은 음식, 함께 식사하고 싶은 사람}을 극대화하는 방향으로 결정한다.

행동경제학자 허버트 사이먼은 인간이 완전히 합리적일 수 없다는 것을 '제한된 합리성^{Bounded Rationality}'이라는 개념으로 설명했다. 사람들은 최대한 합리적인 결정을 하기보다 일정 수준 이상이 되면 결정하는 '만족화 원리'에 따른다고 주장했다.

입시, 취업, 이직 등의 진로를 결정할 때 자신의 판단이 가장 중요하다. 현재 상황을 정확하게 이해하기 위해서 최대한 정보를 모으지만 완벽하게 판단할 수는 없다. 이런 상황에서 최선의 결정은 아니더라도 경험에서 터득한 방법으로 만족할만한 결정을 하는 것이다. 만족화 원리에 따라서 이 정도면 충분하다고 생각하는 수준에서 결정한다. 이때 자료에 기초한 논리나 확률에 따른 사고는 생략되는 경우가 많다. 이런 상태를 사고의 절약, 즉 어느 정도 만족하면 생각을 중단하고 어떤 결정이든 하는 것이다. 결국 논리적으로 생각하고 확률에 따라 상황을 판단하고도 경험이 지시하는 대로 결정한다.

모든 것이 불확실한 상황에서 어떤 결정이든 해야 할 때, 논리가 명확하지 않고 합리적으로 결정할 수 없을 때 사용하는 주먹구구식 방법을 '휴리스틱^{Heuristic}'이라고 한다. 우리말로 표현하면 '어림셈'이다. 상황을 단순하게 보고 결정하거나 대강 추론하는 것도 휴리스틱이다. 식당 앞에 손님이 줄을 서서 기다리면 그 식당이 맛있을 거라는 예상도 휴리스틱이다. 소문난 식당은 줄을 서서 기다리는 사람이 많다고 경험으로 학습했기 때문이다. 여러 사람이 맛있다고 하니까 군중심리에 따라 맛있다고 느끼는 것도 무시할 수 없다.

정보가 부족하고 모든 게 불확실한 상황에서 휴리스틱은 중요한 결정에 큰 영향을 준다. 논리적으로 판단하기 어려울 때 사람은 자기가 좋아하는 것, 기분이 끌리는 것을 직감적으로 파악하고 자기가 원하는 대로 결정한다.

어떤 결정이든지 논리보다 감정이 더 크게 작용한다

지금 하고 있는 일을 계속할지, 새로운 일을 시작해야 할지, 현재 직장을 계속 다닐지, 다른 직장으로 옮길지, 클라이언트가 의뢰한 일을 이 정도 비용으로 할지, 더 많은 비용을 요구할지 등을 결정할 때, 어느 쪽이 나에게 유리한지 여러 가지 기준으로 재본다. 이때 한쪽을 잘한 결정, 다른 한쪽을 잘못한 결정으로 구분하면 결정하기가 어렵다.

다시 말해서, 지금 다니는 직장에서 계속 일하는 게 잘못된 결정이고 다른 직장으로 옮기는 게 잘한 결정이라고 생각하면 망설일 수밖에 없다. '여기에 계속 있다가는 좋은 기회를 놓친다'는 생각과 '옮긴 직장에서 새로운 일을 감당할 수 없으면 어쩌지'라는 생각이 대립하는 상황에서는 수집한 정보와 논리, 확률은 결정에 긍정적으로 작용하지 않는다. 하지만 '새로운 직장으로 옮기면 지금과는 다른 경력을 쌓을 수 있어' 또는 '지금 일하는 곳에서도 능숙해지면 새로운 영역으로 확장할 수도 있어'라는 생각으로 어떤 결정이든지 잘한 결정이라고 생각한다면 불확실한 상황에서도 후회하지 않는 결정을 할 수 있다.

경제학에서는 합리적인 결정을 하려면 감정을 배제하라고 하지만 현실적으로 개인의 감정을 배제한 결정은 거의 없다. 반면에 심리학자들은 감정이 개입하지 않으면 적절한 판단이나 결정을 할 수 없다고 주장한다. 심리학자 조너던 라이트는 "감정이 머리이고, 합리성은 꼬리에 불과하다."라고 했다. 이 말은 결정에 감정이 미치는 영향이 얼마나 크게 작용하는지 단적으로 보여준다.[16]

잘못된 결정은 없다

정교한 의사결정 모델을 제대로 활용하는 사람은 거의 없다. 기업도 마찬가지다. 반면, 휴리스틱은 경험과 직관을 바탕으로 단순한 규칙을 적용해서 결정하는 모델이다. 결정에 영향을 미치는 모든 요소를 고려해서 중요성을 따지는 것은 이론일 뿐이다.

결정을 내린 후에 거치는 단계도 중요하다. 어떤 결정을 하든지 결과에 대한 기대가 생긴다. 일단 결정했다면 최선을 다할 뿐 기대는 버려야 한다. 결과보다 과정에 집중하면 통로원리가 적용된다. 계속해서 또 다른 기회가 생긴다. 세런디피티, 즉 뜻밖의 기회를 잡으면 원래 계획보다 더 좋은 결과를 만들 수 있다. 이런 과정을 거치면 잘못된 결정은 있을 수 없다.

존 F. 케네디 경영대학원 스튜어트 에머리 교수는 《Actualization》에서 목표가 분명하고 과정에 집중한다면 어떤 결정을 하든지 잘못된 결정은 없다고 했다. 그는 호노룰루로 가는 비행기 조종실에서 관성 유도 장치Inertial Guidence System, IGS를 보고 계속 진로를 수정하는 모델을 제시했다.

비행기에서 관성 유도 장치가 하는 기능은 예상 도착시간 안에 하와이 활주로에 비행기를 착륙시키는 것이다. 비행기가 진로에서 벗어날 때마다 그 장치는 방향을 바로 잡는다. 조종사는 관성 유도 장치 덕분에 "오차가 90퍼센트까지 난다고 해도 비행기는 제시간에 도착한다."라고 말했다.[17]

진로의 수정

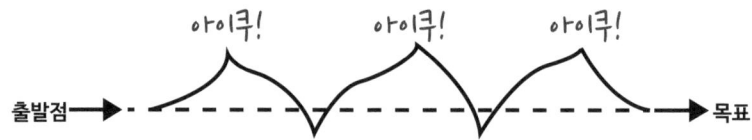

스튜어트 에머리 교수는 결정보다 과정이 중요한 이유를 관성 유도 장치에 비유해서 설명했다. 어떤 결정을 하든지 옳다고 믿고 과정에 집중하면 모든 게 불확실한 상황에서도 좋은 결과를 만들 수 있다.

"목적지를 향해 출발할 때부터 오차가 생긴다. 그 오차를 수정하면 다시 오차가 생기고, 그 오차를 수정하면 또 오차가 생긴다. 따라서 지그재그로 움직이지만 결국 목표를 찾아서 가게 된다."

잘못된 결정을 할지도 몰라서 걱정하는 것은 아무런 도움이 되지 않는다. 인생에서 정말 중요한 것은 진로를 수정할 때다. 언제 진로를 수정해야 하는지를 알면 원하는 시간에 목표를 달성할 수 있다. 어떤 선택을 해도 잃을 게 없고 과정이 중요하다고 믿으면 불확실한 시대를 살면서도 매 순간 옳은 결정을 할 수 있다.

결정을
실행하기 위한 의식

무용과 여러 장르의 예술을 결합해서 독특한 스타일의 작품을 만든 미국의 현대무용가 트와일라 타프는 창조적인 작업을 하려면 시작 의식이 필요하다고 했다. 그녀는 매일 아침 5시 30분에 일어나서 연습복을 입고 집을 나선다. 택시를 타고 헬스장으로 이동한다. 헬스장에서 매일 아침 2시간 동안 스트레칭과 달리기로 몸을 푼다.

시작 의식은 어떤 일이든지 시작하도록 도와준다
트와일라 타프는 《천재들의 창조적 습관》에서 자기만의 시작 의식을 밝혔다. 그녀의 시작 의식은 매일 같은 시간에 일어나는 것도, 헬스장에서 2시간 동안 몸을 푸는 것도 아니다. 그녀의 시작 의식은 택시를 타는 것이다. 거창한 시작 의식을 기대한 사람들은 택시를 타고 헬스장에 가는 것을 시작 의식이라고 믿기 어렵다고 하겠지만 그녀는 이렇게 말한다.
"매일 새벽에 잠이 덜 깬 채로 헬스장에 가는 것은 유쾌한 일이 아니다. 다른 사람처럼 나도 아침에 눈을 뜨면 운동하기 싫은 날이 많다. 하지만 나만의 시작 의식 덕분에 운동을 미루고 누워서 잠에 빠지는 일은 없다."

시작 의식은 뇌에서 결정을 담당하는 전전두엽 피질을 활성화해서 행동의 변화를 돕는다. 전전두엽 피질은 의도된 행동을 실행할 때 활성화되는 뇌 부위로, 기저핵$^{basal\ ganglia}$, 습관 고리, 활성화 에너지, 가동성, 인지 편향, 신경가소성, 전진원리, 통제 위치 등에 영향을 준다.[18]

   시작 의식은 어떤 일이든지 자신감을 가지고 실행할 수 있도록 도와준다. 시작하겠다는 의지를 굳게 해서 자신감과 생산성이 높아진다. 운동선수들은 본격적으로 운동하기에 앞서 준비운동을 하면서 근육을 풀어준다. 준비운동을 하는 동안 어제보다 더 좋은 기록을 내기 위해 정신을 가다듬는다. 오늘 어떤 운동을 할지 머릿속으로 그리면 잡념이 사라지고 운동에 집중하는 마음 자세가 만들어진다. 이것이 준비운동의 효과다. 운동선수들이 준비운동을 하는 것처럼 시작 의식을 실행하려면 기분을 전환하는 단계가 필요하다. 꽃꽂이나 다도를 시작하기 전에 예법에 따라 도구를 정돈하는 것, 서예를 하기 전에 명상을 하거나 먹을 가는 과정도 그 일을 시작하기 전에 치르는 의식이다. 시작 의식은 겉으로는 큰 의미가 없어 보이지만 어떤 일을 시작하기 위해서 마음의 준비를 하는 효과가 분명히 있다. 시작 의식을 하면서 좋은 결과를 얻을 수 있다는 자기 암시를 하면 실제로 집중력이 발휘된다. 쉽게 실천할 수 있는 행동을 시작 의식으로 정해두면 계획한 일을 실행하는 추진력이 생긴다.

공부나 일을 시작하기 전에 책상을 정리하고 필기도구, 포스트잇, 스템플러 등을 손에 닿는 위치에 두는 것도 시작 의식이다. 어떤 일을 시작하기 전에 차를 마시거나 명상을 하는 등 마음을 가다듬는 과정만 시작 의식이라고 생각하는데 꼭 그렇지는 않다. 트와일라 타프가 택시를 타고 연습실에 가는 것을 시작 의식으로 정한 것처럼 일을 시작할 때 첫걸음을 떼도록 도와주는 행동이 있다면 어떤 일이든지 시작 의식이 된다.

혼자 일하는 사람의 시작 의식

다니엘 핑크는 《프리에이전트의 시대가 오고 있다》에서 혼자 일하는 사람들의 다양한 시작 의식을 소개했다. 아침에 개를 데리고 산책한 후에 일을 시작하는 사람, 일을 시작하기 전에 밖에서 아침 식사를 하는 사람, 오랫동안 샤워를 하고 벌거벗은 채로 컴퓨터에 앉아서 일을 시작하는 사람도 있다. 아침에 양치질을 하면서 하루 일과를 머릿속에 그려보는 것도 시작 의식이다.

다니엘 핑크가 생활하는 공간은 2층이고 일하는 공간은 3층이다. 일하는 공간으로 이동하는 데 걸리는 시간이 1분도 되지 않아서 자기만의 시작 의식을 만들었다. 그는 시작 의식 외에도 종료 의식, 일하는 중간에 하는 의식도 만들었다. 아침에 일을 시작하는 의식은 어제 작성한 할 일 목록을 확인하는 것이다. 종료 의식은 하루 동안 작업한 문서를 정리하고 파일을 백업하고 내일 할 일 목록을 작성하는 일이다. 일하는 중간에도 의식을 정해두었다. 차를 마시는 것이 중간 의식이다. 차를 마시면서 하던 일을 정리하고 할 일 목록을 점검하며 중간 의식을 치른다. 이렇게 어떤 일을 하기 위한 시작 의식과 종료 의식을 실천해서 자기가 시간을 통제한다는 것을 느끼고 일에 대한 집중력을 유지한다면 시작 의식은 제 역할을 다 한 것이다.[19]

예술가와 작가들은 자기만의 시작 의식이 있다. 베토벤은 매일 아침 집 주변을 산책하며 머리를 깨끗하게 비웠다. 이고르 스트라빈스키는 아침마다 피아노로 바흐의 푸가를 연주했다. 작가들도 글을 쓰기 전에 자기만의 시작 의식을 실행한다. 일본 소설가 에쿠니 가오리는 반드시 목욕을 하고 헤밍웨이는 항상 연필을 깎았다. 시작 의식은 과학으로 설명할 수 없지만 계획한 일을 실행에 옮기게 하는 마력이 있다.

혼자서 일하는 사람은 계획대로 실행하기 위해서 시작 의식을 만들어야 한다. '나인 투 파이브'가 아니라 '지금부터 일을 마칠 때까지', 다시 말해서 일이 끝날 때까지 그 일을 계속해야 하기 때문에 시작 의식과 중간 의식, 종료 의식을 만들고 지키면 시간을 통제할 수 있다. 스스로 시간을 통제해야 능률도 오른다.

결정에는 어떤 식으로든 운이 작용한다

과학과 논리에 기초한 의사결정 방법론에서는 '운'을 고려하지 않는다. 운은 과학적으로 인과관계를 설명하기가 어렵기 때문이다. 경영학에서 의사결정을 연구하는 학자들은 과학으로 증명된 법칙과 미래를 예측할 수 있다는 가정에 기초해서 방법론을 만든다. 하지만 모든 상황이 과학으로 증명된 법칙에 따르지도 않고 앞으로 일어날 일을 예측할 수도 없다.

운은 결과에 영향을 준다

운은 어떤 형태로든 결과에 영향을 준다. 잘못된 결정에도 불구하고 운이 좋아서 성공하기도 하고 아주 훌륭한 결정을 했음에도 운이 나빠서 실패하기도 한다. 운이 결과에 미치는 영향이 크다고 해도 운에 의존해서는 안 된다. 편향된 시각을 버리고 객관적으로 정보를 수집하고 분석해서 좋은 결과가 나올 확률이 높은 쪽으로 결정해야 한다.

운이 결과에 영향을 주더라도 운에 기댈 생각은 처음부터 하지 않는 편이 낫다. 경험에 비추어 보면 운은 의도한 대로 따라오지 않는다. 하나의 사건과 다른 사건을 연관시키며 의식적으로 인과관계를 만들어서 좋은 결과로 이어지면 운이 좋다고 말한다.

예를 들어, 선물로 받은 넥타이를 매고 출근한 날 계약이 성사되었다면 넥타이 덕분이라고 생각하는 것이다. 출근길에 지하철에서 특정한 자리에 앉은 날 골치 아픈 문제가 해결되었을 때도 그 자리에 앉아서 운이 좋았다고 믿는다. 넥타이와 계약, 지하철에서 특정한 자리와 골치 아픈 문제 해결이 인과관계가 있다고 믿는다.

운이 좋다는 믿음 때문에 결정을 바꾼다

뉴욕대학 폴리테크닉 연구소의 나심 탈레브는 불확실성과 확률에 대해서 연구했다. 그는 실적이 아주 좋았던 날의 다음 날에 어제와 같은 줄무늬 넥타이를 매고 택시 기사에게 어제 내렸던 교차로에서 내려달라고 했다. 불확실성과 확률을 과학적으로 연구하는 자신이 이렇게 행동하는 것에 놀랐다고 했다.[20]

나도 출근할 때 지하철에서 같은 칸 같은 문을 이용하고 건널목에서 건너는 순서와 방향을 정해놓고 따른다. 그렇게 하지 않으면 왠지 하루 종일 일이 잘 안 될 것 같은 느낌이 들기 때문이다. 이러면서 징크스가 생긴다.

징크스도 일종의 운이다. 운이 좋다, 운이 나쁘다는 믿음은 경험에서 나온다. 다시 말해, 운도 직관과 사람의 성향에 따라 좋게 또는 나쁘게 나타난다. 나쁜 경험에서 나오는 감정은 합리적인 결정을 거부하게 만든다. 우리가 매일 하는 크고 작은 결정은 대부분 경험에 기초한다. 옳은 결정을 하려면 경험에서 나오는 직관과 운을 이용해야 한다.

리처드 와이즈먼 교수는 영국 하트퍼드셔대학에 행운 실험실을 만들고 행운을 실험하기 위해 700여 명의 지원자를 모집했다. 실험은 3단계로 나눠서 진행했다. 1단계에서는 설문을 통해서 자신이 운이 좋다고 생각하는 사람은 행운아, 운이 나쁘다고 생각하는 사람은 불운아로 구분했다. 2단계에서는 지원자 모두에게 복권을 사도록 했다. 복권 당첨 결과는 행운아와 불운아 모두 비슷했다. 행운아는 복권 당첨 결과와 상관없이 계속 자신이 행운아라고 생각한 반면, 불운아는 대부분 자기가 운이 없어서 복권에 당첨되지 않았다고 생각했다. 3단계에서 모든 참가자들에게 성격에 관한 설문지를 나눠주었다. 설문지는 협업 능력, 책임감, 정서적 안정성, 외향성, 개방성을 알아보는 문항으로 구성되었다. 설문 조사 결과 나타난 새로운 사실은 행운아 그룹이 불운아 그룹과 비교해서 외향성, 개방성, 낙관성, 정서적 안정성 문항에서 비교적 높은 점수를 받았다. 네 가지 항목은 모두 직관과 밀접한 관련이 있다.[21]

운이 좋다고 믿는 사람은 대부분 외향성과 개방적인 태도를 갖고 있다. 실험 결과처럼 외향적인 행운아는 새로운 사람을 만나고 처음 보는 사물을 경험하려고 한다. 개방적인 사람은 주변 사람에게 다양한 정보를 얻는다. 필요 없는 정보도 있지만 여러 가지 정보 중에서 필요한 것을 찾아내서 기회로 만들고 감각적인 판단을 결정의 근거로 활용한다. 다양한 분야에 정보와 경험이 많으면 직관력도 생긴다. 경험이 많고 운이 좋다고 믿는 사람은 느낌에 따라 결정해도 좋은 결과로 이어질 확률이 높다.

행운아는 항상 운이 좋다고 믿는다

리처드 와이즈먼 교수는 행운 실험실에서 연구한 내용을 《행운의 법칙Luck Factor》에 소개했다. 이 책에 특별히 '운이 좋은' 사람과 '운이 나쁜' 사람 400명을 연구한 결과를 소개했다. 운이 좋다고 생각하는 사람은 비슷한 태도와 행동을 보인다. 마찬가지로 운이 나쁘다고 생각하는 사람도 비슷한 태도와 행동을 보였는데 운이 좋다고 생각하는 사람에게 나타나는 행동, 태도와 반대되는 특징을 보였다.

운이 좋다고 생각하는 사람과 운이 나쁘다고 생각하는 사람이 어떻게 다른지 밝히기 위해서 리처드 와이즈먼은 다음과 같은 실험을 했다. 카페에 배우들을 앉혀두고 보통 사람처럼 행동하게 했다. 그리고 카페 바닥에 5파운드 지폐를 놓아두었다. 그런 다음 운이 좋다고 생각하는 지원자에게 카페에서 차를 마시고 오라고 했다. 운이 좋은 사람은 바닥에 떨어진 돈을 집어서 카페에서 커피 두 잔을 주문했다. 옆 자리에 처음 본 손님을 위한 커피까지 주문하고 연락처도 주고받았다. 다음에는 운이 나쁘다고 생각하는 지원자 한 명에게 똑같이 카페에서 차를 마시고 오라고 했다. 운이 나쁜 사람은 5파운드 지폐를 그냥 지나쳤고 카페 안에 있는 어느 사람과도 대화를 나누지 않았다. 나중에 와이즈먼은 두 사람에게 좋은 일이 있었냐고 물었다. 운이 좋은 지원자는 돈을 주운 것과 카페에서 연락처를 교환한 사람에 대해서 이야기했고 운이 나쁜 지원자는 좋았던 일을 생각하지 못했다.

운이 좋다고 믿으면 좋은 기회를 잡는다

중요한 결정을 하고 나서 좋은 일이 생길 거라고 믿는 낙관적인 자세도 결정에 영향을 미친다. 낙관적인 사람들은 어려운 환경에서도 자기에게 유리한 요소를 찾는다. 개방적인 태도를 가진 사람은 폐쇄적인 태도를 가진 사람과 비교해서 정서적인 안정을 유지하고 좋은 기회를 더 많이 얻는다. 긴장한 상태에서는 주의력이 분산되지만 안정적인 상태에서는 뜻밖의 기회를 발견할 수 있다. 직관적으로 결정하고 기회를 잘 포착하는 게 좋은 운 덕분이라고 믿지만 반드시 그런 것은 아니다.

정신 건강 분야에서는 '운'을 외적 통제 영역이라고 한다. 외적 통제 영역은 인간의 의지로 어떻게 할 수 없는, 인간이 통제할 수 없는 영역이다. 이와 반대로 내적 통제 영역은 인간의 힘으로 통제할 수 없는 영역이다.

운은 통제할 수 없는 영역이지만 낙관적인 태도와 풍부한 경험, 직관력을 발동해서 좋은 결정을 하는 데 영향을 준다. 자기가 한 결정을 낙관적으로 보면 목표에 더 몰두할 수 있다. 때문에 운이 따르지 않아도 좋은 기회를 잡을 가능성이 높다. 왜 그렇게 결정했는지 설명할 수는 없지만 본능적인 판단에 운이 더해져서 옳은 결정을 하고 좋은 결과로 이어진다.

시기적절하게 상품을 개발해서 크게 성공한 사람들은 운이 좋았다고 말한다. 다른 사람보다 덜 노력하고도 운이 좋아서 성공했다고 생각할 수 있지만, 그들의 과거를 돌아보면 단순히 운이 좋아서 성공한 것은 아니다. 자기가 운이 좋다고 믿고 일이 잘 풀리지 않아도 혼자서 끊임없이 해결책을 생각하고 옳은 결정을 하려고 노력했기 때문에 좋은 결과를 얻은 것이다.

맺음말

혼자만의 능력을 키우기 위한 시간과 노력의 양은 얼마나 될까?

조앤 롤링은 여덟 곳의 출판사에 원고를 보냈지만 출판하지 못했다. KFC의 창업자 커넬 센더스도 1,008번 제안했지만 거절당했다. 조앤 롤링은 아홉 번째 원고를 제안한 출판사에서 《해리포터》를 출간했고 커넬 센더스는 1,009번째 제안한 사람과 첫 번째 계약을 했다.

만약, 조앤 롤링과 커넬 센더스가 여러 사람과 함께 일했다면 연거푸 퇴짜를 맞으면서 계속 제안할 수 있었을까? 몇 번 거절당하면 주변에서 그만 하라고, 소용없다고 말린다. 혼자서 실패한 이유를 생각하고 방법을 바꿔서 다시 도전하면 이룰 수도 있는데, 주변에서 말리면 아주 조금 남은 용기마저 사라진다.

서부 개척 시대 100미터 아래 금맥이 있는데 99미터까지 열심히 파다가 포기한 사람도 마찬가지다. 주변에 금은 나오지 않는다고 말하는 사람이 늘어나면 의욕은 사라진다.

물이 섭씨 100도에 끓는 것처럼 혼자 해야 하는 노력에는 절대적인 양이 있다. 물이 끓는 온도를 임계점이라고 한다. 섭씨 100도는 물이 액체에서 기체로 변하기 위해서 필요한 절대 온도다. 노력이 성공으로 바뀌는 데도 임계점이 있다. 노력이 부족해서 실패한다면 주변 사람들의 말에 휘둘리지 말고 노력의 양을 늘리면 된다. 노력의 양은 '1만 시간의 법칙'과 '10년 법칙'으로 증명되었다. 운동선수, 소설가, 피아니스트, 범죄자에게도 1만 시간 법칙은 적용된다. 하루에 세 시간, 일주일에 스무 시간 이상 10년 동안 노력하면 이룰 수 있다. 기간을 단축하려면 하루에 세 시간을 여섯 시간으로 늘리면 된다. 노력하는데 실력이 늘지 않으면 부족한 부분을 찾아서 혼자서 반복해야 한다.

절대적으로 필요한 노력의 양은 다른 사람이 채워주지 않는다. "친구 한 명이 곁에 있다면 자신의 반은 없다고 봐야 한다"라는 레오나르도 다빈치의 말처럼 철저하게 혼자가 돼서 능력을 키울 때 비로소 성장한다. 인생에서 자기가 정한 목표를 이루는 방법은 철저하게 혼자가 돼서 절대적인 노력의 양을 채우는 것이다.

노력의 양을 채우는 방법은 사람마다 다르다. 다른 사람이 지나간 길을 따라가기보다 '어제의 나'와 비교하고 어제보다 더 나아지기 위해서 노력한다면 무슨 일이든 혼자서 해낼 수 있다.

● 정경수

참고문헌

❶ 혼자 일하기

1 방준호 기자, [지난해 창업 늘고 폐업 줄었지만…'나홀로 기업' 80%로 큰 비중], 〈한겨레〉, 2017년12월14일
2 이민화, [긱 경제와 프리 에이전트], 〈이투데이〉, 2017년 7월 24일
3 브루스 저드슨 지음, 박범수 옮김, 《1인 기업을 시작하라》, (북폴리오, 2005), 16쪽
4 구트룬 존넨베르크 지음, 이민수 옮김, 《혼자 일하는 기술》, (청년정신, 2008), 13~14쪽
5 우석훈 지음, 《불황 10년》, (새로운현재, 2014), 198쪽
6 모리타 게이코 지음, 최현숙 옮김, 《도요타 100》, (네모북스, 2005), 223쪽
7 다이앤 멀케이 지음, 이지민 옮김, 《긱 이코노미》, (더난출판, 2017), 46쪽
8 헬렌 S. 정 지음, 《인라이어》, (랜덤하우스코리아, 2011), 40쪽
9 박지영·장재윤 지음, 《내 모자 밑에 숨어 있는 창의성의 심리학》, (가산출판사, 2007), 141쪽
10 한재우 지음, 《혼자하는 공부의 정석》, (위즈덤하우스, 2018), 64쪽
11 박영숙 유엔미래포럼 대표, ['액체사회'를 모르면 대통령이 될 수 없다], 〈데일리안〉, 2011년 2월 6일
12 구트룬 존넨베르크 지음, 이민수 옮김, 《혼자 일하는 기술》, (청년정신, 2008), 20쪽
13 칼 오너리 지음, 박웅희 옮김, 《시간자결권》, (쌤앤파커스, 2015), 268~267쪽
14 강석기 기자, [사장님과 말단사원, 누가 더 스트레스 받나?], 〈과학동아〉, 2011년 9월호
15 라이프 엑스퍼트 지음, 김욱 옮김, 《사람의 마음을 얻는 기술》, (뜻이있는사람들, 2007), 145쪽
16 신동흔, [신동흔의 휴먼카페 : '공장형 커피숍' 테라로사 김용덕 대표], 〈조선일보〉, 2012년10월13일
17 김정태 지음, 《스토리가 스펙을 이긴다》, (갤리온, 2010), 97쪽
18 구맹회 지음, 《공부귀신들》, (다산북스, 2018), 44쪽
19 나이토 요시히토 지음, 하재경 옮김, 《심리학 칵테일》, (옹진윙스, 2007), 129쪽
20 정경수 지음, 《일머리 공부머리 똑똑한 머리 만들기》, (큰그림, 2017), 51쪽
21 도널드 설·캐슬린 M. 아이젠하트 지음, 위대선 옮김, 《심플, 결정의 조건》, (와이즈베리, 2016), 119~120쪽
22 구트룬 존넨베르크 지음, 이민수 옮김, 《혼자 일하는 기술》, (청년정신, 2008), 66쪽
23 노구치 요시아키 지음, 김욱송 옮김, 《커뮤니케이션 노하우 두하우》, (다산북스, 2010), 201쪽
24 박종하 지음, 《나는 옳다》, (엘도라도, 2008), 203쪽
25 무라오카 마사오 지음, 이수경 옮김, 《지금 바로 정리하라》, (새로운제안, 2002), 199쪽
26 윤선현 지음, 《하루 15분 정리의 힘》, (위즈덤하우스, 2012), 20쪽
27 경향신문 문화부 지음, 《나는 작가가 되기로 했다》, (메디치미디어, 2015), 50쪽

❷ 혼자가 되기

1 변광호 지음, 《E형 인간 성격의 재발견》, (불광출판사, 2017), 23쪽
2 구본형 지음, 《오늘 눈부신 하루를 위하여》, (휴머니스트, 2007), 31쪽
3 가와키타 요시노리 지음, 김진연 옮김, 《고독연습》, (21세기북스, 2016), 154-155쪽
4 도리스 메르틴 지음, 강희진 옮김, 《혼자가 편한 사람들》, (비전코리아, 2016), 178쪽
5 이서정 지음, 《마법의 비즈니스 화술》, (좋은책만들기, 2006), 171쪽
6 서광원 지음, 《사장의 길》, (흐름출판, 2016), 52~53쪽
7 센다 다쿠야 지음, 이우희 옮김, 《어른의 공부법》, (토트, 2012), 222쪽
8 러셀 클리블랜드·베트 프라이스 지음, 이정혜 옮김, 《부자를 찾아서》, (북공간, 2008), 51쪽
9 최현용, [한계를 넘으려면 상승기류를 타라], 〈데일리투머로우〉, 2018년 3월 15일
10 이재규 지음, 《지식근로자》, (한국경제신문사, 2009), 179쪽
11 세스 고딘 지음, 박세연 옮김, 《이카루스 이야기》, (한국경제신문, 2014), 55쪽
12 구사카 기민토 지음, 길영로 옮김, 《미래를 읽는 사람 못 읽는 사람》, (새로운제안, 2004), 23쪽
13 스콧 버쿤 지음, 임준수·서상원 옮김, 《이노베이션 신화의 진실과 오해》, (한빛미디어, 2008), 125쪽
14 사이토 다카시 지음, 홍성민 옮김, 《유연한 지성의 단련법》, (샘터, 2017), 69쪽
15 가와키타 요시노리 지음, 김진연 옮김, 《고독연습》, (21세기북스, 2016), 68-69쪽
16 마이크 모리슨 지음, 안명희 옮김, 《명함의 뒷면》, (쌤앤파커스, 2007), 33쪽
17 이남석·강신주 외 지음, 《청소년을 위한 진로인문학》, (학교도서관저널, 2017), 19쪽
18 정지훈 지음, 《내 아이가 만날 미래》, (Korea.com, 2013), 34쪽
19 론 프리드먼 지음, 정지현 옮김, 《공간의 재발견》, (토네이도, 2015), 82쪽
20 도요타 케이이치 지음, 최수진 옮김, 《실행력》, (비즈니스맵, 2009), 122쪽
21 가토 히토시 지음, 김성은 옮김, 《정년 후 더 뜨겁게 살아라》, (국일미디어, 2008), 23쪽
22 김규 지음, 《10년 후를 기획하라》, (국일미디어, 2006), 111쪽
23 크리스토퍼 하워드 지음, 김원호 옮김, 《비저닝》, (생각의나무, 2006), 118쪽
24 세스 고딘 지음, 박세연 옮김, 《이카루스 이야기》, (한국경제신문, 2014), 31쪽
25 양은우 지음, 《나는 회사를 떠나지 않기로 했다》, (영인미디어, 2017), 92~93쪽
26 슈테판 F. 그로스 지음, 이용숙 옮김, 《마음 편하게 살아라》, (동아일보사, 2009), 154쪽
27 비벡 와드와 카네기멜런대·하버드대 로스쿨 특별연구원, [4차산업혁명 칼럼: 실리콘밸리도 서로 모방하며 배운다], 〈조선일보〉, 2018년 4월 26일
28 윤태익 지음, 《타고난 성격으로 승부하라》, (더난출판사, 2003), 374쪽

❸ 혼자 깊게 생각하기

1 존 맥스웰 지음, 김고명 옮김,《사람은 무엇으로 성장하는가》, (비즈니스북스, 2012), 92쪽

2 현학선 지음,《생각》, (에세이퍼블리싱, 2012), 235쪽

3 사카토 켄지 지음, 고은진 옮김,《메모의 기술》, (해바라기, 2003), 158쪽

4 도로시 레너드 지음, 나상억 옮김,《스파크》, (세종서적, 2001), 145쪽

5 정경수 지음,《회의를 하면 답을 내라》, (미래와경영, 2014), 142~143쪽

6 데이브 그레이 지음, 양희경 옮김,《기적의 리미널 씽킹》, (비즈페이퍼, 2017), 36쪽

7 에른스트 피펠·베아트리체 바그너 지음, 한윤진 옮김,《당신의 생각을 의심하라》, (라이프맵, 2017), 87~88쪽

8 에드워드 M. 할로웰 지음, 곽명단 옮김,《창조적 단절》, (살림Biz, 2008), 189쪽

9 샘 혼 지음, 이상원 옮김,《집중력, 마법을 부리다》, (갈매나무, 2017), 72~73쪽

10 후타쓰기 고조 지음, 나혜정 옮김,《걷는 습관이 나를 바꾼다》, (위즈덤하우스, 2006), 82쪽

11 폴 슬론 지음, 이진선 옮김,《아이디어 사용설명서》, (에이도스, 2011), 66쪽

12 데이비드 코드 머레이 지음, 이경식 옮김,《바로잉》, (흐름출판, 2011), 109쪽

13 데이비드 코드 머레이 지음, 이경식 옮김,《바로잉》, (흐름출판, 2011), 117쪽

14 현학선 지음,《생각》, (에세이퍼블리싱, 2012), 191쪽

15 로리 헬고 지음, 임소연 옮김,《은근한 매력》, (흐름출판, 2009), 117쪽

16 와다 히로미 지음, 김대환 옮김,《일주일습》, (잇북, 2011), 163쪽

17 데이비드 코드 머레이 지음, 이경식 옮김,《바로잉》, (흐름출판, 2011), 221쪽

18 나이토 요시히토 지음, 정세환 옮김,《심리적 전략, 자기 PR》, (시그마북스, 2009), 86쪽

19 게리 시겔 지음, 김태훈 옮김,《입만 열면 호감가는 사람 입만 열면 사고치는 사람》, (명진출판사, 2009), 63쪽

20 리차드 뉴튼 지음, 김세동 옮김,《급이 다른 생각》, (시그마북스, 2016), 110쪽

21 드루 보이드·제이컵 골드버그 지음, 이경식 옮김,《틀 안에서 생각하기》, (책읽는수요일, 2014), 31쪽

22 아이작 유 지음,《질문지능》, (다연, 2017), 103쪽

23 스티븐 D. 에이퍼트 지음, 복진선 옮김,《전뇌 학습법》, (한스컨텐츠, 2006), 125쪽

24 리처드 뉴튼 지음, 김세동 옮김,《급이 다른 생각》, (시그마북스, 2016), 130쪽

25 후쿠하라 마사히로 지음, 김정환 옮김,《하버드의 생각수업》, (엔트리, 2014), 33~34쪽

26 미셸 루트번스타인·로버트 루트번스타인 지음, 박종성 옮김,《생각의 탄생》, (에코의서재, 2007), 29쪽

27 은지성 지음,《직관》, (황소북스, 2012), 146쪽

28 필립 로건·리처드 로건 지음, 전소영 옮김,《위대한 영감》, (브레인, 2007), 201쪽

29 김서준 외 지음,《수학의 눈을 찾아라》, (랜덤하우스코리아, 2008), 52쪽
30 말콤 글래드웰 지음, 이무열 옮김,《블링크》, (21세기북스, 2005), 29쪽

❹ 혼자 도전하기

1 엘링 카게 지음, 강성희 옮김,《생각만큼 어렵지 않다》, (라이온북스, 2011), 63쪽
2 찰스 R. 스토너·존 F. 길리건 지음, 이광준 옮김,《용기의 힘》, (이지북, 2003), 198쪽
3 월 보웬 지음, 김민아 옮김,《불평없이 살아보기》, (세종서적, 2009), 56쪽
4 클로드 브리스톨 지음, 최염순 옮김,《신념의 마력》, (비즈니스북스, 2007), 122쪽
5 가와키타 요시노리 지음, 김진연 옮김,《고독연습》, (21세기북스, 2016), 95-96쪽
6 최인철 지음,《프레임》, (21세기북스, 2007), 30쪽
7 장순욱 지음,《부자들의 상상력》, (살림Biz, 2008), 71쪽
8 스즈키 도시후미 지음, 양준호 옮김,《도전하지 않으려면 일하지 마라》, (서돌, 2009), 230쪽
9 유혜선 지음,《The Wave 나로부터 시작하는 물결리더십》, (시대의창, 2008), 172쪽
10 브라이언 트레이시 지음, 정범진 옮김,《목표 그 성취의 기술》, (김영사, 2003), 275쪽
11 가와키타 요시노리 지음, 김진연 옮김,《고독연습》, (21세기북스, 2016), 97쪽
12 하마구치 나오타 지음, 김소연 옮김,《승진의 기술》, (21세기북스, 2007), 59쪽
13 김광희 지음,《상식이란 말에 침을 뱉어라》, (넥서스, 2004), 56쪽
14 리즈 와이즈먼·그렉 맥커운 지음, 고건영 감수, 최정인 옮김,《멀티플라이어》, (한국경제신문, 2012), 185쪽
15 노구치 테츠노리 지음, 신은주 옮김,《확률은 답을 알고 있다》, (스마트비즈니스, 2007), 81쪽
16 김광태, [포기는 성공 직전에 온다], 〈인천일보〉, 2016년 3월 2일
17 멜 로빈스 지음, 정미화 옮김,《5초의 법칙》, (한빛비즈, 2017), 120쪽
18 제프리 페퍼·로버트 서튼 지음, 김용재 옮김,《증거경영》, (국일증권경제연구소, 2009), 192~193쪽
19 할 어반 지음, 김문주 옮김,《인생의 목적》, (더난출판사, 2005), 299쪽
20 스티브 챈들러 지음, 문채원 옮김,《성공을 가로막는 13가지 거짓말》, (넥서스BOOKS, 2005), 112~113쪽
21 오카타 다카시 지음, 유인경 옮김,《나만 모르는 내 성격》, (모멘토, 2006), 185쪽
22 제이슨 프라이드·데이비드 하이네마이어 핸슨 지음, 정성묵 옮김,《리워크》, (21세기북스, 2016), 75쪽
23 닉 태슬러 지음, 강수희 옮김,《미스터 두 : 전략적 행동가》, (유노북스, 2015), 175쪽
24 홀름 프리베 지음, 배명자 옮김,《당신이 원하는 기회는 아직 오지 않았다》, (비즈니스북스, 2014), 37쪽
25 홀름 프리베 지음, 배명자 옮김,《당신이 원하는 기회는 아직 오지 않았다》, (비즈니스북스, 2014), 28쪽

26 도다 도모히로 지음, 서라미 옮김,《내가 일하는 이유》, (와이즈베리, 2015), 76쪽

❺ 혼자 결정하기

1 브라이언 트레이시 지음, 서동민 옮김,《자신있게 도전하라》, (글로만든집, 2001), 199쪽
2 제이슨 프라이드·데이비드 하이네마이어 핸슨 지음, 정성묵 옮김,《리워크》, (21세기북스, 2016), 254~255쪽
3 수잔 제퍼스 지음, 하지현 감수, 노혜숙 옮김,《도전하라 한번도 실패하지 않은 것처럼》, (리더스북, 2007), 156~157쪽
4 이동우 지음,《혼자 일하는 즐거움》, (알프레드, 2016), 198쪽
5 제이슨 프라이드·데이비드 하이네마이어 핸슨 지음, 정성묵 옮김,《똑바로 일하라》, (21세기북스, 2011), 86~88쪽
6 크리스 블레이크 지음, 김형진·김명철 옮김,《결정의 기술》, (펜하우스, 2010), 61쪽
7 조나 레러 지음, 강미경 옮김,《탁월한 결정의 비밀》, (위즈덤하우스, 2009), 180쪽
8 토니 부잔·베리 부잔 지음, 권봉중 옮김,《토니 부잔의 마인드 맵》, (비즈니스맵, 2010), 157쪽
9 리처드 와이즈먼 지음, 이충호 옮김,《59초》, (웅진지식하우스, 2009), 225쪽
10 로저 도슨 지음, 이선영 옮김,《결정의 기술》, (비즈니스북스, 2005), 57쪽
11 조나 레러 지음, 강미경 옮김,《탁월한 결정의 비밀》, (위즈덤하우스, 2009), 254쪽
12 데이비드 헨더슨·찰스 후퍼 지음, 이순희 옮김,《판단력 강의 101》, (에코의서재, 2006), 277쪽
13 로저 도슨 지음, 이선영 옮김,《결정의 기술》, (비즈니스북스, 2005), 83쪽
14 토니 부잔·베리 부잔 지음, 권봉중 옮김,《토니 부잔의 마인드맵 북》, (비즈니스맵, 2010), 157쪽
15 멜 로빈스 지음, 정미화 옮김,《5초 법칙》, (한빛비즈, 2017), 130쪽
16 김민주 지음,《2008 트렌드 키워드》, (미래의창, 2008), 154쪽
17 수잔 제퍼스 지음, 노혜숙 옮김, 하지현 감수,《도전하라 한번도 실패하지 않은 것처럼》, (웅진씽크빅, 2007), 175쪽
18 멜 로빈스 지음, 정미화 옮김,《5초 법칙》, (한빛비즈, 2017), 48쪽
19 다니엘 핑크 지음, 석기용 옮김,《프리에이전트의 시대가 오고 있다》, (에코리브르, 2001), 154쪽
20 크리스 블레이크 지음, 김형진, 김명철 옮김,《결정의 기술》, (펜하우스, 2010), 101쪽
21 페이얼투 지음, 조영숙 옮김,《프시》, (스노우폭스북스, 2017), 265쪽